U0678447

西北大学"双一流"建设资助项目

Sponsored by First-class Universities and
Academic Programs of Northwest University

败退德黑兰

吉米·卡特的悲剧外交

［英］戴维·P.霍顿 著

DAVID PATRICK HOUGHTON

蒋真 译

社会科学文献出版社
SOCIAL SCIENCES ACADEMIC PRESS (CHINA)

序

　　像很多书一样，这本书得到了很多人的帮助，欠了很多人情。我的研究兴趣主要是外交政策分析的类比推理。邝云峰的著作《战争的类比》是一本研究越南战争时期决策者的书，通过类比推理分析在当时美国是否应该加速卷入其中。这本书给了我很多灵感和指导，促使我考虑是否可以将邝云峰的理论用于美国外交政策的其他领域。另一本影响我的书是理查德·诺伊施塔特和欧内斯特·梅的《在时间中思考》，关于这本书的知识是我加入埃塞克斯大学政府管理系后从安东尼·金那里学到的。同样要感谢学术前辈们之前的研究成果以及相关领域的成果，它们给了我很多启发。此外亚历山大·乔治、罗伯特·杰维斯、荷尔斯提和维茨博格为外交政策的决策研究以及类比在政策制定中的作用做出了巨大的贡献和提供了大量的真知灼见。没有他们优秀的工作，这本著作也难以完成。

　　我还想感谢一些人，包括在这个项目中同意接受采访的个人，以及在亚特兰大的吉米·卡特图书馆的工作人员，他们为我提供了友好的帮助。美国前国务卿赛勒斯·万斯慷慨地挤出了他的宝贵时间，在他纽约的法律办公室里与我交谈。他告诉我，这是他第一次同意接受一个学者就人质问题的采访。我们在人质危机问题上聊了近两个小时，还聊到外交政策的其他话题，包括他在最近波斯尼亚战争中力促和谈的努力。美国中情局前局长斯坦菲尔德·特纳给我提供了巨大的帮助，美国国家安全委员会前顾问加里·希克也一样。同样要感谢兹比格涅夫·布热津斯基抽出宝贵的时间接受我的采访。我也曾努力联系美国前总统吉米·卡特、前国防部长哈罗德·布朗、前白宫总管汉密尔顿·乔丹、前助理国务卿哈罗德·桑德斯，他们要么谢绝了我的采访，要么对我的请求没有回应。

有三位匿名评审者对本书的书稿提出了很多有益的改动建议，我对此非常感激。我特别感谢其中一位评审者，他建议我联系英国羚羊电影公司的米歇尔·萨克。这是一个很棒的建议，对本书第三章的讨论非常重要。萨克先生在 1997～1998年制作了一部非常好的关于伊朗人质危机的纪录片，其中收录了大量对伊朗和美国相关人员的采访，而这些人在这场危机中扮演了重要角色。萨克先生和他的助理卡特丽娜·查洛纳很友好地将这些采访副本给了我，这毫无疑问对我写出更好的书稿帮助很大。在剑桥大学出版社，史蒂芬·史密斯和约翰·哈斯拉姆一直帮助我，谢拉·凯恩一流的编辑工作改进了本书的语言风格。

本书第四章和第五章的观点借用了我在 1996 年 10 月发表在《英国政治学杂志》上的一篇文章。这篇文章的题目是"类比推理在异常外交政策形势下的作用"。这篇文章的一名匿名评审人提出的真知灼见被吸收进了这本书中，对本书的写作非常有帮助。伯特·洛克曼的美国政治和社会研讨会和匹兹堡大学政治学系对本项目的采访提供了经费资助，对此表示感谢。我曾经在匹兹堡政治学系读博士和做研究员，其中关于本书的许多工作是在这里完成的。另外我还要感谢布莱恩·里普利，当我还在匹兹堡做学生的时候，我所有关于外交认知的知识都是他教授给我的。还要感谢盖·彼得、莫里斯·欧加尔和菲尔·

威廉姆斯，他们当时用足够的耐心读完了我的博士学位论文，而这些内容被改进后成为本书的重要内容。还要感谢我的同事，尤其是保罗·特加特和托尼·齐托，他们为我提供了很大的帮助，他们现在分别在苏赛克斯大学和纽卡斯尔大学任教。

特别要感谢我任教的埃塞克斯大学里无数的同事们，特别感谢安东尼·金、休·沃德、内尔·罗宾逊和乔·福尔雷克，他们对本书第三章的早期版本提出了深刻的见解，这个版本曾在埃塞克斯政府管理系的系列研讨会上做过陈述。在1998年秋季学期乔也减少了我的教学工作，让我有时间来写作。阿尔伯特·威尔在接任乔担任系主任后，在1999年秋季学期同样减少了我的教学时间，继续鼓励我撰写书稿。

我最大的遗憾是从来没有机会去采访理查德·科塔姆。自20世纪60年代以来，他一直在匹兹堡大学任教，他的办公室就在我做研究生时学习间的走廊边上。他一直饱受癌症的折磨，我一直没有机会与他交谈。这对我来说是非常不幸的：克塔姆教授不仅是伊朗和外交政策决策方面的专家，还是美国政府在人质危机期间某个阶段的主要谈判者，这在本书第四章有所论述。1953年，中情局策划伊朗摩萨台事件时期他在美国大使馆工作。没有他的帮助，这本书显得很单薄。

我最要感谢的是我的妻子安娜贝尔·康罗伊、我的女儿伊莎贝拉和我的父母。当我沉浸在本书写作、闭关书房时，安娜贝尔在伦敦经济学院政府管理系讲课，她承担了大量的育儿杂事。我有一种感觉，安娜贝尔、伊莎贝拉和卡洛斯是我在撰写本书时的"人质"，我很高兴最后我把她们都释放了。

第一章　吉米·卡特与外交政策的悲剧

11 月份的总统选举通常将决定谁会在未来四年入主椭圆形办公室。当现任美国总统在连任选举失败后，会在其总统任期的最后几天和几个小时里准备次年 1 月的权力交接。他常常会带着遗憾，深思人生的变故，思量着那些不愉快甚至有些残酷的任务，如护送胜利的总统候选人去参加就职典礼。他开始计划接下来将要做什么，或许考虑建一个以他的名字命名的总统图书馆。

吉米·卡特总统任期的结束与众不同。他任期的最后两天与其最亲近的顾问们闭关在总统办公室里，直到问题解决的最后几分钟。这个问题就是释放扣押在德黑兰达 444 天之久的美国人质。这不仅困扰着他，而且击毁了他在 1980 年总统连任的任何希望。这个问题即将成为另一个男人的麻烦，但吉米·卡特也并不是无事可做，他还有未完成的事情需要去做。

卡特总统和最亲密的顾问们夜以继日地工作，在总统办公室用餐，偶尔在沙发上打盹休息，而这个沙发现在被存放在亚特兰大的吉米·卡特图书馆里。这些黑白照片所展示的故事比用任何语言讲述的都生动。这些照片使人想起林登·约翰逊总统在任期最后时刻身陷越南战争时的情形，而此时却展现了一个面容憔悴的、睡眠不足的总统被同样疲惫不堪的顾问们环绕，希望在最后时刻能竭其所能地达成解救人质的协议。这些照片和美国广播公司新闻片聚焦在卡特总统离任当天，描绘了一幅引人入胜的悲情画面。即使在去参加罗纳德·里根成为美国第40任总统就职典礼的汽车里，卡特仍然在不断接受他的顾问汉密尔顿·乔丹有关人质情况的最新报告。

对于卡特总统来说，果断地采取行动、解决危机并将人质接回家，这个压力是巨大的。从一开始，人质危机对普通的美国民众就产生了非常大的影响，人质的命运困扰着卡特，也困扰着普通民众。[1]在美国广播公司电视台，特德·科佩尔开始主持一档夜间节目，持续地报道人质危机最新进展，这个节目后来变成"晚间报道"。哥伦比亚广播公司的沃尔特·克朗凯特，也通过在人质被囚禁期间停止广播来不断地向卡特总统施压，而此人深受多数美国民众的喜爱和信任。此时，美国人买的黄丝带和伊朗国旗创下了历史纪录，黄丝带被系在了橡树上，伊朗国旗则被焚毁。夜间新闻对于伊朗人仇恨的报道，美国人为之愕然，却又发现不可思议。对此，美国人用它的民族主义给予回应，通常也表现出大国沙文主义的一面。

到了1980年春天，卡特尝试了各种方法，希望和平解决人质危机。他下令禁止从伊朗进口石油，断绝外交关系，寻求联合国调解，派出第三方调解人去德黑兰，咨询美国大学里的伊朗问题专家等。但他做出的种种努力都没有达到预期的效果。1980年4月24日，人质危机已经发生5个月的时候，卡特采取了一次军事解救行动，最初考虑这个方案的时候非常艰难，许多军事方案一开始都被否决了。

通过军事行动解救人质是卡特总统任期内最大的一场灾难。在这次援救行动中，营救飞机发生相撞事故，使得接下来的营救行动不得不中止，并有八位军人牺牲。更糟糕的是，这次营救行动中剩下的成员或是主动选择，或是被迫将死难同事的遗体留在了伊朗的沙漠，还包括一些政府敏感文件。很快，伊朗的阿亚图拉霍梅尼将这些遗体和文件当作战利品公之于众，加深了美国民众对卡特的厌恶。4月25日凌晨1时15分，白宫就前天发生的事件发表了公开声明；当天早晨7点，吉米·卡特总统面色憔悴地出现在全国广播电视台，宣布美军采取了军事行动解救人质，但最终失败。在总统办公室，卡特声明：

> 我下令执行这次事先准备好的营救行动，目的是保护美国公民的生命、保护美国的国家利益，以及缓解世界上的紧张局面，如同此次危机所引发的紧张局势。是我下令进行了这次解救行动！在我们的营救队伍出现问题时是我下令取消行动！所有的责任在于我个人……美国政府仍将继续努力使人质尽早地安全获释。

出人意料的是，美国民众对这次失败行动的反应竟然是站在了总统一边。1979年11月4日，就在人质被扣押的这一天，卡特总统的支持率仅为32%，但随后不断攀升至61%。肯尼思·莫里斯对此解释道："卡特很快发现发生国际危机时，美国民众会团结一致地支持他。1979年11月底，卡特的支持率再一次超过了50%；到了1980年1月，他的支持率达到60%。"[2] 尽管不久后卡特的支持率开始下跌，但就在卡特宣布他曾努力解救人质后，旗帜效应使得卡特的支持率再次回升。卡特的支持率从声明之前的39%很快就升至43%。美国的一些外交人士对卡特也大加赞赏，称这是一次勇敢的、意愿良好的甚至是拯救美国荣誉不可避免的行动。例如，詹姆斯·施莱辛格称赞这是一次"勇敢的决定"，"这一决定使卡特在困难时期获得民众理所当然的支持"。他认为，在面对如此不可饶恕的挑衅行为，美国无所作为风险太大，超过了营救人质失败的负面作用。[3]前国务卿亨利·基辛格和未来的中央情报局局长詹姆斯·伍尔西在人质营救行动失败后纷纷对卡特表示支持。[4]

然而，从长期来看，解救行动失败的影响是极其恶劣的。1980年仲夏，卡特的支持率跌至新低，仅为21%。[5]对于很多美国以及国际媒体来说，这次失败行动已经成为卡特政府整体的一个标签，他们认为这次失败恰好证明了卡特作为总统在外交政策上的不称职。[6]而罗纳德·里根则乘机利用这次失败的拯救行动，增加卡特政府时期美国的衰落、挫折与幻灭的氛围。在1980年的总统大选中，经济因素通常是美国大选的重要因素，尽管外交政策并不是导致卡特失败唯一或是决定性的因素，一旦外交失败和经济困难一起出现，将不可避免地导致卡特总统连任的败局。

本书讲述人质危机是如何把吉米·卡特带入这场败局的。这是美国和伊朗外交的一场悲剧，至今还影响着两国关系，是双方多年来互不信任和互不喜欢的记忆。本书不是为了记叙美伊关系的整个故事，这些工作之前已经被其他人完成，也不是讲述解救人质过程中的曲曲折折，也许一些外交学的学生或想学习谈判技巧的人会觉得很有意思。[7]本书比其他书更关注人质危机的几个阶段，以及在此次危机中美国方面的表现，因为相比于伊朗，我们对美国了解更多。本书努力去了解这场人质冲突中主要参与者的态度，试图以更广的视野去解释为什么他们在决策的关键时刻做出这样的决定。

解　谜

对于伊朗人质危机历史演进有想法的读者会面临各种困惑，

这些困惑需要人们的关注。西方评论家们至少想了解这次危机究竟为什么会发生。1979 年 11 月 4 日，几百名伊朗大学生冲击了德黑兰的美国大使馆，并扣留使馆人员为人质，从而升级为一场美国和伊朗历史上持续时间最长、外交关系最为紧张的危机。然而我们仍未完全理解学生们为什么做出这样的事情。许多卡特的前顾问认为，这是一次有预谋的政治行动，背后由大阿亚图拉霍梅尼精心策划。目的是在 1979 年伊朗革命后出现的政治斗争中获取胜利。其他人认为，这是一次疯狂的行动，如此荒诞，以至于常人无法理解。卡特自己也是这么认为的。然而，两种解释似乎现在看来都不符合事实。也许伊朗大学生在第一时间会占领美国大使馆背后还有"人性"的一面，这个想法推动着本书研究的进一步深入。尤其是在美国，就连最理性的评论家也无法想象人质危机究竟为何不可避免地发生了。但是这本书并不是要去谴责或是去宽恕学生们的行为，而仅仅是为了解释这些行为发生的原因。

这种困惑在美国方面表现得更多。首先，卡特政府试图通过和平方式解决危机。在国务卿赛勒斯·万斯的领导下，美国政府尝试各种办法开通与在德黑兰的霍梅尼谈判的渠道。1980 年 4 月，当卡特总统决定使用武力解救人质时，和平谈判的方式意味着被放弃。事实上，卡特和万斯二人在世界观和人生观上惊人的相似，但在协商解决人质危机的早期阶段，二人对解决危机的前景有完全不同的看法，以至于万斯觉得他将不可能再以一种良好的心态为卡特效力了。

万斯一直都反对这次的武力营救，行动失败后他很快提交了辞呈。事实上，早在行动开展之前他就私下提交了辞呈。[8] 然而，卡特认为行动应该继续，因为"我们的人民在美国营救团队手中会更为安全"。万斯则相信应该给谈判更多的时间，一次成功的营救也许会适得其反，而且营救行动无论如何都不会成功。然而，为什么万斯如此确信危机会如此发展？他有何依据断定在没有军事行动的情况下人质最终会被安全获释？很明显，简单的信仰体系不足以解释他的这种态度，但有必要解释为什么国务卿如此强烈地反对总统的其他顾问甚至总统本人的决定。

第三个谜是营救行动本身以及总统吉米·卡特为何会采取这样的营救行动。伊朗人质危机中最大的困惑也是最难理解的是，一位品德高尚的、理想主义的、承诺不使用军事手段解决冲突的总统，为什么会采用一个他之前警告过极有可能造成一些伤亡的方案。正如政府中的很多评论家指出的，吉米·卡特提倡一种理想主义的外交政策，这个政策高举人权旗帜，政府致力于"人权使命"或致力于让世界各地追随美国的理想。威廉·莫里斯曾指出，卡特是"被强大的道德激情所推动"，他还追溯到卡特的福音派基督教信仰、南部的民粹主义和19世纪60年代的民权运动等，这些因素对卡特的思想产生了重要影响。[9]欧文·哈格罗夫也指出，"卡特的宗教信仰对他的生活影响极大，信仰塑造了他对自己以及他人的看法，也影响到他对政府政治目的的理解，决定了他的治理风格……他将政治看作一种道德行为"[10]。斯蒂芬·斯科夫罗内克也看到了卡特身上一种强烈的道德因素，认为他将自己的领导标准确立得如此之高以至于几乎不可能实现。[11]查尔斯·琼斯指出，卡特"是一位说教者……有动力去做他认为正确的事"[12]。加里·希克指出，卡特"是美国小镇的中产阶级的典型"，"宗教信仰根植于心"。[13]

在这次人质危机中，对于道德和人权的普遍关注转化为对人质性命的特别关注，并且给予这次事件绝对的优先权。正如卡特在其回忆录中所指出，"作为总统，不管我正在履行什么职责，此时人质的安全与健康是我持续关注的焦点……我阻止使用先发制人的军事打击，因为我知道伊朗的狂热分子一定会以杀死人质作为回应"[14]。然而，总统卡特随后进行的军事解救人质计划很明显违反了他自己的政治理念，因为即使是解救行动成功也不可避免会导致人员的伤亡。根据 1980 年 3 月 16 日的一份情报评估报告，如果继续突袭，则多达 60% 的人质将在这次行动中丧生：在突袭大使馆初期会有 20% 的人质丧命；在大使馆验明人质身份时会有 25% 的人质丧命；在将他们撤离到等待美国 C - 130 飞机时会有 15% 的人质丧命。这份报告是在军事营救人质计划前一个月提交给中央情报局主管斯坦菲尔德·特纳的备忘录。这份报告指出，人质 100% 获救被认为是行动全面胜利，否则被认为是行动彻底失败。[15]

当然，这种评估仅仅是一种推测，事实上行动不可能执行到上述各个阶段。由于斯坦菲尔德·特纳在制定决策时没有起到重要作用，因而上述报告的重要性被大打折扣。特纳承认"有那样一份报告"，但他认为其信息和重要性"被大大高估了"。他指出，这份报告一开始是"用一种社会科学的理论来预测事件发生的可能性"。此后中央情报局中还有人提到"收到过这份报告，报告称有 35% 成功的可能性"，但"报告里并没有什么内容可以作为决策的依据"。[16]

关于总统本人是否曾经看到这份报告并不清楚。但很明显，卡特知道如果继续执行任务必定会有一些伤亡。本杰明·谢默认为，1980 年 4 月 16 日，也就是军事营救行动的前一周，卡特在一次与军事情报官的会议中曾被明确告知，"如果营救行动某些地方出现差错，双方都会有人员伤亡"[17]。其中一位行动指挥官詹姆斯·沃特在开会时评估，"6 至 7 名三角洲特战队员和 2 到 3 名人质"有可能在这次行动中被杀。[18]正如卡特的新闻秘书乔迪·鲍威尔指出的，"没有人怀疑即使是一次成功的行动，美国方面也将会有人员伤亡。在 1976 年恩德培人质解救行动中，一名以色列士兵和 3 名人质被杀，而今我们的决策者们面临问题和面对的打击力量，比以色列人要多出许多倍"[19]。作为事后调查分析的官方代表，海军上将詹姆斯·霍洛韦认为最重要的一点是，参谋长联席会议已经评估这次行动有 60% ~ 70% 的成功机会，但正如保罗·莱恩指出的，"这个估计也意味着有 30% ~40% 失败的可能。当 53 名美国人质还命悬一线的时候，这不是一个好的概率"[20]。也就是说，美国参谋长联席会议主席戴维·琼斯及其同僚正告诉卡特，失败的概率是 1/3。

霍洛韦指出，在营救行动中，现场特工遇到的危险与人质是一样的，一旦开始执行任务，定会有重大人员伤亡。正如赖安指出的，"一旦美国军事人员进入大使馆，伊朗士兵一定会遇到枪林弹雨"。用这次行动的另一位指挥官查理·贝克威思的话——伊朗人将会被"吹走"。[21]在 4 月 16 日的新闻发布会上，当美国副国务卿沃伦·克里斯托夫询问伊朗绑匪将会发生什么时，贝克威思回答道："我们将向他们每一个人射击两次，而且对准眉心。"[22]对于大使馆外遇到的任何抵抗，我们将用军事手段全力镇压。用领导袭击大使馆的罗根·费奇少校的话说："我们将杀死很多人。"[23]

尽管卡特在其回忆录中说，人质解救者们都会严格遵守纪律，"尽可能避免血流成河"。在给国会的报告中，卡特声称这次解救行动"是一次人道主义行动"，[24]但不可思议的是这位总统一直专注于营救细节，竟然没有意识到上述的人道主义危机。[25]正如马丁和沃尔科特指出的，每个听命于查理·贝克威思的人都明白，他们的总统是让他们去送死。[26]因为卡特让进行的任何形式的军事行动都是非典型作战。事实上，在他的四年任期中只有这次行动得到了卡特总统的支持。那么，除国务卿万斯之外，卡特和他的顾问们是如何说服自己这次风险极大的行动是可控的呢？

就像与万斯的冲突一样，卡特继续进行解救行动向那些坚信信仰或理想会激发人们行为的人提出了一个真正的难题。对外政策的决策研究有一个传统，这个传统认为信仰体系是决策的核心因素。[27]然而，这个传统从来没有令人满意的解释，为什么有人会如此明显地将理想主义嫁接到公共哲学，并被一个营救行动的理念混淆视听，而这个营救行动很明显即使成功也会有大量的人员伤亡。而且在那时没有明显的证据证明任何人质会被杀掉或是被折磨，或是马上会受到伤害。正如罗斯·麦克德莫特所写的："卡特的行动不仅仅与他在世界政治中强调人道主义的理念完全相对立，而且从军事角度讲也有一个高风险的预期。"[28]

第四个谜也是最后一个，它由一系列的困惑组成，这些困惑围绕着为什么解救行动以这种方式而不是以其他方式展开。这个问题对于营救行动的事后调查是一个非常重要的问题，尤其是解救人质的方式。例如为什么只有如此少的直升机（8架）参与了解救行动？为什么一开始的计划中参战人员甚至还要少？根据吉米·卡特的管理风格，在他的总统任期内，他倾向于"微型管理"。卡特有一个很有名的习惯，那就是容易陷入细节，这个习惯是他思考问题的一个特点。但是在伊朗人质解救行动不断深入时，他却将行动的关键细节扔给了现场指挥官詹姆斯·万特、詹姆斯·凯勒和查理·贝克威思。[29]

此次人质营救行动与以往行政官员的行为截然不同。在1976年疏散黎巴嫩的美国工作人员时，杰拉尔德·福特的国防部长唐纳德·拉姆斯菲尔德不仅直接指挥军事营救行动，还与营救人员保持电话联系。爱德华·鲁特瓦克指出，在1975年马亚圭斯营救行动中，福特总统直接与海军飞行员对话，制定详细的战略对策，指挥攻击目标。[30]约翰逊·肯尼迪在猪湾入侵行动中也干预了行动计划的细节。那为什么卡特没有像其前任那样去采取这种干预手段呢？

这本书计划对一系列问题寻根溯源，如为什么大使馆会被占领；为什么卡特政府先决定谈判，然后又决定进行武力解救；为什么这些决定后来以这种方式执行；等等。这只是一些显而易见的问题，本书还试图阐述一些尚未被详细阐述的问题。本书将在接下来的章节中进行详细论述，将按顺序对现有已出版的、关于伊朗人质危机的成果进行大概的文献梳理。

现有文献

研究上述问题的二手资料有很多，而且还在不断地增加，尤其是在国内政治、集体审议、官僚政治、预期理论以及人格解释等方面，上述这些理论用来解释伊朗人质危机时美国政策的制定。[31]我们将在第三章讨论伊朗方面的现有研究成果，对美国外交决策的文献将在第六章讨论，从而将本书与其他成果做对比。这些文献最主要的一个特点是它们并不仅仅是从政治学的角度著述。现有的成果都已经作为学术论文被出版，许多著作虽然是历史叙述，许多外交决策的理论并不适用，但都非常优秀。[32]在伊朗人质危机研究中，没有一本书从外交决策者的心理视角来研究。有意思的是，一份美国中情局的内部文件检讨了为什么中情局没有成功预测到伊朗革命，而它的作者是罗伯特·杰维斯，他是一位从心理学角度研究国际关系的先驱。这份报告目前仍然是保密的，很明显，这份报告并不知晓有关人质危机的决策。[33]当美国外交史上一些非常有名的事件被分析得充分透彻时，如古巴导弹危机，我们仍然无法将伊朗人质危机作为整体从政治学的角度来看。原因很简单，当古巴导弹危机时，前水门事件的总统使用了窃听器，其中一些关键会议的片段资料研究人员是可以获取的，而现在卡特总统很显然在伊朗人质危机的时候不可能录下了国家安全委员会的讨论，或是更小范围的讨论，如四人营救规划小组的讨论。[34]我们也缺少关于伊朗的关键会议的官方文件，因为这些在后来 20 多年里仍是保密的。前总统卡特的公开讲话，大多数内容对于研究人员来说只是相关资料，并不直接。任何人若想试图重构这些会议的内容，必须从回忆录、个人采访和二手资料做起。[35]

在美国方面，现有的许多文献在伊朗人质危机问题上，采用了一种相对孤立的方式来看待这次危机，仅仅关注 1980 年 3 ～4 月的外交决策过程，忽视了之前的政策讨论。这种研究是相当有问题的，它忽视了伊朗人质危机前期的许多决策推理的过程，仅仅关注了如何解救人质，因而让读者无法了解最终决定采取军事解救人质的背景。接下来，本书将努力弥补这个问题，试图揭开衍生于人质危机各个阶段的谜底。

人质危机为什么会发生？

如上所述，本书大部分内容主要关注美国方面的政策制定，还有大量的原因分析，寻找卡特政府在人质危机上的决策机制而不是其他的个案研究，这也是大量现有文献所缺乏的内容。重要的是，这也是一个用类比推理"最难证明的案例"，原因有很多。

首先，吉米·卡特是一个有自己个性的总统，一个非常突出的特点是"非历史性风格"，也就是说他没有从历史的角度来思考问题的习惯。卡特的演讲稿撰写人詹姆斯·法洛斯提出，如果约翰·肯尼迪总统，以及如麦克乔治·邦迪和迪安·腊斯克等学者，鉴于他们的背景和经验，倾向于从历史中学习经验教训，那么卡特政府给我提供了一个相反的例子。法洛斯说："卡特本人非常愿意摒弃前人的经验，而愿意创新。"他回忆说："在两年中我听到卡特使用频率最高的历史典故，是哈里·杜鲁门从深度民调中崛起，以及受到罗斯福新政的影响。"法洛斯将这个毛病追溯到了总统的"心态"，认为这是源于总统工程师的背景，以及解决问题的僵化模式，认为总统总是从技术性和机械性而不是历史性的角度看待问题，对事物出现的前因后果缺乏好奇心。[36]法洛斯还讲到卡特总统在解决问题时通常将问题看作立方根，通过逻辑推理和演绎就可以找到答案。[37]内斯塔特和梅非常同意法洛斯的分析，指出"卡特激励员工的工作热情表现出强烈的非历史性"[38]。的确如此，卡特不从历史吸取教训的特点广为人知，在伊朗人质解救行动失败后，卡特的前能源部部长推测，这个行动之所以被执行仅仅是因为卡特缺少对1970年越南山西战俘营突袭行动的历史回忆。1970年，美国人在越南敌军防线后方实施了营救计划，营救的大多数行动执行得很好，但在后期也出现了重大问题，即营救人员到达后发现人质已经被转移到其他地方。[39]如果有一种思想家被称作"非历史的"思想家，那么当他们面临问题时很有可能简单地历史性地对待，这个时候类比推理就会发生，并不是因为形势发展的认知动力学或其他原因。

对伊朗人质危机进行案例分析并期望通过类比推理获得微弱的经验支持的第二个原因是，美国大使馆外交人员被扣为人质的独特性及其"史无前例"。在很多参与卡特政府政策制定的人眼中，在伊朗人质营救计划制订中并没有多少类似的历史案例可供参考。在卡特政府官员们的记忆或是认知中，他们认为还从未发生过一个敌对国家占领美国的一个海外大使馆或是扣押其外交官作为人质。吉米·卡特在其总统任期内以及卸任后，在很多场合表达过自己的这个观点。例如，1982 年卡特曾说："据我所知，在 600 多年有记载的历史上，还从未有一个东道国政府支持和宽恕攻击或是绑架他国特使和外交官。这次事件在历史上是前所未有的。"[40]同样地，美国副国务卿沃伦·克里斯托夫认为，美国的德黑兰大使馆被占领是一次史无前例的事件并且非常恶劣。[41]前国家安全顾问兹比格涅夫·布热津斯基认为："（美国大使馆外交人员被扣为人质）事件本身及其延续时间之长在历史上是没有先例的。"前中央情报局局长斯坦菲尔德·特纳指出，"这是一件骇人听闻的事，是一个前所未有的事件"[42]。罗伯特·欧文在国际法庭里进行口头辩论时，很好地总结了卡特政府的思维，而卡特总统一开始就引用了这个例子：

在外交历史与实践中，绝对没有扣押外交官的先例或是为这种行为进行的辩护，更别说是一次完全针对他国大使馆整个外交使团的行动，也没有为了某种目的对外交官进行监禁和审讯。我觉得这种恶劣的、公然地违反国际法的行为真的很难想象。[43]

在这次事件中期待使用类比推理可能性很小的第三个原因，涉及可能的任何营救行动及其战略环境的本质。很多决策者清醒地意识到这次行动将面临许多前所未有的困难，包括营救团队必须知道的人质位置及其与人质的距离。正如格雷厄姆·克莱特所说："主要问题在于人质在德黑兰，在伊朗内陆深处。如果在海岸线上或是靠近海岸，我们有可能将他们营救出来……这是一个未曾遇到的大麻烦。"[44]根据当时一份仍是机密的中央情报局报告，在过去15年间，还未曾在敌对国家人口密集地区组织过类似规模的营救行动。仅有的几次类似行动都发生在敌对国家人口相对稀少的地区，如1970年11月的突袭越南山西战俘营、1975年5月的"马亚圭斯号"事件和1976年7月的恩德培行动等。[45]保罗·莱恩也支持这一观点，他指出，"这样一次行动以前从来没有尝试过，从恩德培行动和摩加迪沙的突袭行动中，我们只能获得很少的有用经验，他们与伊朗人质营救计划非常不同"。莱恩指出，前几次行动中没有使用直升机，并且营救人员在敌对地区用时较少。他质问："在缺乏先例的情况下将如何决策才能成功呢？"[46]让问题更加糟糕的是，美国军队并不擅长处理这类威胁，就像冷战时期为应对苏联威胁，美国一直致力于加强核装备以应对一场可能爆发的超级大国的对抗，但是核武器在这次事件中好像起不到什么作用。

对于所有这些原因，我们有很好的理由去期待卡特团队以自己独特的方式对待这次危机，并将其作为一次性事件处理好。然而，正如在第二章我们将看到的一样，类比推理在决策中扮演了一个非常重要的角色，尽管他们许多人并不喜欢历史性地看待问题。伊朗局势的新特征给很多问题带来了不确定性，例如如何定义人质危机，后续的回应政策应该怎么做，从而增加了决策制定过程的难度，可能会产生一些困惑和偏差。这些不确定性的程度是相当高的，因为决策者们对该地区不熟悉，对伊朗扣押人质的动机和目的不了解，等等。此外，这次伊朗人质危机事件，给了我们一次绝佳的机会去检验那些据说是技术性的或者非历史性的思想家们是如何行事的，尤其是当他们面对一项非常不确定、不连续的外交政策制定任务，而且没有什么可用的先例来了解事态时。当面对一个如此特殊的、非常规的问题时，决策者们会做些什么呢？

结　论

关于伊朗人质危机的讨论主要包括三个方面。

首先，我们认为，在危机期间的各种决定接二连三地受到历史类比的影响，其中包括伊朗大学生攻占美国大使馆和卡特决定采取军事行动解救人质。为了理解为什么一群狂热的伊朗学生会突然决定占领这个当时号称防御最强的美国大使馆并扣押其人员作为人质，了解近期在伊朗发生的事件是必要的。同样地，就美国方面来说，也需要了解以前人质危机是如何影响外交决策的。尽管很多卡特政府的官员认为，从某些重要方面来看这次人质危机具有独特性，但有大量的证据表明多数政策制定者利用自己的类比知识来理解这次危机。反过来，我们认为类比的选择严重地影响了每位参与者对这次事态的定义。像一些早期制定决策的分析一样，这项研究吸收了认知心理学的研究成果来理解事态为什么会这样演变。

其次，我们进一步认为，心理学家们如何定义历史类推法的"可行性"和"典型性"非常重要。例如，新近的恩德培行动和摩加迪沙解救人质行动的成功对于美国决策者们认识伊朗人质危机事件是可以借鉴的，尤其是恩德培行动具有类比性，该事件在促使卡特政府采取军事营救行动方面扮演了重要角色，至少他们会认为军事解救的风险还是值得的。这个建议受到德黑兰行动的主要倡导者国家安全顾问兹比格涅夫·布热津斯基的影响，并在危机发生初期经过卡特政府与以色列的共同商议，策划者也试图克服德黑兰行动和恩德培行动的不同，使得第二次军事营救行动成为可能。这项研究得到了心理学研究的赞同，他们认为可行的类比通常会被决策者所使用，关于这一点我们将在第二章中详细论述。

最后，我们认为所使用的类比不仅仅是夸张的修辞学，它用来让他人确信事实背后各种选择的可选性。事实上，对事件带有个人经验的人所采用的大多数类比，并不是随意从历史书本中获取的，用于某种目的。这一点印证了类比推理早期研究的结论及其在外交决策中的作用，如邝云峰《战争的类比》认为类比是真正的认知机制，用来理解不确定条件下政治生活的复杂性。邝云峰提出，"我们需要的是一个角度，从而让类比在决策中发挥独立认知的作用，在政策决策中类比在劝说他人方面也扮演重要角色"[47]。本研究的发现是对邝云峰成果的补充，是与他所提出的类比解释框架相协调的。正如邝云峰所说："类比就像一个智力设备，经常被政策制定者用来对与政治决策相关的任务进行诊断。"[48]我们将在第六章重新回到对类比目的的讨论，但这里我们首先认为邝云峰最初的设想是对的，接着在第二章将这种认知解释与具有竞争性的事后观点进行对比。

邝云峰的分析与本研究的最大不同在于，邝云峰一直在深究一个问题，那就是类比是否真的是一个用来理解现实的认知机制，他反对事后辩解。而我最初一直在追寻两个问题的答案，第一个问题是政策制定者的风格在使用类比推理时是否真的有影响。对类比在政策制定中的早期个案研究，倾向于聚焦肯尼迪政府和约翰逊政府，但也有人认为那些不倾向于"历史思索"的个人可能也不喜欢类比，肯尼迪和约翰逊团队在猪湾事件、古巴导弹危机、越南战争和多米尼加危机中看上去就是那样。卡特政府的选择给我们提供了一个非常相关的例子，他们就是在用"非历史的"方式思考问题。

第二个问题也推动着本书的研究：政策制定者在面对一个"新鲜"且前所未有的问题时是如何思考的？很多之前的个案研究调查了问题冲突时尤其是前所未有时，会与手头上的个案产生一个表面上的相似性。在猪湾事件中，颠覆1954年危地马拉阿本斯·古斯曼政权常常被用来与推翻菲德尔·卡斯特罗政权的计划进行比较，并且被作为模板。而且经常将多米尼加共和国与1965年的古巴共和国进行比较，因为这两个例子表面上很相似，因此很容易进行类比。同样地，正如邝云峰所说，越南与朝鲜在表面上具有相似性。在这三个例子中，地理上接近的国家很容易被拿来进行比较。然而，关于类比，一个需要继续解决的问题是，如果没有相似的例子可与正进行的事件类比时，将会发生什么？正如前文所述，卡特政府审视伊朗人质危机的角度，给我们提供了一个特别有趣的机会来找到答案。

本书的计划

本书的计划如下，第二章深入探究类比推理领域的认知心理学家的成果及其观点，他们的著作告诉我们在什么情况下这些分析框架和方法在外交政策的决策中起作用。第三章考察了一些令人深思的问题。首先，为什么伊朗的极端主义者会攻占美国大使馆？这是一个很重要的问题，因为很显然如果没有这次惊天动地的行动就不会有伊朗人质危机。但是，在现有文献中有人对这一事件还有另一种解释，本书主要的理论方法是否可以解释普通伊朗人的行为也是值得思考的，因为这些理论都是来自美国学者的。

第四章深度探查了伊朗人质危机发生前的几个月所发生的事情，以及美国决策者是如何应对的；分析人质危机之前美国的顾虑和稍后的谈判，以及它们如何为军事营救人质埋下伏笔。第五章考察了人质营救的酝酿阶段及其随后决定采取行动，继续考察军事营救失败后第二次营救计划，本章以 1981 年 1 月人质被释放结束。第六章分析了类比推理方法在本次案例分析中的适用性，认知心理学家丹尼尔·卡赫内曼和阿莫斯·特维斯盖提出的"启发"视角告诉我们类比的重要性。我们也在思考当政策偏好已经通过非类比的途径形成的同时，卡特政府的决策者们在多大程度上使用了单纯的类比。

个案研究还有一个大的问题，那就是研究者会提出假设的确认数据和阻止非假设的确认材料。由于人质危机解救行动和外交决策存在多个解释版本，本书第七章通过重新审查人质危机的个案试图寻找主要的控制因素。最后，类比方法的作用比其他方法更具有解释性，因而应当被认可，第七章也将对此进行证明。第八章将类比推理的解释形式与其他外交决策的其他理论——如国内政治视角和官僚政治方式——进行对比，分析后得出结论。在这里我们考察了一个问题：是什么造成了历史类比，让它在外交决策的背景中更有说服力。由于类比是一个认知的理论，因此这种说服力更像一个官僚政治的过程。那么接下来第二章将分析认知心理学中不断出现的文献争论。

注释

［1］ Gray Sick, *October Surprise*: *America's Hostages in Iran and the Election of Ronald Regan* (New York: Times Books/Random House, 1991), pp. 17 – 18.

［2］ Kenneth Morris, *Jimmy Carter*: *American Moralist* (Athens, Georgia: University of Goergia Press, 1996), pp. 277 – 278.

［3］ James Schlesinger, "Some Lessons of Iran", *New York Times*, 6 May 1980.

［4］ See "US patience Not Endless, Kissinger Says of Effort", *Los Angeles Times*, 26 April 1980; R. James Woolsey, "Sometimes The Long Shots Pay Off", *Washington Post*, 28 April 1980.

［5］ The polling date are taken from James Q. Wilson, *American Government*: *Institutions and Policies*, 5th edn (Lexington, Massachusetts: DC Heath, 1992), p. 557 and Charles Kegley and Eugene Wittkopf, *American Foreign Policy*: *Pattern and Process* (New York: St. Martin's Press, 1996), p. 280.

［6］ See, for instance, *Newsweek*, 5 May 1980; Time, 5 May 1980; Richard Barnet, "The Failure of a Raid – and of a Policy", *Los Angeles Times*, 29 April 1980; *The Economist*, "Shrunken America", 3 May 1980.

［7］ See for instance, James Bill, *The Eagle and the Lion*: *The Tragedy of American-Iranian Relations* (London: Yale University Press, 1988), which is probably the best introduction to the subject in print. For a detailed analysis of the negotiations, see Russell Moses, *Freeing the Hostages*: *Re-Examining the US-Iranian Negotiations and Soviet Policy*,

1979 – 1981 (Pittsburgh, Pennsylvania: University of Pittsburgh Press, 1985).

[8] He was the first holder of that office to resign on a matter of principle since William Jennings Bryan in 1915, and the only one in the years since.

[9] Morris, *Jimmy Carter*, pp. 7 – 8.

[10] Erwin Hargrove, Jimmy Carter as President: *Leadership and the Politics of the Public Good* (Baton Rouge, Louisiana: Louisiana State University Press, 1988), p. 8.

[11] Stephen Skowronek, *The Politics Presidents Make: Leadership from John Adams to Bill Clinton* (Cambridge, Massachusetts: Belknap Press, 1997).

[12] Charles Jones, *The Trusteeship Presidency: Jimmy Carter and the United States Congress* (Baton Rouge, Louisiana: Louisiana State University Press, 1988), p. 217.

[13] Gary Sick, All Fall Down: *America's Tragic Encounter With Iran* (New York: Random House, 1985), p. 257. See also David Kucharsky, *The Man From Plains* (London: Collins, 1977).

[14] Jimmy Carter, *Keeping Faith: Memoirs of a President* (Fayetteville, Arkansas: University of Arkansas Press, 1995), p. 468.

[15] Cited in Pierre Salinger, *America Held Hostage: The Secret Negotiations* (Garden City, New York: Doubleday, 1981), pp. 237 – 238.

[16] Stansfield Turner, interview with the author, McLean, Virginia, 28 October 1994.

[17] See Benjamin Schemmer, "Presidential Courage-And the April 1980 Iranian Rescue Mission", *Armed Forces Journal International*, May 1981, p. 61.

[18] Quoted in David Martin and John Walcott, *Best Laid Plans: The Inside Story of America's War Against Terrorism* (New York: Harper & Row, 1988), p. 4.

[19] Jody Powell, *The Other Side of the Story* (New York: William Morrow, 1984), p. 226.

[20] Paul Ryan, *The Iran Hostage Rescue Mission: Why it Failed*

(Annapolis, Maryland: Naval Institute Press, 1985), p. 125. See also Special Operations Review Group, Rescue Mission Report, August 1980, Jimmy Carter Library.

[21] Ryan, Iran Hostage, pp. 125, 102. According to Ryan, Beckwith had a sign on his desk which read 'Kill' Em All. Let God Sort 'Em Out.'

[22] Martin and Walcott, Best Laid Plans, p. 4.

[23] Ibid.

[24] See President Carter's 26 April communication to the House and Senate, reproduced in Congressional Quarterly Almanac, 96th Congress Second Session 1980, volume XXXVI (Washington DC: Congressional Quarterly, 1981).

[25] Carter, Keeping Faith, p. 520. Indeed, the phrase "whenever possible" indicates a recognition that it would not always be possible to avoid bloodshed, and that casualties were perhaps inevitable.

[26] Martin and Walcott, Best Laid Plans, p. 5.

[27] For some classic discussions representative of this approach, see for instance Ole Holsti, "The Belief System and National Images: A Case Study", Journal of Conflict Resolution, 6: 244 – 252, 1962; Alexander George, "The 'Operational Code': A Neglected Approach to the Study of Political Leaders and Decision-Making", International Studies Quarterly, 23: 190 – 222, 1969; Alexander George, "The Causal Nexus between Cognitive Beliefs and Decision-Making Behavior: The 'Operational Code' Belief System", in Lawrence Falkowski (ed.), Psychological Models and International Politics (Epping: Bowker, 1979).

[28] Rose McDermott, "Prospect Theory in International Relations: The Iranian Hostage Rescue Mission", Political Psychology, 13: 237 – 263, 1992, p. 237. In the exiting literature, only McDermott has attempted to resolve this conundrum.

[29] Schemmer, "Presidential Courage", p. 61.

[30] Edward Luttwak, The Pentagon and the Art of War: The Question of Military Reform (New York: Simon and Schuster, 1984), p. 86.

[31] A substantial secondary literature exists on American decision-making during the hostage crisis: see, for example, Ryan, *The Iran Hostage Rescue Mission*; Steve Smith, "Policy Preferences and Bureaucratic Position: The Case of the American Hostage Rescue Mission", *International Affairs* 61: 9 – 25, 1984/1985; Steve Smith, "Groupthink and the Hostage Rescue Mission", *British Journal of Political Science* 15: 117 – 123, 1985; James David Barber, The *Presidential Character: Predicting Performance in the White House*, 3rd edn (Englewood Cliffs, New Jersey: Prentice-Hall, 1985), pp. 452 – 456; Martin Hollis and Steve Smith, "Roles and Reasons in Foreign Policy Decision Making", *British Journal of Political Science* 16: 269 – 286, 1986; Betty Glad, "Personality, Political and Group Process Variables in Foreign Policy Decision-Making: Jimmy Carter's Handling of the Iranian Hostage Crisis", *International Political Science Review* 10: 35 – 61, 1989; Irving Janis, *Crucial Decisions* (New York: Free Press, 1989), pp. 193 – 196; Rose McDermott, "Prospect Theory in International Relations"; Michael Link and Charles Kegley, "Is Access Influence? Measuring Adviser-Presidential Interactions in the Light of the Iranian Hostage Crisis", *International Interactions* 18: 343 – 364, 1993; Scott Gartner, "Predicting the Timing of Carter's Decision to Initiate a Hostage Rescue Attempt: Modelling a Dynamic Information Environment", *International Interactions* 18: 365 – 386, 1993; David Patrick Houghton, "The Role of Analogical Reasoning in Novel Foreign Policy Situations", *British Journal of Political Science*, 26: 523 – 552, 1996. Of these, only the accounts of McDermott and Houghton detail the historical precedents employed by the key participants in the crisis.

[32] Gary Sick's excellent *All Fall Down*, for instance, is a broad-ranging account by the note taker at many of the key policy meetings, but it is primarily the work of a practitioner rather than a piece of foreign policy theorizing. Russell Moses's book *Freeing the Hostages* is a little more theoretical, but focuses almost exclusively on the negotiation phase of the decision-making.

［33］ The existence and main findings of the report-entitled "Iran Postmortem" – are described in Bob Woodward, *Veil: The Secret Wars of the CIA 1981 – 1987* （New York: Simon and Schuster, 1987）, pp. 108 – 111.

［34］ As Michael Beschloss notes, "science the uproar over the Nixon tapes in 1973, Presidents have shrunk from that kind of comprehensive secret recording"; see Beschloss （ed.）, *Taking Charge: The Johnson White House Tapes, 1963 – 1964* （New York: Simon and Schuster, 1997）, p. 552.

［35］ We are blessed with an already substantial biographical literature on Jimmy Carter and the Carter presidency in general. See, for example, Glenn Abernathy （ed.）, *The Carter Years: The President and Policy Making* （London: Pinter, 1994）; Douglas Brinkley, *The Unfinished Presidency: Jimmy Carter's Journey Beyond the White House* （New York: Viking, 1998）; Peter Bourne, *Jimmy Carter: A Comprehensive Biography from Plains to Post-Presidency* （New York: Scribner, 1997）; John Dumbrell, *The Carter Presidency* （Manchester: Manchester University Press, 1995）; Betty Glad, *Jimmy Carter: In Search of the Great White House* （New York: W. W. Norton, 1980）; Garland Haas, *Jimmy Carter and the Politics of Frustration* （Jefferson, North Carolina: McFarland, 1992）; Hargrove, Jimmy Carter as President; Jones, The Trusteeship presidency; Maddox, Preacher at the White House; Morris, *Jimmy Carter: American Moralist*; Jerel Rosati, *The Carter Administration's Quest for Global Community: Beliefs and Their Impact on Behavior* （Columbia, South Carolina: University of South Carolina Press, 1987）; Herbert Rosenbaum and Alexej Ugrinsky （eds.）, *Jimmy Carter: Foreign Policy and the Post-Presidential Years* （Westport, Connecticut: Greenwood Press, 1994） and *The Presidency and Domestic Policies of Jimmy Carter* （Westport, Connecticut: Greenwood Press, 1994）; and Donald Spencer, *The Carter Implosion: Jimmy Carter and the Amateur Style of Diplomacy* （New York: Praeger, 1988）.

[36] James Fallow, "The Passionless Presidency", The Atlantic Monthly, 243: 33 – 48, May 1979, p. 44.

[37] See James Fallow, Exit Interview, Jimmy Carter Library, 14 November 1978.

[38] Richard Neustadt and Ernest May, *Thinking in Time: The Uses of History for Decision-Makers* (New York: Fee Press, 1986), p. xiv.

[39] Schlesinger, "Some Lessons of Iran".

[40] Interview with Jimmy Carter, Miller Center Interviews, Carter Presidency Project, 29 November 1982, p. 38, Jimmy Carter Library.

[41] Warren Christopher, "Introduction", p. 1, in Christopher and Kreisberg, *American Hostage in Iran: The Conduct of a Crisis* (New Haven, Connecticut: Yale University Press, 1985).

[42] Zbigniew Brzezinski, interview with the author, Washington DC, 3 February 1995; Stansfield Turner, interview with the author.

[43] Roberts Owen, "Oral Argument", pp. 7 – 8, Box 88, "Iran-International Court of Justice", Jimmy Carter Library.

[44] Quoted in Scott Armstrong, George Wilson and Bob Woodward, "Debate Rekindles on Failed Iran Raid", *Washington Post*, 25 April 1982, p. A15.

[45] CIA Report to Stansfield Turner dated 16 March 1980, Quoted in Salinger, *America Held Hostage*, p. 238.

[46] Ryan, The Iran Hostage Rescue Mission, pp. 25 – 26.

[47] Yuen Foong Khong, *Analogies At War: Korea, Munich, Dien Bien Phu and the Vietnam Decisions of 1965* (Princeton, New Jersey: Princeton University Press, 1992), p. 16.

[48] Ibid. , p. 20.

第二章 立论：对现有文献的回顾

哲学家和心理学家威廉·詹姆斯认为："人类只能通过其他事物、事件和经历的角度来理解事物、事件和经历。"[1] 虽然詹姆斯的著作主要写于 19 世纪 90 年代，但是近些年许多现代认知心理学家重新捡起他的观点，提出在某种条件下人类容易严重依赖类比，并将其作为一种理解和感知的模式。基于过去所考虑过的无论是成功的还是失败的备选方案的经历，都有助于决策者处理当前的问题。近些年，我们可以看到在心理学领域对"认知革命"讨论的迫切性，从以 B. F. 斯金纳为代表的旧的行为主义传统向一种信息处理方法的转变。[2]

在这种转变的激励下，不断有政治科学领域的学者在探索包括类比推理在内的认知过程是如何在对外决策中扮演角色的。因此，本书的目的就是去帮助开启一项新的研究项目。在本章中，我们首先概述所采用框架的基本假设。像任何此类框架一样，本论题所采用的方法被置于更广泛的理论取向和传统当中，并且基于某种假设，而这种假设在一开始就做了很好的规划。接着，我们在认知心理学中的类比推理领域进行了大量研究。有大量的文献研究人类是如何解决问题的，其中相当一部分通过类比来处理问题。随后，我们将这些类比文献与政治科学中不断增加的相关文献进行对比，而这种对比大多受到了认知文献的鼓舞。最后，我们通过概述所采用的方法论和本研究目前存在的一些局限性来结束本章。

本章的目的是阐明近年来在政治科学家和心理学家的研究工作中所存在的有趣重叠，并将在后面章节中通过经验研究和独立验证来提出观点。但是，由于本章接下来的部分主要讲述了形成观点的必要条件，而不是观点本身，因此读者应该注意到可以跳过这个部分继续阅读第三章，且并不会影响到对整本书的理解。

框架的基本假设

在一开始我们采用的最重要的假设是：类比是一个认知工具，这个工具最常用于理解复杂的现实。换句话说，我们假设类比在某些情况下的决策中可以被视为自变量，同时总是对这个假设及其相关命题在实证案例研究中的执行保持警惕。历史类比在想法及其随后的实际行动上被视为重要的模式。我们认为政策应对的本质主要由"问题的认知结构"决定。特定决策团队如何对一个问题进行认知和构建取决于这个团队的组成结构、他们每个人的经验本质，尤其是他们最近的经验。通过认知构建，思考过程的集体模式会进入政府最高决策层的政策制定过程，而这一集体模式首先取决于每一个成员对该事件的理解，以及一个团队在多大程度上可以说服另一个对形势持不同观点的团队。

本书遵循最近在认知心理学和外交政策决策研究中流行的传统或方法，假设政策制定者是认知行为者，而不是纯粹的理性行为者，并且认为政策制定是人类解决问题的最好形式。政治学中的政策制定涉及分析人士所说的"模糊、结构不良的任务"，还包括一些问题，在这些问题中，确定其目标是否达到的标准问题、解决问题所需的信息及其界限、解决问题的可能性，以及可替代选项等都不清楚。[3] 政策制定者可以被描述为"直觉的科学家"和"认知的吝啬者"，因为他们都试图直观地理解他们周围的事件，并且经常尝试以曾经的认知为指导来解决未来不确定的事情。人类在不确定性的状况下需要一些方法来阐述问题和进行预测，并被动地去执行，因而表现出利用认知偏差或启发的显著倾向。绕过实验科学家所采用的缜密的科学标准，他们的推理过程通常反映出了对相关"硬"科学方法论的一种扭曲，例如那些用于评估特定事件发生的可能性或概率的过程。[4]

这些假设主要基于在实验室工作的心理学研究者的发现，他们主要与归因理论和模式理论相关联。我们现在开始反观这些文献，尤其是关于类比推理的文献。[5] 由于这些文献已经得到其他人的确切评估，因此接下来的内容并不是对这些复杂文献做全面的解释。[6] 然而，在我们分析伊朗案例之前，已经做了一些努力来理清与当前计划有某些相关性的主要发现。

认知心理学家说了什么

最近对认知心理学的重新研究支持了本章开头所提到的"詹姆斯"方法，发现案例法、科学教学、数学问题解决、学习阅读以及获得外语能力的过程均严重依赖于类比推理。[7] 相关研究文献内容庞杂，大多数仅在过去 20 年中出现，由于内容杂乱以至于不能被概括以了解文献的原貌，但是其中一些关键的发现还是被研究人员通过复制的方式显现出来了。

在不断增长的关于人类解决问题方面的文献中，有一个主要的发现，那就是类比推理是人们在面对新奇或不同寻常事件时所倾向于使用的认知机制。正如米歇尔·艾森克和马克·科纳所指出的，大多数现有关于人类如何解决问题的研究，探讨了人们如何处理熟悉的、常规的以及反复出现的问题。[8]但实际上人们也可以解决陌生的或者新奇的问题。有时，当我们在遇见问题且没有可使用的知识时，我们可以制造一种创造性的解决方案。进一步讲，无论是缺少信息还是信息过量，任何具有高度不确定性或模糊性的情况都可以激发人类对类比的使用。

第二个重要发现与类比推理发生的过程有关，主要涉及多个作者称之为"比对"的过程。正如艾森克和科纳所说："各种理论家认为这种类比推理是一组思想结构（称为基本域）与另一组思想结构（称为目标域）比对的结果。"[9]这种比对理论的发明者是戴德利·金特纳、玛丽·吉克和基斯·霍利约克，根据玛丽和霍利约克的观点，"类比思维的本质是知识从一种情形转移到另一种情形的比对过程，从而在不同信息中找到一对一的组对对应关系，这种对应关系通常是不完整的"。[10]在类比中，"同构"关系在一个事件、一种情况或一个对象与另一个事件、一种情况或一个对象的类比中出现。

这些观点可以被描述成一些简单的例子。[11]假设我们有两种情况——情况 1 和情况 2，第一种情况发生在第二种情况之前或当前正在某个组织或国家发生。再假设我们观察到情况 2 与情况 1 有一个共同的属性 a，情况 1 还有一个属性 b。由于情况 2 具有属性 a，因此我们推测情况 2 很有可能也有属性 b。事实上，在现实生活中，共同的数量或属性通常超过两种。在这里，我们对两种情况之间的关系进行"比对"，其中情况 1 中的属性 a 对应于情况 2 中的属性 a，情况 1 中的属性 b 对应于情况 2 中的属性 b。因此，类比推理包括了一个推断的过程，一种情况属性很有可能从已知的另一种情况的属性推测出来。

　　第三点值得注意的是类比推理是一个建构过程。戴德利·金特纳发现，类比并不是简单陈述一个事物与另一个事物相似，而是一种比较，在比较中两种事物中可见的相似性是"结构性"的，而不仅仅是"表面性"的，这一点非常重要。[12] 她认为应将"纯粹的外表匹配"和真的相似的东西区分开来。[13] 注意到这一点就可以很好地领会这种区别，即政策制定者，或通俗意义上的人类，经常不会与非常相似的事情进行类比，如果相似性似乎并不重要的话。例如，萨达姆·侯赛因和阿道夫·希特勒都有胡须的事实并没有加强将两者进行类比的吸引力，而扩张主义倾向或秘密警察的使用等因素却经常让人们对这两者进行类比。事实上，并不是所有相似性都有助于进行类比，并不是所有的不同点都会弱化比较，认识到这一点人们就可以领会类比的结构性质。例如，对大多数分析师来说，将波斯湾战争（即海湾战争）与慕尼黑事件进行类比，并不会被科威特在中东和波兰在东欧的事实所弱化。

　　模拟推理的方法与通常称为图式理论的心理学中的理论体系密切相关。图式的概念已经以不同的方式被使用，但是本质上，图式是指可以输入数据或事件的通用认知结构，通常更多地关注宽泛的描述而不是特定细节。[14] 第四个突出的发现是，类比推理似乎在图式形成中发挥了关键作用。换句话说，类比帮助构建一定的规则，来解决特定类型的问题，类比推理通常被心理学家认为与一般的图示处理关系密切。根据希克和霍利约克的看法，当个人在两次或更多次以相同的方式成功解决问题时，他或她将最终形成一个一般的"问题图式"，这是一组处理该类型问题的抽象原则，他们衍生于特定的类比案件，但需要独立的自我认知。衍生于特定案例的普遍规律就这样形成了，他们从类比提供的案例中获取信息，并不断地为类比提供支持。[15]

同样，正如库尔特·范莱恩所说："一个人如果多次遇到同样主体的问题，那么他可以通过理解和探索的过程学着如何解决问题。"在这种情况下，个人似乎将刺激因素作为一个熟悉的问题，为这个问题寻找解决方案，对它进行跟踪研究，然后他们开发了一个图表，可以反复应用于一系列类似的问题。[16]正如范莱恩指出的，这种图表驱动的问题解决方式"似乎对解决问题的专家们进行了特征总结"。换句话说，解决一个特定问题通常需要相对较高程度的专业知识。[17]值得注意的是，他认为公共政策的形成是发生在一个知识丰富的领域。[18]

对于潜在的精神过程是否是一个根本性的准则并基于实例的问题，认知心理学家们长期以来一直都有争论。例如，阿瑟·雷伯和他的同事认为，许多人类推理是基于规则，在本质上是抽象的。而其他人如劳埃德·布鲁克斯则认为类推从根本上是基于案例的。[19]然而，不管这些争论是否有理，很可能决策者所经历的类似事件或经历的数量越多，越有可能从这些事件中吸取教训。在这种情况下，个人将得出一个普遍的经验教训，他通常会感觉没有必要因为政策 A 在过去曾起过作用，然后"解释"为什么他或她会相应地选择政策 A。正如罗伊德·安德拉德所说，"构建各种图式的重要部分是类比和隐喻的使用"，而一旦形成这些图式，它似乎将超越任何形成它的特定实例。[20]

相反，一些决策者在异常情况出现时会依赖于类比，因为在这种情况下"相似"的经历太少，不能形成解决问题的图式或是规则。如果这样的话，就不会有可用的广义规则和标准的行动程序来应对问题，因此人们所采用的类比建立在案例的基础上，而不是基于规则。这也意味着，在这种情况下，信仰体系将不会为政策制定者提供很多指导，甚至不能指导，因此他或她将被迫依靠一两个类比事件来了解正在发生的事情。范莱恩对两种类型的问题（常规的和非常规的）的解决方式进行了细致区分。解决常规问题的图式已经存在，而解决非常规问题需要一个综合研究和理解的过程。[21]类似地，P. N. 约翰逊·莱尔德认为，当一个随机的模型不能解释某种现象时，人们将使用类比法，[22]而基思·霍利约克和他的同事则认为，关键的问题是能否解决问题。[23]因此，类比似乎形成了一种"默认"机制，这时没有其他类型的认知工具可用。

这些发现与人们在日常生活中观察到的一致。人们并不总是使用类比，他们是否使用类比视情况而定。在这里我们建议，当其他更可靠的认知机制（如标准行动程序或其他决策规则）不可用时，决策者应诉诸类比。这项研究很显然与伊朗人质危机案例具有相关性。在这里，美国的决策者面临一个全新的问题，至少对大多数人来说它似乎完全没有先例可循，也不可能在纯粹的逻辑推理的基础上进行类比。然而，他们仍将在某种程度上利用类比，因为在这个全新的和不熟悉的环境下，依靠他们曾经经历的某种历史模式相对比较保险。[24]

第五个发现是，人们通常喜欢在表现出表面相似性的事物或事件之间进行类比。正如克莱门特和金特纳所说："假设我们知道三个事实：旧金山在下雨，旧金山有一个默剧团，厄巴纳在下雨。显然，我们不希望我们的类比理论告诉我们在厄巴纳有一个默剧团。"[25]不幸的是，在外交政策决策的复杂世界，事情很少这么清晰。如果科索沃看起来足够像越南有解决冲突所需的地势或某种军事承诺，那么很容易得出结论，即美国不断卷入前南斯拉夫将遇到它在东南亚遭遇的相同结果。在政策制定中，表面的相似性通常容易与深层的结构性的相似性混淆。因此必须在基数和目标之间绘制可能的因果关系图或高阶关系图，以便推理能更好地预测结果，这一点在政治决策中相对容易做到。这种强调表面相似性的方法当然是类比推理作为一种理解问题的方式所固有的缺陷。看看1990年科威特被入侵或在20世纪60年代北越向南方扩张，相对容易看到这两个事件与1938年希特勒入侵波兰具有可比性。因此，失误、偏见和错误本身是类比过程的一部分，因为类比推理通常涉及从1到n的推理，任何一个学习政治方法论的好学生都知道这个实践会充满潜在的错误。

在20世纪70年代，阿莫斯·特沃斯基和丹尼尔·卡纳曼进行了一些经典调查，这些调查研究人们如何偏离统计规则或"纯理性"以克服不确定性，他们的发现对类比推理的研究有很大的影响。[26]他们强调，人类在做判断时经常会出现两种主要的错误或误解类型，他们称之为易得性启发和代表性启发。[27]与其他事件相比，事件发生的频率越高，它将来发生的统计概率就越大；而且在人们记忆中被唤醒的可能受到多种因素的影响，甚至这种影响与事件实际发生的频繁性毫无关系。它可能是因为太重要，也可能仅仅是因为它最近才发生，所以被人们想起。例如，在历史中一个事件的重要性可能导致对该事件的过度集中，以及随之而来倾向于夸大其将再次发生的可能性。例如，美国政策制定者绝大多数倾向于使用慕尼黑和越南的事件来将当前的军事冲突和过去发生的事情进行类比，尽管这些冲突中的许多地方可能与其他事件（不太为人知的）

具有更大的相似性。同样，新近发生的事件更可能使决策者仅仅因为它在记忆中更可用或方便获取信息而与该事件进行类比。

康姆斯和斯洛维奇提供了一个可用的、非常生动的例子来证明这一点。[28]他们表示，当人们被要求判断死亡形式的关注度，如在恐怖事件中死亡、飞机坠毁或地震，而不是"正常"形式如癌症或心脏病时，人们倾向于牺牲后者来高估前者的发生。康姆斯和斯洛维奇发现，原因是前者更容易记忆，因为大众媒体往往报告吸引人的或有新闻价值的死亡，通常忽略更多的常规形式（除非受害者恰好是某种名人）。其他研究发现，"生动"（因此更易于回忆）的证据往往对法庭案件中陪审员的判决施加不成比例的影响。[29]

易得性启发和代表性启发导致的认知偏见和认知错误，是另一种类型的错误。卡纳曼和特沃斯基认为，代表性启发是引导个人根据事件与一些原型类别的适配程度来估计事件的可能性。[30]例如，当人们被要求判断萨达姆·侯赛因或卡扎菲上校是否是"另一个希特勒"时，大多数人会问自己，侯赛因或卡扎菲与阿道夫·希特勒在多大程度上有相符合的特征。然而，他们通常不会从统计学上来看侯赛因和希特勒有太多的相似性。我们知道，在人口众多的世界上，各国领导人也很多，事实上，绝大多数人不是希特勒，所以从统计学上看，侯赛因是希特勒的概率是相当低的。然而，在现实世界中，人们通常忽略这种可能性。大多数人以同样的方式评估事件发生的可能性，他们通过估算事件的已知特征与某些类别的事件或原型事件的匹配程度来推算。因此，任何给定事件与越南事件进行类比，并不是通过参照仅有的一次重要战争来进行判断的，而事实上在这些战争中美国人有时候占优势有时候不占优势，类比判断的依据是当前事件的特征与越南事件相关的特征在多大程度上相匹配。

两个启发的相关性应该在第三、第四和第五章中变得清楚。最后，最重要的是，对于我们的目的，在实验室中测试个体所观察到的类似过程可能与现实世界里的类比有所不同。然而，在伊朗人质危机事件中，考察这种观点是否可行，我们必须首先将我们的注意力转移到政治语境中关于类比推理的著述。

历史学家和政治科学家的观点

在国外和国内政策制定中使用类比推理早已被评论过，尽管它最近才被视为一种心理过程。本书试图为两组问题提供答案。[31] 首先，许多作者在思考一个历史问题，即过去对现在和未来是有用的，还是具有误导性的。例如，诺伊施塔特和梅的著作《在时间中思考》对于决策者来说是"如何做的"决策手册，让决策者更好地使用历史教训。他们的合作建立在梅思的早期成果《过去的经验教训》之上，这一成果提供了现在的常见观点，即决策者通常以不适当的方式使用历史。他们的主要目的是帮助政策制定者更好地利用历史，他们对各种美国案例分门别类，从国内外政策中吸取教训，其中有些类比使用得很好，有些使用得不好，有些根本不使用类比。他们发现，在很多案例中类比推理发挥了尤为重要的作用，如越南事件、古巴导弹危机、1983 年的社会保障改革、韩国事件、1976 年的猪流感事件、"马亚圭斯号"事件，猪湾事件及其他的例子。[32]

第二组问题与类比作为决策的原因而不是影响的状态有关。如果类比无疑会发生，那么类比通常发挥什么样的作用呢？它们是用于理解复杂世界的认知工具，或者仅仅是决策者使用的事后机制，其唯一目的是让他们的同事相信预先设定的行动方案。第一位认为类比是一个明确的心理过程的政治学家是罗伯特·杰维斯，其著作《国际政治中的知觉与错误知觉》中有一章讲到了决策者使用历史类比，几乎该领域所有类比研究成果都从他的书中获得灵感。杰维斯的分析强调决策者过去的个人经历与类比推理起源之间的关系，认为类推可能导致政策制定者错误地定义情境的性质，或形成不适合当前形势的政策选择。

杰维斯关于决策者如何从历史中学习的论述，在心理学中的类比推理性文献背景下，显得非常先进和有见地，其中大部分成果在他完成几年后出版。例如，他指出，个人倾向于从他们自己的经历中学习，而且"一个人从他人经验中所能学到的是很少的，即使他学习的动机很强烈"，因此一个国家的领导者往往不向他人学习经验。[33]杰维斯还认为，"对于一个革命时期的国家，唯一重要的是它的最后一场大战争……导致上一次战争的原因将可能被认为是导致下一次战争的原因"。[34]杰维斯绝不是第一个提出这一点的人。例如，有一句古老的格言，"将军们总是打最后一场战争"。然而，他认为从个人经验和最近事件吸取教训的观点，与卡纳曼和特沃斯基的易得性启发框架高度一致。

显然很多例子说明了这一点，杰维斯同时对类比推理的思考大部分采取了现象心理特征基础上的理论观察模式，考察对国际关系的影响，所以后来用这种认知方法来决策的支持者所做的工作试图将这些观点应用于实际案例研究。例如，亚历克斯·哈贝尔发现，类比推理在美国干预加勒比和南美洲的七次战后事件中发挥了重要作用；杜恩·梅福德发现，类比在艾森豪威尔总统在 1954 年推翻危地马拉阿尔派勒政权的决定中发挥了突出作用；霍顿认为，约翰逊和卡特政府在 1967 年的底特律暴乱和伊朗人质危机期间的政策选择受到一系列类比的严格制约。[35] 邝云峰的著作《战争的类比》是迄今为止对外交政策的类比最持久、最深入的分析。他通过审视约翰逊政府在 1965 年加速卷入越南战争的决定，发现类比在反对卷入和支持卷入越南战争的推理过程中起着重要作用。例如，美国副国务卿乔治·鲍尔认为，美国在那里的不断卷入很快将导致"另一个奠边府"，导致重复法国在印度支那的灾难性经验。然而，对于约翰逊总统和他的许多顾问（如迪恩·罗斯克）来说，韩国是选择性的类比。邝云峰认为：

> 可以肯定的是，约翰逊了解到许多过去的历史教训，但韩国事件让他尤为关注……无论是什么让韩国的先例吸引到约翰逊，他从中吸取的一个重要教训是美国在 1949 年 6 月离开韩国时犯了一个错误；撤退鼓励了共产党人，迫使美国一年后回到韩国拯救南方。约翰逊不想在越南重复同样的错误。[36]

其他人，如麦克乔治·邦迪和亨利·卡伯特·洛奇，从第二次世界大战时期的慕尼黑事件吸取教训，预测如果美国不干预，就会出现他们认为的情景。[37]

邝云峰认为，我们可以把类比看作"诊断设备"，帮助政策制定者执行六个关键功能：（1）帮助定义决策者面临的情况的性质；（2）帮助评估利益；（3）提供处方，帮助评估可选方案；

（4）预测成功的机会；（5）评估他们的道德正当性；（6）警示与选项相关的危险。[38]他发展了他所谓的"AE框架"，这是一个速记术语，认为类比是执行上述任务的真正的认知设备。

邝云峰著作的主要研究目的是反对阿瑟·施莱辛格和其他人提出的观点，认为类比推理仅用于"支持一个人的偏见"，或者证明基于其他理由所做决定的合法性。与杰维斯不同，他明确地使用了模式理论和卡纳曼和特沃斯基启发式方法，发现约翰逊团队倾向于使用历史类比，他们从最近的事件中吸取教训，如导弹危机、柏林危机、韩国事件、珍珠港事件和慕尼黑事件等。[39]邝云峰的观点与戴德利·金特纳及其他心理学家的研究结果一致。邝云峰表示，在这个领域，约翰逊的顾问选择了一个历史的例子即越南事件，这个例子看上去与当时的情形在表面上有一定的可比性。[40]

心理学和外交政策决策之间的"适配"

对于决策分析师来说，心理学家仅仅是刚开始研究非常规问题解决的过程，例如"有时候多个模式适用于给定情况"，"有时候整个问题没有模式可以适用，有时候两个或更多的模式各自涵盖了问题的一部分"。[41]大量的实验研究也集中在仔细划分的结构化任务而不是非结构化或不明确的任务，大多数已经在实验室被详细检验过，而不是自然主义设置，并且大多数的实验要求实验对象执行"不需要专门知识"的任务。显然，实验室工作是我们目前努力的基础，人们不能忽视相关工作的局限性。在这里有几个局限性。第一，认知心理学家测试的性质在一个重要方面不同于政治解决问题。在这个领域心理学家采用的典型实验中，实验对象通常会面对某种智力谜题或某种问题，然后被提供一个或两个类比用于解决问题。[42]

这种实验设计虽然完全满足某些目的，但也给我们带来一些潜在的困难。首要问题是在大多数实验中，实验对象在结果中没有任何既得利益或"重大利益"。换句话说，政治背景在我们感兴趣的情况下不存在，因此类推的选择通常是由纯粹的认知（而不是情感）因素决定的。例如，在希克和霍利约克的经典实验中，要求实验对象解决一个令人烦恼的医学问题：如何使用强大的放射性射线来破坏有害的肿瘤，而不破坏其周围的健康组织。实验对象被提供了一个军事类比，如果他们认真思考也许这个类比可以帮助他们解决问题。希克和霍利约克发现，一旦这件事引起了他们的注意，大约80%的实验对象能够使用军事类比来解决医疗问题。[43]例如，慕尼黑事件或越南事件类比的选择对所涉及的决策者和美国普通公众来说有很大的差别，而使用军事或工程类比是否可以解决辐射问题对于受测试的参与者来说差别不大。换句话说，受试者并没有受到一些易感因素的系统影响，而我们可以合理地假设政策制定者显然也是这样。类似的接受显然在政策制定背景下以某种方式被扭曲，因为与特定政府角色相关的目标和目的使决策者趋向于展现他们不同的价值观，接受一个既定的类比部分取决于政策制定者所珍视的目标和价值。

第二，使用这种设计的实验者常常要求他们的实验对象在非常不同的语义域内的事物之间进行类比。然而，当政策制定者寻找类比时，初步证据表明，他们绝大多数从与目标问题相同的领域寻找类比。第三，大多数的实验是要测试实验对象解决问题的能力，他或她（实验对象）会被提供一个单一的类比，如果使用正确，类比会帮助实验对象解决这个新问题，而在现实的政策制定中，行为者通常会自发地想到在时间和距离上比较近的一个类比。他们通常不会有一些现成的类比，除非一个决策者试图说服另一个人使用给定的类比。第四，这些实验对象在被提供一个潜在的类比后，其任务通常是将一个单一的类比情形的教训应用到一个新的问题上。然后，实验者测量受试者是否可以完成任务。然而，在现实世界的决策中，决策者很少面对单一的类比，几乎总是面对几个竞争性的类比案例，所有这些案例与当前的问题都有某种程度的相似性，因此对于决策者都有一定的吸引力。此外，在现实世界中，几乎没有类比案例是完全匹配的——换言之，可以与新问题非常匹配，可以提供解决方案的所有元素——事实上这些案例很可能在本质上是"部分"匹配的。

不幸的是，现在很少有实验会真正地模仿政治决策者工作的具体背景条件。因此，当实验对象面对一系列潜在的类比时，关于发生了什么的大量不确定性仍然存在，而所有这些类比似乎都与解决手头的政策问题有关，但是如果遵循并坚持使用这些类比，他们会将决策者推向不同的方向。我们也不能从这些实验中非常确定地说在这样的情况下发生了什么。不管出于什么原因，实验对象在这种情况下倾向于支持一种类比而反对另一种类比。然而，在这里，政策分析家和心理学家可能会议论纷纷，因为前者主要关心个人在处理非结构化、非常规问题时如何反应。从认知的角度来看，所有决策都涉及"非结构化问题"的推理过程。[44]

正如艾森克和基恩对一般的认知心理学文献进行评价时所说："使用专业知识的大多数研究涉及人们如何解决相对熟悉的问题。"[45]一些决策任务确实涉及解决熟悉的问题，但许多不是，而伊朗人质危机就属于后一类。正如我们将在第三章中看到的，大多数（如果不是全部的话）决策者看到德黑兰大使馆被攻占，并寻找一种将人质救出来的办法，这只是例行公事。对卡特团队来说，可以说，关于劫持人质问题的决策是一种"结构不良的任务"形式，其中劫持人质的动机及其未来行为、人质的命运和美国决策者可用的各种政策选择都非常不确定。

然而，尽管这个为了我们自己的目的的研究本身有明显的局限性，但它仍然为我们提供了一个有趣的和有启示性的研究起点。诚然，精确的政治背景是不能在实验室里复制的，他们也做不到。然而，所有这些表明，在现实世界中，类比过程更为复杂，并经历了各种"扭曲"的过程。[46]人们不应该自动地假定，人类在日常政治情境中使用的认知过程与实验室里的实验必然不同。事实上，赫伯特·西蒙几十年的研究强烈地表明，这两个领域中使用的类比过程在其基本方面没有不同，实验获得的结果常常在心理学的各个领域以及真实世界中被观察到。有关实验室外的类比过程实际上支持了更大、更常规的研究。例如，芭芭拉·斯佩曼和基思·霍利约克在公开辩论中提出了他们所谓的"模拟推理的自然主义调查"，这发生在美国干预海湾战争之前。他们的主要实质性结论是，慕尼黑的类比影响了许多普通美国人在一个高度新颖的、不确定的、毫无相关知识的情况下对当时情形的理解。他们调查的一个重要结果是，实验室的试验不可能扭曲或歪曲"自然"或真实世界的类比过程。[47]

此外，实验室研究关于类比在政治中的作用也得出了同样的结论。托马斯·吉洛维奇进行了一个实验，42个实验对象都是斯坦福大学国际关系专业的学生，给了每个学生三个事件，让他们分析可能涉及军事干预的事件。其中两个事件模仿了实际历史情况的一些特征，但没有明确地指出它的名称。第一个事件让人们想起慕尼黑事件，这个事件导致了第二次世界大战。第二个事件与越南事件类似，第三个事件的目的是让人想不起有什么具体的事件可以类比。正如预期的那样，学习慕尼黑事件的学生们，主张进行军事干预，而那些阅读越南事件的学生则呼吁和平解决。有趣的是，那些阅读第三个事件的学生倾向于看到这个事件被描述为另一个越南，这个事件对被测试的学生来说更可用。[48]

作为一个政治学家，很容易从心理学中借用概念，认为这样做的话会为人们的观点提供"科学"的依据，好像心理学的研究并不是通过竞争性尝试之间的范式斗争给复杂的社会现实施加影响。虽然人们普遍认为决策者在确定的条件下可以做类比，但心理学家之间仍然存在着一个激烈的争论，即类比过程如何在人类的大脑中运转。因此，在本书的分析中不会引用科学确定性的主张。首先，我们对类比作为认知过程仍然认识不够。然而，读者仍然被要求关注从实验室收集的结果和我们在政治世界中每天观察到的结果之间有趣的匹配。当心理学家在实验室使用实验方法的发现与政治学家使用个案研究方法的发现相融时，这些共同的发现获得了一种强大的合理性，尤其是在两者彼此独立工作的情况下，这种合理性更有说服力。

方法论的考量以及调查的局限性

这里已经列出了本研究将要进行的核心假设，可能需要在一开始就说明的是，还有什么没有被假设，以及这项研究没有被设计来做什么。第一，本研究的目的不是解决在类比推理时通常会出现的任何其他问题。我们将关注下面的主要问题，即在面临一个非常新颖的情况时决策者如何做，而不是关于一个可靠的类比如何作为未来指南的问题，或类比是否可以更好地在个案中使用，等等。这些结论可以很容易从伊朗人质危机中推断出来，但留给读者很大的空间去得出他或她自己的结论，如哪个历史类比更合适或更有用，或者依靠类比是否是明智的。

第二，认为类比在某些情况下可能是一种普遍的决策援助，但在其他情况下则不然，例如在既定的决策规则和标准操作程序存在的地方，我们会认为人类是一个相当复杂和多样性的生物，经常受到一系列相互冲突的压力。当然，如果认为类比推理仅是人类为了理解情境而使用的心理工具，这是非常荒谬的。在接下来的叙述中，决策者似乎不是类比地做出决定，也不是我们期望的那样。正如加里·希克所建议的，每一个事件的决策制定在某种程度上都是独一无二的。[49]决策者并不是把未来视为重复过去的一个复制品，而是借用历史作为指南来预测会发生什么，或不会发生什么。此外，单一的类比很少会对某个政策决策产生影响，决策者往往会比较一系列主观的"类似"物，情形通常会会明显不同。任何的决定都是对不同价值观和目标进行认真衡量的结果，因此我们强调类比推理的重要性，我们认为类比在某种情况下是一个主要动机因素，并产生了影响，但不是唯一的影响。

第三，应该指出的是，无论我们从这里的分析中得到什么命题和陈述，都可能只是倾向性的问题，而不是牛顿定律。正如赫伯特·西蒙所指出的那样，我们对解决问题战略的选择可以通过认识所面临问题的类型来实现，这种观点是不完整的。[50]换句话说，我们从分析中得出的任何命题，可能是一个概率性的，而不是决定性的。伊朗人质危机也是一个单一的个案研究，因此在人数众多的新案例中，它不具有"典型性"。因此，研究的结果可能至少产生了一种假设，这种假设随后可能受到其他研究者的进一步测试。

在伊朗人质危机的决策中，类比推理的使用很自然需要密集的、定性的数据分析，这些在个案研究中有所体现。这种方法在公共政策研究中构成了一个久负盛名的传统，正如尼尔·斯梅尔瑟所指出的，个案研究已经证明在进行假设、提炼各种变量之间的关系上很有价值。[51]就像反事实推理，个案研究的方法试图尽可能地克服政治作为"硬"科学的重要局限性。也就是说，我们不可能像科学家做实验一样重塑历史。使用个案研究的方法来证实他们的理论通常会面临在两个选项中二选一的情况。但从社会科学的角度来看，这两个选项都是不理想的。首先，人们可以对一个或两个个案进行深入分析，或者可以对许多相互关联的个案进行不太深入但更广泛的分析。显然，如果选择第一个选项，分析有深度但视角不够宽广；如果选择第二个选项，结果刚好相反。那为什么会选择第一个选项呢？事实上原因很简单，我们在这里寻求的是深度。我们试图理解为什么伊朗武装分子、阿亚图拉霍梅尼和卡特政府的关键成员们做出了他们所做的选择，这显然需要深入考查参与者采用的推理过程，因为这些可以通过对大量事实的分析获得。

从方法论上讲，任何研究策略从一开始就需要考虑如何最好地"获得"所选择的案例研究提供的数据。不幸的是，在伊朗人质危机上，许多有关的美国文件仍然不可用，因为到2000年的时候大多数文件仍然保密。在伊朗方面，相关决策的书面文件可能根本不存在。由于缺少解密的档案记录，这里采用的研究方法涉及一种多指标方法，其中包括对吉米·卡特图书馆中可用的档案记录和口述历史记录的分析、对现有回忆录的分析、对二手资料和媒体资源的考查、与占领美国大使馆的伊朗学生进行面谈的笔录，以及对在伊朗案件中做出决定的团体关键成员进行的多次面对面访谈。

缺少决策者商议的官方未解密的档案记录，在某种程度上是对伊朗人质危机进行深入理解的障碍。例如，我们对于参与制定营救计划的秘密小团体的决策过程仍然知之甚少。到信息解密的时候，美国的档案信息将毫无疑问提供一些更客观的数据，这可能会揭露一些面对面访谈或媒体信息中尚未发现的内容，而这些内容正是能体现卡特政府真实意图的资料。我们主要的担心是个人私下使用的类比，在这种情况下，查阅档案记录似乎是最适当的方法，因为这将使我们能够直接分析涉事人的陈述和论据，了解他们当时是如何做出的决策。

然而，在伊朗人质危机中，缺少那样的记录和数据，并不必然表明这是一个无法克服的难题。首先，伊朗决策过程中主要参与者所采取的关键立场和所表明的政策偏好是相当完备的，没有争议。除了前总统卡特外，美国决策过程中的几个关键参与者在本研究中可以接受面谈，我们能够对决策进行相当全面的描述。我们还有丰富的回忆录、采访文本和二手资料。自然我们的研究也有些空白，仅凭我们的知识是不够的，这方面后来的研究人员将会去填补，但总体来看，伊朗人质危机发生后的 20 年里，许多事情是显而易见的。

其次，虽然我们更愿意通过逐字记录的文本信息来寻找决策过程的蛛丝马迹，但在很多情况下，我们也无能为力，如我们不太可能有古巴导弹危机时可用的详细会议记录。在伊朗人质危机中，加里·希克参与了许多重要的会谈，但他认为如果有一天会议记录被解密，大多也只是总结了主要参与者所采取的立场，不会有每个参与者用来证明其观点的细节性东西。[52]它们绝不会是伊朗案例所特有的东西。然而，即使文档解密并提供给研究人员，官方文件有时也不会披露决策过程背后的基本思想和理念，而且这种披露几乎总是不完全的。即使是可用的会议记录或描述性陈述，通常也是不完整的。正如罗伯特·阿克塞尔罗德在外交政策决定的重大研究中发现，在政策辩论中，"许多主张很少得到具体的证据支持"。正如兹比格涅夫·布热津斯基所说，政策制定者常常不会像正在进行学术讨论一样为证实他们的观点而引经据典，尽管这些未阐明的注释与他们的基本信念和知识结构密切相关。[53]因此，在这种环境下，这些材料很难被找到，或者因为这些对于其他决策者来说太熟悉，或者因为这种更广泛的理论不适用于尖锐和有说服力的论证，所以不应该期望文献证据在某些案例中起作用。即使我们在伊朗案例中获得了希克的文本记录，但仍然有必要进行个人访谈，探讨宣传特定立场背后的理由。

同样，很多问题与采访使用的技巧有关，这是用来作为定性或定量分析的数据来源。决策者可能出于个人或政治原因在事件之后会修饰、夸大或以其他方式扭曲他们的立场，或者他们可能会简单地忘记他们说过的话，尤其是研究人员正在调查几年前发生的事件的时候。这两个问题可能会影响到正在讨论的个案研究。伊朗人质营救行动是本书考虑的一个重要难题，这个行动的失败推动着那些支持这个行动的决策者已经准备好去弱化他们的参与，甚至否定他们曾经支持卡特继续这个行动的决定。由于本书中的许多访谈资料是在 1994～1998 年搜集的，这个时间段离伊朗人质危机已经好多年了，因此在搜集细节性的资料上可能会出现上述的问题。

有趣的是，这些人关于"谁说了什么"的说法明显地相互一致。尽管决策者们在如何看待伊朗人质危机上，双方存在明显的差异，但他们对美国重要会议中表述的立场和偏好的看法并没有太大分歧，在出版的决策文献和受访者提供的信息之间也没有不一致的地方。此外，对于那些希望尽量弱化自己策划营救伊朗人质行动的人，我们也找不到可用的信息。例如，兹比格涅夫·布热津斯基是营救伊朗人质行动的倡导者，从危机的第一天起就密切参与了营救行动的整个过程，但他在公开场合却轻松地表示，他也曾前后多次摇摆不定，很艰难地做出了决定。布热津斯基、万斯和其他人在伊朗人质危机期间采取的立场在采访之前就已经广为人知，因此他们在接受采访时做出自我服务或扭曲式的陈述并不是很令人惊讶。在伊朗方面，占领大使馆的学生的回忆录也非常相似。

第二个潜在的问题在某种程度上也是存在的。不出所料，作者在对一些人进行面对面的采访时，受访者表示他们不记得自己或他人的某些推论或陈述。例如，斯坦菲尔德·特纳表示，他不记得国务卿万斯提到的伊朗案件与普韦布洛人质危机相似，而这个类比案例万斯曾对其进行详细描述来引起其他决策者的注意。我们将在后面的章节中看到，万斯曾经提到这件事，这一点在布热津斯基和汉密尔顿·乔旦的回忆录中可以证明。作者在进行面对面的采访中，记忆问题通常通过向每个受访者提出一套合理的标准化的问题来弥补，以便弥补不同决策者的回忆误差。此外，一般来说，伊朗人质危机对于一个决策者来说，是其职业生涯中生动而难忘的一件事。总体来说，他们在回忆自己的观点和偏好方面应该没有什么困难。同样这些回忆与人们已知的他们关于如何最好地把人质营救出来的观点是非常一致的。

显然，要实现我们的研究目的，这里没有一个方法是理想的。然而，只要研究者意识到这一点，他或她确信读者也意识到这一点，而且用一种方法获得的数据得到用其他方法获得的证据的证明，这里采用的数据信息的限制就不是一个绝对的问题。当然，这也是采用角度的问题。[54]正如菲利普·泰特罗克建议的那样，"只要有可能，调查人员应该寻求方法论交叉验证他们的发现……实验者应该尝试通过内容分析、专家评分或个案研究来确定在实验室条件下观察到的经验关系是否存在于现实世界中"。泰特罗克称之为串联方法或"多方法收敛"方法，利用各种已经发表的和采访记录作为来源，旨在将研究者采用的特定方法所带来的结果风险最小化，从而使我们在所选的案例研究中得出的结论更可信。

注释

[1] Quoted in David Leary, "William James and the Art of Human Understanding," *American Psychologist*, 47: 152 – 160, 1992, p. 152.

[2] Bernard Baars, *The Cognitive Revolution in Psychology* (New York: Guilford Press, 1986). For a good introduction to the information processing approach to studying foreign policy, see Yaacov Vertzberger, *The World in Their Minds: Information Processing, Cognition and Perception in Foreign Policy Decisionmaking* (Stanford, California: Stanford University Press, 1990).

[3] See Herbert Simon, "The Information-Processing Theory of Human Problem Solving", in William Estes (ed.), *Handbook of Learning and Cognitive Processes*, vol. V (Hillsdale, New Jersey: Lawrence Erlbaum, 1978), pp. 286 – 287.

[4] This argument is associated in particular with two major works: Richard Nisbett and Lee Ross, *Human Inference: Strategies and Shortcomings of Social Judgment* (Englewood Cliffs, New Jersey: Prentice Hall, 1980) and Daniel Kahneman, Paul Slovic and Amos Tversky (eds.), *Judgement Under Uncertainty: Heuristics and Biases* (London: Cambridge University Press, 1982).

[5] For an excellent review of both these literatures designed for the political scientist, see Deborah Welch Larson, *Origins of Containment: A Psychological Explanation* (Princeton, New Jersey: Princeton University Press, 1985), pp. 24 – 65.

[6] See for instance Khong, *Analogies at War*, Passim.

[7] The literature is vast, but see, for instance, Roy Dreistadt, "The Use of Analogies and Incubation in Obtaining Insights in Creative Problem Solving", *Journal of Psychology*, 71: 159 – 175, 1969; David Rumelhart and A. A. Abrahamson, "A Model for Analogical Reasoning", *Cognitive Psychology*, 5: 1 – 28, 1973; Andrew Ortony, *Metaphor and Thought* (New York: Cambridge University Press, 1979); Kurt VanLehn and J. S. Brown, "Planning Nets: A Representation for Formalizing Analogies and Semantic Models of Procedural Skills", in R. E. Snow et al. (eds.), *Aptitude, Learning and Instruction* (Hillsdale, New Jersey: Lawrence Erlbaum, 1980); Mary Gick and Keith Holyoak, "Analogical Problem Solving", *Cognitive Psychology*, 12: 306 – 55, 1980; Thomas Gilovich, "Seeing the Past in the Present: The Effect fof Associations to Familiar Events on Judgements and Decisions", *Journal of Personality and social Psychology*, 40: 797 – 808, 1981; Mary Gick and Keith Holyoak, "Schema Induction and Analogical Transfer", Cognitive Psychology, 115: 1 – 38, 1983; Dedre Gentner, "Structure Mapping: A Theoretical Framework for Analogy", *Cognitive Science*, 7: 155 – 170,

1983; Keith Holyoak, "The Pragmatics of Analogical Transfer", in Gordon Bower (ed.), *The Psychology of Learning and Motivation*, vol. I (New York: Academic Press, 1985); Dedre Gentner and Cecile Toupin, "Systematicity and Surface Similarity in the Development of Analogy", *Cognitive Science*, 10: 277 – 300, 1986; Robert Haskell, *Cognitive and Symbolic Structures: The Psychology of Metaphoric Transformation* (Norwood, New Jersey: Ablex, 1987); David Helman, *Analogical Reasoning: Perspectives on Artificial Intelligence, Cognitive Science and Philosophy* (Boston, Massachusetts: Kluwer Books, 1988); Mark Keane, Analogical Problem-Solving (New York: Wiley, 1988); Stella Bosniadou and Andrew Ortony, *Similarity and Analogical Reasoning* (Cambridge: Cambridge University Press, 1989); Diane Halpern, Carol Hansen and David Riefer, "Analogies as an Aid to Understanding and Memory", *Journal of Educational Psychology*, 82: 298 – 305, 1990; Barbara Spellman and Keith Holyoak, "If Saddam is Hitler then Who Is George Bush? Analogical Mapping Between Systems of Social Roles", *Journal of Personality and Social Psychology*, 62: 913 – 933, 1992; Bipin Indurkhya, *Metaphor and Cognition* (Boston, Massachusetts: Kluwer Books, 1992).

[8] Michael Eysenck and Mark Keane, *Cognitive Psychology: A Student's Handbook* (Hove: Lawrence Erlbaum, 1990), p. 399.

[9] Ibid. , p. 401.

[10] Gick and Holyoak, "Schema Induction and Analogical Transfer", p. 2.

[11] This Example is drawn from Indurkhya, *Metaphor and Cognition*, pp. 315 – 356.

[12] Gentner, "Structure Mapping".

[13] Dedre Gentner, "The Mechanism of Analogical Learning", in Vosniadou and Ortony (eds.), *Similarity and Analogical Reasoning*.

[14] Henry Gleitman, *Psychology*, 4th end (London: W. W. Norton, 1995), p. 268.

[15] Gick and Holyoak, "Schema Induction and Analogical Transfer", p. 32.

[16] Kurt VanLehn, "Problem Solving and Cognitive Skill Acquisition", in Michael Posner (ed.), *Foundations of Cognitive Science* (Cambridge, Massachusetts: MIT Press, 1989), p. 545.

[17] Ibid.

[18] Ibid., p. 528.

[19] Llolyd Brooks, "Non-Analytic Concept Formation and Memory for Instances", in E. Rosch and B. Lloyd (eds.), *Cognition and Categorization* (Hillsdale, New Jersey: Lawrence Erlbaum, 1978); Brooks, "Decentralized Control of Categorization: The Role of Prior Processing Episodes", in U. Neisser (ed.), *Concepts and Conceptual Development* (New York: Cambridge University Press, 1987); Arthur Reber, "Transfer of Syntactic Structure in Synthetic Languages", *Journal of Experimental Psychology*, 81: 115 – 119, 1969; Reber, "Implicit Learning and Tacit Knowledge", *Journal of Experimental Psychology*, 118: 219 – 235, 1989.

[20] Roy D'Andrade, "Cultural Cognicion", in Posner (ed.), *Foundations of cognitive Science*, p. 810.

[21] VanLehn, "Problem Solving and Cognitive Skill Acquisition", p. 545.

[22] P. N. Johnson-Laird, "Mental Models", in Posner (ed.), *Foundations of Cognitive Science*, p. 487.

[23] Gick and Holyoak, "Schema Induction and Analogicial Transfer"; Holyoak, "The Pragmatics of Analogical Transfer", in Bower (ed.), *The Psychology of Learning and Motivation*; Holyoak, and Paul Thagard, "Rule-Based Spreading Activation and Analogical Transfer", in Vosniadou and Ortony (eds.), *Similarity and Analogical Reasoning*.

[24] We will of course have more to say on this pint in subsequent chapters.

[25] Catherine Clement and Dedre Gentner, "Systematicity as a Selection Constraint in Analogical Mapping", *Cognitive Science*, 15: 89 – 132, 1991, p. 90.

[26] Amos Tversky and Daniel Kahneman, "Judgement under

Uncertainty: Heuristics and Biases", *Science*, 185: 1124 – 1131, 1974.

[27] Ibid.

[28] Barbara Combs and Paul Slovic, "Cause of Death: Biased Newspaper Coverage and Biase Judgements", *Journalism Quarterly*, 56: 837 – 843, 1979.

[29] R. M. Reyes, W. C. Thompson and G. H. Bower, "Judgemental Biases Resulting from Differing Availabilities of Arguments", *Journal of Personality and Social Psychology*, 39: 2 – 12, 1980.

[30] Tversky and Kahneman, "Judgement under Uncertainty".

[31] Ernest May, *Lessons of the Past* (New York: Oxford University Press, 1973); Robert Jervis, *Perception and Misperception in International Politics* (Princeton, New Jersey: Princeton University Press, 1976), pp. 217 – 287; Glenn Snyder and Paul Diesing, *Conflict Among Nations: Bargaining, Decision Making and System Structure in International Crises* (Princeton, New Jersey: Princeton University Press, 1977), pp. 313 – 321; Larson, *Origins of Containment*, pp. 50 – 57; Neustadt and May, *Thinking in Time*; Dwain Mefford, "Analogical Reasoning and the Definition of the Situation: Back to Snyder for Concepts and Forward to Artificial Intelligence for Method", in Charles Hermann, Charles Kegley and James Rosenau, *New Directions in the Study of Foreign Policy* (Boston, Massachusetts: Allen and Unwin, 1987); Vertzberger, *The World in Their Minds*, pp. 296 – 341; Alex Hybel, *How Leaders Reason: US Intervention in the Caribbean Basin and Latin America* (Cambridge, Massachusetts: Basil Blackwell, 1990); Hybel, "Learning and Reasoning by Analogy", in Michael Fry (ed.), *History, the White House and the Kremlin: Statesmen as Historians* (New York: Pinter, 1991); Dwain Mefford, "The Power of Historical Analogies: Soviet Interventions in Eastern Europe and US Interventions in Central America", in Fry, *History, the White House and the Kremlin*; Yuen Foong Khong. "The Lessons of Korea and the Vietnam Decisions of 1965", in George Breslauer and Philip Tetlock (eds.), *Learning in*

US and Soviet Foreign Policy (Boulder, Colorado: Westview Press, 1991) ; Khong, *Analogies at War*; Khong, "Vietnam, the Gulf, and US Choices: A Comparison", *Security Studies*, 2: 74 – 95, 1992; Houghton, "The Role of Analogical Reasoning"; Gary Williams, "Analogical Reasoning and Foreign Policy Decisionmaking: US Intervention in the Caribbean Basin with Particular Reference to Grenada 1983 ", unpublished dissertation, University of Hull, England, 1996; M. J. Peterson, "The Use of Analogies in Outer Space Law", *International Organization*, 51: 245 – 274, 1997; David Patrick Houghton, "Historical Analogies and the Cognitive Dimension of Domestic Policymaking", *Political Psychology*, 19: 279 – 303, 1998; Houghton, "Analogical Reasoning and Policymaking: Where and When Is it Used?", *Policy Sciences*, 31: 151 – 176, 1998; Chirstopher Hemmer, "Historical Analogies and the Definition of Interests: The Iran Hostage Crisis and Ronald Reagan's Policy Toward the Hostages in Lebanon ", *Political Psychology*, 20: 267 – 289, 1999.

[32] Neustadt and May, *Thinking in Time*.

[33] Jervis, *Perception and Misperception in International Politics*, p. 242.

[34] Ibid. , pp. 266 – 267.

[35] Hybel, *How Leaders Reason*; Mefford, "The Power of Historical Analogies"; Houghton, "The Role of Analogical Reasoning and Historical Analogies".

[36] Khong, Analogies at War, pp. 110 – 111.

[37] Ibid. , p. 134.

[38] Ibid. , p. 10.

[39] Ibid. , p. 214.

[40] Ibid. , pp. 217 – 218.

[41] VanLehn, "Problem Solving and Cognitive Skill Acquisition", pp. 549 – 550.

[42] For some Examples, see the works cited in footnote 75.

[43] Gick and Holyoak, "Analogical Problem Solving" and "Schema Induction and Analogical Transfer".

[44] James Voss and Ellen Dorsey, " Perception and International Relations: An Overview ", in Eric Singer and Valerie Hudson (eds.), *Political Psychology and Foreign Policy* (Boulder, Colorado: Westview Press, 1990), p. 3.

[45] Eysenck and Keane, *Cognitive Psychology*, p. 399.

[46] Simon, " The Information-Processing Theory of Human Problem Solving", One of the more famous ' matches ' between real world and laboratory findings was conducted by Stanley Milgram.

[47] Spellman and Holyoak, " If Saddam is Hitler then Who is George Bush? ".

[48] Gilovich, " Seeing the Past in the Present".

[49] Gary Sick, Interview with the author, New York City, 14 December 1994.

[50] Simon, " The Information Processing Theory of Human Problem Solving", p. 273.

[51] Neil Smelser, *Comparative Methods in the Social Sciences* (Englewood Cliffs, New Jersey: Prentice Hall, 1976), p. 199.

[52] Sick, interview with the author.

[53] Robert Axelrod, " Argumentation in Foreign Policy Settings: Britain in 1918, Munich in 1938 and Japan in 1970 ", *Journal of Conflict Resolution*, 21: 727 – 756, 1977, p. 743; Zbigniew Brzezinski, interview with the author, Washington DC, 3 February 1995.

[54] See Philip Tetlock, " Psychological Research on Foreign Policy: A Methodological Overview ", in Ladd Wheeler (ed.), *Review of Personality and Social Psychology* (vol. IV), (Beverly Hills, California: Sage, 1983), p. 54. Implicitly, both Yuen Foong Khong and Deborah Welch Larson-as well as a host of other researchers-have employed this kind of technique, since the appeal of their work rests partly upon the overlap between their case study findings and those observed in the laboratory. Tetlock cites a number of works which utilize this this methodological perspective.

第三章　危机的起源

当时我们并没有意识到伊朗绝大多数人的想法。他们坚信如果巴列维国王来到美国，将会招致一系列灾难，就像 1953 年美国中情局煽动亲巴列维的示威者推翻穆罕默德·摩萨台，帮助巴列维重返王位时那样。他们坚信这一点，无论这是真是假都无关紧要。

　　　　　　　　　　　　　　　　美国人质查理斯·斯科特[1]

伊朗在世界上地处麻烦不断的地区，但非常稳定。

　　　　总统吉米·卡特，在 1977 年 12 月 31 日发表的讲话

　　第二章的观点认为，外交政策中的心理分析法对决策环境中人类行为包括美国的决策行为进行了解释，这样一种用心理学对外交政策进行分析的方法在学者例如罗伯特·J. 霍尔斯蒂和亚历山大·乔治等人中很是流行。[2]然而大多数的个案研究采用了外交政策决策的研究方法，以美国的视角以及美国决策者所面对的问题为研究对象。例如古巴导弹危机就从约翰·肯尼迪和国会的视角进行了详尽的分析。另外，第三世界国家的决策很少以认知心理的角度进行分析，甚至缺乏关于英国外交政策理论驱动的研究。关于安东尼·艾登在苏伊士运河上不幸的探险活动、撒切尔夫人在福克兰群岛（阿根廷称马尔维纳斯群岛——编者注）战争期间的决策等研究，都不仅仅是狭隘地进

行历史梳理，而是大量应用了来自外交决策的观点和理论，这类例子非常多。当然也有一些例子尝试着从这个角度研究非美国的决策，例如在格雷厄姆·阿利森和菲利普·泽利科经典著作《决策的本质》的部分章节，致力于分析苏联为什么会在导弹危机期间那样行事，也从外交决策理论的角度对印度和以色列的决策进行了分析。但是这样一种尝试是很少的。[3]

毫无疑问，关注美国的案例有很多理由。档案文献和个人采访在美国通常是最容易获得的，并且美国历来重视政治决策研究，将理论框架应用于熟知的实证材料是一件相对简单的事。而在其他国家，想要了解政治安排是一件相当困难的事情。另一个原因可能与训练、哲学以及风格有关。欧洲的国际关系组织传统上由古典现实主义、马克思主义以及"历史"研究法所主导，没有一个特别愿意接受这种聚焦个性心理学、有限理性以及个人喜好的外交政策决策的研究方法。

迄今为止很难说英国学者完全忽视类似于群体思维、官僚政治以及认知模式等研究方法的重要性。但大部分人并没有接受使用这些方法的训练。事实上，像克里斯托弗·希尔和史蒂夫·史密斯这样的学者曾长期在英国教授这些方法。这很容易让人据此判定，在外交决策领域非美国的案例研究的缺失，是因为这些研究方法没有应用到美国以外的其他国家。这种批评在涉及第三世界问题的研究中更多，尤其是像伊朗这样的国家。

研究第三世界，心理学研究法的适用性饱受质疑。早期外交政策的比较研究，强调不发达国家领导人特征在外交决策中扮演了重要角色。其中引人注目的是詹姆斯·罗西瑙，然而众多关于这一课题的经典讨论并不将心理因素分析放在首要位置。

例如，富兰克林·温斯坦在印度尼西亚个案研究的基础上质疑对外政策研究最初的理论与第三世界外交政策研究之间的关联性，这种最初的理论以理查德·斯奈德等著作的《外交决策》为代表。决策方法的适用性在一些欠发达的国家如印度尼西亚是被质疑的。由于政策选择的可替代性，很少有冲突鲜明的问题存在。从方法论的角度来看，他也质疑我们单凭经验验证这些理论的方法。在一些欠发达的国家，大众传媒的有限自由使得获得当时决策详细的"内部"资料非常困难。由于缺乏文献资料以及档案不充足，这种情况越来越糟糕。[4]与之相似的是，巴格特·科拉尼痛斥"心理还原论的概念不清"，因此他认为"在这一领域始终存在着普遍的偏见"。[5]

通常情况下，国际关系理论也曾给出了第三世界的行为的心理学解释。世界体系论者和沃尔兹的新现实主义者尽管少有共识，但是也一致认为第三世界的个人外交政策研究实际上是浪费精力。因为两者都认为，在第三世界，上层建筑是解释国家行为最重要的方面，心理态度和决策者的认知构建只是一种副现象，因而他们没有兴趣去解释第三世界的国家为什么会发生各种事件。例如，在世界体系论和依附论中，谁领导这个被剥削的国家，以及领导人的信仰是什么并不重要，因为第三世界可以说深深陷入了一个无所不包的结构中。另外，各种版本的现实主义分析者得出了上述相同的结论，他们认为拥有"更多权力"的国家必然战胜拥有"很少（权力）"的国家，从而进一步推理出弱国的决策者个人是不需要研究的。

鉴于结构或者制度方面的原因，国家必须承认压力以及限制因素的存在。罗伯特·杰维斯曾说，即便是世界体系中最强大的国家可能不承认这些限制因素的存在。[6]尽管近年来时兴结构模型，但是有大量实例关于弱国在与大国发生冲突时仍然能设法"赢得"这场冲突，并将自己的偏好强加给强势的对手。换言之，案例说明了权力的结构或者分配并不能准确地预测结果。例如在非洲和中东，冷战经常可以使依附国通过与两个超级大国讨价还价来获取优势。在有些例子中，相对弱小的国家很可能战胜更强大的国家。越南战争就是一个非常明显的例子，越南作为一个积贫积弱的国家可以将其意愿强加给世界上政治经济最强大的国家（美国）。[7]伊朗人质危机向我们显示了另一个让人震惊的例子，美国总统对伊朗扣押美国人质达 444 天的行为竟然无能为力。正如罗斯·麦克德莫特所说："建构主义者预测，在国际体系中，美国和伊朗之间的力量差异将有助于美国发挥优势。"[8]这是一个非常关键的观察，它认为次系统的分析对于解释为什么伊朗会如此行动是至关重要的，这种行为在现实主义者看来是与伊朗在国际体系中的地位相悖的。同时次系统的分析也解释为什么美国没有使用强大的军事力量而是容忍了这种局势，以及为什么两个国家间的力量失衡并没有产生预期的结果。

　　这种认为外交决策研究方法不适用于第三世界甚至西方欧洲国家的观点，应当受到抵制。除了美国，在其他国家从事外交政策研究的学者持有上述观点的原因无论是什么，毫无疑问是很复杂的。有人认为，最初产生于某些国家的决策理论在这些国家之外没有适用的经验主义基础，这种观点并不准确。第四章将对伊朗在人质危机早期阶段的决策进行分析，从而在这一领域对少量现存的非美国案例进行研究。尤其是我们将尝试解释为什么一群伊朗大学生在 1979 年 11 月攻占了美国大使馆，反思类比推理的研究方法是否可能在解决这一难题中扮演什么角色。

　　然而获取伊朗决策者的可靠信息毫无疑问是很困难的，尤其是阿亚图拉的逻辑推理和攻占美国大使馆的学生在过去几年里是如何思考问题的。确实如此，这是韦恩斯坦一直认为国家决策理论不适用于第三世界的原因。本章主要利用了英国羚羊公司在1997年11月至12月在伊朗和美国进行的采访。这些采访成为1998年英国播出的BBC纪录片《444天：人质论42》的基础。这些资料对作者来讲也是很容易获取的，为作者了解人质劫持者的动机和意图提供了丰富的信息，有些劫持者甚至直接接受了采访。这些采访同样详细记述了美国决策者以及人质自己的想法及其反应。很多讨论和观点借鉴了提姆·威尔斯的《444天：人质记忆》中对人质的大量采访，还有卡特政府中官员们的回忆录、亚特兰大和芝加哥吉米·卡特图书馆里的口述历史及相关采访，还包括其他一些关于人质危机的二手资料。

占领大使馆

　　1979年11月4日，星期天，对于德黑兰美国大使馆的很多人来说，这只是日常工作的一天。① 然而，当天上午发生的事使得这一天不再寻常，使在德黑兰、华盛顿，以及伊朗温和政府的每一个人感到惊讶。大约上午9点，一群伊朗学生来到德黑兰大学，参加纪念前一年被巴列维军队杀死的学生的活动，随后人员增多，开始聚集在美国大使馆墙外。他们高喊"美国去死""巴列维去死"的口号，自巴列维政府倒台后，大使馆的工作人员对大街上的这些口号已经习以为常。尽管抗议的嘈

---

① 星期五在伊朗是神圣的一天，因此美国大使馆将星期天作为工作周的开始。

杂声明显比往日更大，但是没有一个人怀疑会有不同寻常的事情发生。在大使馆有一位农业专员李沙兹（Lee Schatz），他的回忆录非常经典地体现了这一幕。他说："每当在德黑兰发生游行示威，对人们来说成群结队穿过大使馆是很正常的。"德黑兰大学位于城市的西部，对于那些从东部直接穿过大使馆建筑前去参加游行示威的人来说这既是正常的也是可以想象到的。[9]正如当时的人质汤姆·谢弗的回忆：

> 这时看上去是一群学生路过，我其实并不在意这些路过的学生，直到有人说"他们正试图进入大门"。老实说我感觉没什么特别的，只是一群学生而已，他们可能仅仅想与我们交谈。但是最终我们发现不仅如此，因为他们正在控制楼外的美国员工，蒙住他们的双眼，用枪指着他们的脑袋，那时我第一次意识到这不仅仅是学生参观我们的大使馆，这次事态是严重的。[10]

在星期天上午的早些时候，大约 300 名伊朗学生聚集在一个秘密的场所聆听攻占大使馆的详细计划。大约德黑兰时间上午 10：30，也就是华盛顿时间凌晨 2 点前后，当时一大群（可能更多）学生通过使馆的大门涌入院子，爬上大使馆外的围墙。[11]尽管大使馆的工作人员尽了最大的努力去阻止被占领，但是在几个小时内学生还是控制了这座建筑并扣押了 65 名美国人质。他们很快蒙住了人质的眼睛，并将他们曝光在世界镜头前。

伊朗大学生攻占大使馆并不是一场自发行为。随着巴列维国王入境美国，学生在 10 月份的最后一周就已经提前计划好了。然而对于西方人来说，这些人质扣押者的意图和动机仍然有些神秘，分析者们多年来对伊朗学生为什么会这样做一直深感疑惑。一种观点认为这些人质被作为"谈判的筹码"，以迫使1979年1月逃离这个国家的巴列维国王返回伊朗。第二种解释简单认为这是学生的一种对意识形态的狂热，源自他们激进的伊斯兰教信仰。吉米·卡特在他的回忆录中称，"霍梅尼的行为是疯狂的"，但同时他也说，"我们总是表现得好像与我们打交道的是一个理智的人"。[12]鉴于此，美国大使馆被占领的主要原因在于，这些革命中"极端主义者"和"狂热分子"（学生）将他们非理性的愤怒和挫败感发泄于一个明显的靶标，即美国大使馆。第三种观点在卡特政府内部争论已久，他们认为伊朗学生占领大使馆主要是一个政治工具，基于政治目的。在巴列维逃离伊朗后，霍梅尼需要在这场混乱中树立他的政治权威。于是他策划了这场占领美国大使馆的行动，以建立其极端主义的政治资本。持这种观点的主要代表人物是前美国国家安全委员会的加里·希克，他认为，"霍梅尼至少大体了解伊朗学生攻击美国大使馆的计划，并有意利用这次袭击为他的国内政治目的服务……巴列维的命运从来都不是真正的原因。真正的原因是霍梅尼建立以及实现他的伊朗共和国的设想"[13]。与之相似的是，兹比格涅夫·布热津斯基认为，"巴列维个人和他的财富只是一个工具，可以使伊朗国内政治极端化。人质危机是伊朗国内动乱的外化表现"[14]。然而劳埃德·卡特勒相信，"如果我们没有接纳巴列维，无论如何大使馆在一个月内还是会被占领，人质仍会被扣押。因为整个事件是出于国内政治的目的，被用来刺激并联合整个国家来对付美国，如果他们没有这样一个适时的机会，他们也会另找一个"[15]。

这三种解释包含了他们各自对真相的不同理解，且每一种解释都讲述了事件的一部分。然而，每个解释仍然有一些值得注意的问题。第一种解释，学生确实要求巴列维国王返回伊朗，并将其作为一种讨价还价的筹码，但这种假设有一个主要的缺陷，那就是霍梅尼并没有与美国协商的意愿，实际上他拒绝与卡特的代表商谈。卡特政府反复尝试与霍梅尼建立洽谈途径，最终都无功而返。如果学生的目标是迫使美国交出巴列维，为什么没有提出补偿？伊朗外交部前部长萨迪格·格特卜赞德称，霍梅尼"非常明白吉米·卡特不可能按要求引渡巴列维返回伊朗，因此这不可能是一个释放人质的真正条件"[16]。

另外，第二种和第三种解释似乎更值得推荐。学生是激进的穆斯林，他们在意识形态上反对美国，这一点似乎是不言而喻的。然而，这一点远不只是对西方的偏见。前总统卡特指出，鉴于西方人经常将伊斯兰等同于极端主义，因此很容易将这些革命时代的学生视为一群不成熟且冲动的年轻人，将其行为简单定义为"不理智"。毫无疑问，其中一部分人可以被描述为政治不成熟，被劫持的人质后来描述这些劫持者相当的天真。然而这些解释掩盖了一些真正的目的，它们否认这些学生做这些事除了简单的复仇或者怨恨外，可能出于一些更基本的人类理性。从历史角度看，这种解释是毫无活力的，因为除了简单地指出巴列维作为美国代理人长期统治伊朗使得学生们渴望有机会报复美国外，它忽视了美国和伊朗关系这个大环境，这是学生攻占美国大使馆的背景。

希克认为，大使馆被攻占几乎完全是伊朗国内政治起作用的论点，有更多的可取之处。[17]但是它也有一个主要的缺陷：几乎没有证据显示霍梅尼计划了这场占领大使馆的行动；也没有证据证明这是一场有预谋的行动，或者在学生行动前霍梅尼就知道了学生的计划。霍梅尼的亲信坚持认为，直到学生占领了美国大使馆，霍梅尼才真的知道学生的计划。霍梅尼的亲信阿亚图拉穆萨维·霍伊尼哈称，"这些学生想要告诉伊玛目霍梅尼他们的计划，并想得到他对这项行动的支持。但是我阻止了这些学生，并说服他们继续他们的计划，不要让伊玛目知道"[18]。与之相似，霍梅尼最好的英语传记作者巴克尔·莫因认为，霍梅尼"对大使馆被占事件相当吃惊"。在一段时间内，他对人质事件并没有公开说过什么，因为他"需要时间整理他的思路并判断他发表支持或者反对该事件的言论所带来的潜在利弊"。只有当利明显大于弊时，他才公开支持学生的行动。[19]

我们现有的证据显示易卜拉欣·阿什加尔赞德、阿巴斯·阿布迪、穆赫森·米尔达马迪三名伊朗学生在这次计划中扮演了非常重要的角色。[20]值得注意的是玛苏梅·埃布特卡尔在攻占大使馆前后扮演了主要角色，在大使馆中也担任过翻译。现有的证据显示，学生并没有想要占领大使馆太长时间，计划持续大概3~7天。关于这一点每个人的回忆略有出入，据阿什加尔赞德说计划是占领3天，阿布迪说是5~7天。最初的想法似乎来自阿什加尔赞德。起初，完成这个壮举看起来很遥远，不仅仅因为学生知道在过去的一年里美国大使馆强化了安保以对抗来自外部的攻击。[21]10月下旬，阿什加尔赞德让赞同占领大使馆的几名同学找出负责守卫大使馆的海军陆战队的巡查习惯和路线。通过勘察，学生知道必须找到一些方法让学生们不需要都攀爬上围墙，就可以大量进入院子里。11月4日，他们准备好了一切。斯科特·麦克劳德曾经对阿什加尔赞德进行过深度采访。麦克劳德讲道："为了打开锁着大使馆大门的链子，一名女学生带了一把金属割刀，并将其藏在她的罩袍下。"[22]

在人质危机结束后的采访中，这三名关键人物都再三表明，阿亚图拉霍梅尼在他们真正完成该事件前并不知道他们所有的计划。[23]而且他们的观点并没有随着时间流逝而改变。1980年3月初，当时人质危机依旧处于不断发展的状态，美国军事救援任务也还没有开始，埃布特卡尔和另外一名学生（仅仅知道叫沙普尔）被一位名为克里斯托斯·约安尼德斯的希腊学者采访过。在一则瞩目的独家新闻中，约安尼德斯曾就伊朗人质危机公开采访了两位人质劫持者，两位激进分子都坚决否认劫持大使馆事件是霍梅尼授意的。[24]

这种观点得到了霍梅尼领导层的支持。易卜拉欣·亚兹迪坚持声称，阿亚图拉霍梅尼事先并不知道学生占领大使馆的计划，尽管"事后学生告知了他"。[25]据另一位观察者所说，霍梅尼实际上在占领大使馆的前三天里对学生是"非常生气的"，可能是因为他最初认为这次行动并不是对美国的先发制人，而是会引起美国对伊朗的干涉，使伊斯兰革命处于危险境地。[26]亚兹迪声称，霍梅尼是最初要求把学生们从美国大使馆赶出去的人之一，"他曾私下告诉我，去看看都是些什么人，能否将他们从大使馆赶出去"。[27]然而如果这是真实的，那么这一点就明晰了，在危机爆发的最初几天，霍梅尼改变了对攻占美国大使馆的看法，并开始将其作为国内政治斗争的工具。正如赛勒斯·万斯在他的回忆录里指出，"很有可能当霍梅尼看到异常兴奋的民众反应，并意识到人质危机可以联合国内各个派系对抗共同仇恨的外国敌人时，他决定利用这一事件的号召力来建立一个新的伊朗"[28]。根据亨利·普雷希特的说法，霍梅尼改变他的想法可能出于情感的原因，"当一群人说他们要追随阿亚图拉的路线……我想他感到有义务与他们（占领大使馆的学生）站在一起，尤其是为了反对巴列维和美国这两个革命的敌人时"[29]。

毫无疑问，霍梅尼利用了这场已经发生了的占领大使馆事件，并充分发挥了它的政治作用，如万斯所说，这些人质不久就变成了"伊朗权力斗争的马前卒"。[30]的确如此，人质危机在伊朗国内政治斗争中的作用解释了霍梅尼为什么在初期对谈判缺乏兴趣，也解释了一旦这种效用消失，人质将最终被释放。这可能是霍梅尼在大使馆被占领后那些天行为的合理解释，但是对攻占大使馆本身的解释仍有很多疑问，因为它没有告诉我们计划以及执行这次占领行动的学生最初的动机是什么。

由于缺乏伊朗方面关于决策的"全面"叙述，我们不得不承认对上文提到的两种竞争性的理论进行裁定是没有根据的。这样一种特殊的局内人地位，赋予了伊朗一方知道在策划该事件的学生中到底发生了什么事，在西方人的眼中这些人根本不能信任。然而，还有第四种极具说服力的解释，由克里斯托斯·约安尼德斯和巴里·鲁宾等人提出，但并不是用外交决策理论的语言来表述的。鲁宾认为，学生的行为是基于一种愿望，这个愿望即是要"阻止所谓的美国对反革命活动的支持，以及对伊朗新政权的摧毁"。[31]阿亚图拉霍梅尼对劫持人质是支持的，他曾指出大使馆是很重要的，因为它可能成为支持反革命政变的基地。霍梅尼声称："美国希望继续支持巴列维，致力于搞政变，并为政变建立一个基地，伊朗的青年人仅仅希望见证这些事情而已。"[32]鲁宾认为，人质实质上是一个反对美国介入的保险政策，因为他们"并不十分确信他们有能力阻止革命发生逆转以及巴列维复辟重掌政权，就像 1953 年发生的那样"[33]。与之相似的是，约安尼德斯认为，"将美国的外交官劫为人质的行为可以被视为捍卫伊斯兰教和伊朗、战胜西方的唯一方式。在极端主义者眼中，这是防止 1953 年摩萨台事件重复发生的唯一方法"[34]。激进分子认为，美国正尝试重复他们在 1953 年时的行为，因此试图阻止美国的这种尝试。换句话说，通过历史类比，他们似乎有理由这样认为。

　　将伊朗革命分子的行为简单视为"非理性"的观点，会忽视伊朗国内阴谋论盛行的客观基础。在之前的两个世纪中，伊朗人几乎一直活在外部力量控制的阴影下。詹姆斯·比尔指出，"在整个 19 世纪，英国和俄国对伊朗十分感兴趣，两个国家都试图将伊朗纳入自己的势力范围"[35]。曾于 1925～1941 年统治伊朗的礼萨汗·巴列维由于同情纳粹分子，在二战期间伊朗遭到英国和苏联的入侵。后来礼萨汗被流放，入侵的列强用他的儿子穆罕默德·礼萨·巴列维取代了他。二战期间以及后来的冷战时期，伊朗在中东的战略和经济地位对美国来说都是不可多得的。事实上，美国在 1942 年才开始逐步在这个国家扮演越来越活跃的角色。二战后，同盟国同意从伊朗撤出他们的武装力量，但中东也成为超级大国在冷战时期的重要战场。

　　1951 年，穆罕默德·摩萨台成为伊朗首相，从而在中东地区出现了一个美国利益的威胁者。用比尔的话说，摩萨台绝不是一名共产主义者，他是"一名老式的自由主义者"，既不相信意识形态的教条也不相信政治高压的作用。[36] 他是一名民族主义者和民主主义者，这是当时伊朗很流行的一种政治趋势，它们重视领土主权胜过一切，痛恨外国干涉。伊朗民族主义者争论的焦点之一，即是外国势力在伊朗石油工业中扮演的角色，尤其是 20 世纪一直在与伊朗做生意的英伊石油公司。摩萨台就是在这种政治背景下上台，得到了联合阵营的支持，后来由于保守势力以及宗教人士背叛了他，摩萨台的政治地位岌岌可危，最后他不得不更多地倚靠激进的左派力量。1953 年 8 月，摩萨台被政变推翻。这场政变起初由英国发起，但是大部分是由美国中央情报局设计和执行的。[37] 随后，君主制和穆罕默德·礼萨·巴列维复辟，统治伊朗直到 1979 年革命。

摩萨台政变后的多年里，中情局在摩萨台倒台事件中所扮演的角色被广泛分析和讨论，从而演变成传奇故事。加里·希克评价道："美国一手将一个残酷的暴君强加给伊朗不情愿的民众，这样一种看法成为美伊两国关系的重要内容。"[38] 还有经常被提及的是，如果摩萨台的声望没有下降，巴列维的声誉没有上升，中情局的策略是不会成功的。斯坦菲尔德·特纳指出，"当局势并不稳定的时候，秘密推翻一个政府是最容易起效的。仅需小小的推力就能改变局势，就像摩萨台倒台一样"[39]。然而无论美国的行为在推翻摩萨台中起多大的作用，伊朗人则将其视为外部势力对伊朗国内政治经济事务干涉的例证，是一种明显的侵犯政治主权的行为。而无论是否成功，美国就像之前英国和苏联所做的那样，以一种非常直观且公开的方式尝试介入伊朗事务。查尔斯·斯科特指出，不管这些认知是否准确，这是伊朗民众对 1953 年政变的认知，在 1979 年起到了重要作用。[40]

在美国，直到 20 世纪 70 年代"水门事件"后开展的国会调查年，1953 年摩萨台事件并没有被完全公开。例如，艾森豪威尔在事件发生时以及他后来的回忆录里都有意隐瞒了这些事。在某些地方，他对摩萨台倒台的叙述很容易产生误导。艾森豪威尔在政变当年甚至伪造了一份他写给摩萨台的信，在信中他声称："伊朗政府必须在国内和外交政策上做出最有利于伊朗以及伊朗人民的决定。"[41]20 世纪 70 年代以前，美国外交政策方面的教科书和其他一些学术著作很少谈及那一年在伊朗发生的政变。[42]然而，在伊朗情况则截然不同。对于几代的伊朗人来讲，他们是在 1953 年政变的阴影下长大，这场政变对他们来说是有着重要意义的经验，也是国家号召力的一面旗帜，或许有部分是虚构的，但是也有部分是历史事实。因此，在巴列维倒台后，当另一位伊朗领导人上台，而他的政治主张与西方利益明显冲突时，也就很容易明白为什么历史经验以这样一种令人注目的方式被重新激活。当巴列维被确认送到美国医院治病时，约翰·基夫纳正在德黑兰为《纽约时报》做报道，他指出，"在这个城市（德黑兰），阴谋的流言被广泛传播，以至于几乎没有人相信巴列维真的生病了"[43]。亨利·普雷希特回忆说："对于革命的领导人和追随者来说，在反对巴列维的运动中有一个让人沉迷的主题，那就是担心美国会重复 1953 年政变，巴列维在美国的支持下复位，从而摧毁伊朗的革命。"[44]普通的伊朗人和他们的领导人应该深受 1953 年政变的影响，对吉米·卡特任期内的美国在伊朗的意图进行了错误评估，但与此同时，美国人和美国的领导人也表现出了类似的对伊朗缺乏理解和认知。一个误解，或者是一系列误解本质上折射了另一方的看法。

正如前面所讲，学生们生活在一个高度不确定和动荡的时期。就像之前类比推理的认知基础所强调的，类比思维的关键诱因似乎有很大的不确定性。从自身近年来的历史获取知识，很明显是一种典型的心理应对机制。许多学生似乎确信，卡特和万斯将于 1979 年插手干预镇压伊朗革命，并恢复巴列维的统治，就像艾森豪威尔和杜勒斯在 1953 年所做的那样。此外，从 1979 年春天以来，伊朗误读了美国的行为，认为美国将重演摩萨台政变。1979 年初，卡特政府就开始尝试在德黑兰重建之前受到革命破坏的美国大使馆，并且尝试与伊朗新政治当局建立"正常化"的关系。然而，正如前人质迈克·梅特林科所说："我们看到美国试图与新繁荣临时政府、革命政权建立正常关系，但青年学生和众多的神职人员尤其是许多极端主义者却将之视为破坏革命。"[45]基夫纳和梅特林科回忆，许多伊朗人并不相信巴列维生病了，"直到他真的去世，并且即便是巴列维去世后，他们仍然怀疑他是否真的去世"[46]。

10 月 22 日，美国决定允许巴列维国王入境治病，这一行为加强了伊朗人的怀疑，导致激进的伊朗人将之视为"某种即将发生的政变前兆"。[47]巴列维在 1 月出逃伊朗后，途经一系列国家寻求庇护。在了解巴列维身患癌症后，卡特政府允许巴列维进入美国。但是据易卜拉欣·阿什加尔赞德回忆，这在伊朗人中引起了巨大的猜疑："占领大使馆的决定是我们对美国所作所为的回应。我们感觉到巴列维进入美国意味着他们正在密谋推翻革命。"[48]这与汉密尔顿·乔丹的回忆是一致的。乔丹指出，许多伊朗人完全不相信巴列维是因为需要治疗才被允许进入美国的，"他们怀疑这件事的真实性，认为这是阴谋的一部分，美国想让巴列维重掌伊朗政权"[49]。

霍梅尼本人显然也有这样的怀疑。巴克尔·莫因指出，霍梅尼相信美国不会接受他想要塑造的新政权，美国干预伊朗事务只是时间的问题。莫因指出，"当被癌症折磨的巴列维被允许进入美国进行治疗时……霍梅尼非常愤怒，认为这是一种挑衅行为。对于霍梅尼来说，这是美国密谋的证据。他的言论变得越来越好战，并且怒骂这是'大撒旦'的阴谋"[50]。

在占领大使馆之前，另一件事的发生也让学生们确信，美国正在谋划另一场1953年政变。在发生大使馆占领之前刚刚到达伊朗的人质、也是中情局成员的威廉·多尔蒂指出：

> 对于永远怀疑的伊朗激进分子来说，允许巴列维进入美国治疗只不过是一个掩饰，目的在推翻伊朗革命政权。1979年11月1日，总理迈赫迪·巴扎尔甘和外交部部长易卜拉欣·亚兹迪与美国国家安全顾问布热津斯基，在纪念阿尔及利亚独立日的时候在阿尔及尔进行短暂会面。这件事情起到了火上浇油的作用。易卜拉欣·亚兹迪毕业于美国的一所医学院，曾在美国发展自己的事业，并持有可以永久居留的美国绿卡。这次会面并没有公开，但双方就巴列维和美伊两国关系问题进行了洽谈。[51]

国家安全顾问与伊朗临时政府中的温和派之间的会面，毫无疑问激怒了学生，使早已存在于他们脑海中的历史类比变得更清晰。亨利·普雷希特持相似的观点，他认为，"当我们让巴列维进入纽约时，它激起了伊朗人的猜疑，布热津斯基、亚兹迪以及巴扎尔甘之间在阿尔及尔的会晤让这些猜疑燃烧了起来"[52]。

进入大使馆后，在许多学生的印象中，大使馆中的每一个人都是从事情报活动的，用霍梅尼儿子艾哈迈德的话说，大使馆实际上是"间谍们的老巢"[53]。使馆被占领后，大规模的搜寻间谍的活动立即展开。受访的美国人质反复确认了这一点，其中新闻发言人巴里·罗森和联络官员查尔斯·琼斯两名人质的例子最为典型。当罗森被伊朗审讯员质问其在大使馆的工作内容时，他回复自己是新闻发言人。然而审讯员完全不相信他，她说："不对，你说谎，你是中情局的人！"然后她"长篇大论地讲述中情局是如何摧毁伊朗的"。[54] 与之相似的是，查尔斯·琼斯试图向伊朗审讯员"解释国际外交和大使馆的功能，但是这毫无用处，他们完全相信大使馆中的每一个人都是间谍"[55]。

伊朗人坚信美国将恢复巴列维统治，这种迹象表现在学生们致力修复大使馆被占领时被紧急销毁的外交文件。大使馆被激进分子控制后不久，那些支持革命事业又会说英语的伊朗人煞费苦心地对被绞碎的文件进行拼接，其中一些文件后来在伊朗被公开。参与从事这样一种事业的努力很难被想象，在西方这种行为被许多人认为是伊朗人纯粹狂热和偏执的证据。然而学生这样做的理由并不是简单地寻找美国介入伊朗事务的一般证据。但他们确实发现了中情局尝试在温和的后巴列维政权中招募代理人的证据。他们可能正在寻找证据证明他们一直以来的想法是正确的：中情局正计划推翻第二个革命政权，而这个政权与美国利益是相悖的。

然而事实上在大使馆内确实有几名中情局间谍，但是每个人都是间谍的设想毫无疑问是不正确的。而且颇具讽刺的是这些事都是发生在吉米·卡特任期内的，而不是理查德·尼克松或者是林登·约翰逊时期。虽然激进分子的声明和态度很大程度上阐明了他们的心理感知，但是很难理解这些明显受过良好教育并且聪明的学生为什么如此"完全相信"大使馆就是反革命的基地，学生和神职人员们真的感觉到另一场 1953 年政变正要来临，这促使学生们把美国的国旗以及山姆大叔的肖像悬挂起来烧毁。据威廉·多尔蒂回忆，"中情局 1953 年参与推翻首相穆罕默德·摩萨台在伊朗人的脑海里留下了巨大的阴影",这对学生的推理判断产生了重要影响。他还指出,"伊朗人在这一时期总是怀疑美国的动机和诚信,一直在寻找美国意图重复1953年政变的迹象。当美国允许巴列维进入美国以及布热津斯基与巴扎尔甘在阿尔及尔会面时,这一迹象似乎出现了"[56]。

在解释人质劫持的原因时,以希克、卡特勒和布热津斯基为代表的一派与以鲁宾、约安尼德斯、多尔蒂和普雷希特为代表的另一派,对意识形态还是利益在这次事件中起作用存在分歧。对于第一派,他们认为,霍梅尼的国内政治利益和他在各派系斗争中的策略是占领大使馆背后的真正动机。第二派认为,伊朗人对美国的看法、美国在伊朗人眼中的形象,以及他们对美国可能发动另一场政变的深深不安导致了伊朗人质危机。追根溯源,人类动机的来源真的是一个有争议的问题,这种争论由来已久,其根源在于人的想法还是基于自我利益的推理判断,很难达成一致。当然,真相可能介于两者之间,但是很显然学生拥有坚定的信念,霍梅尼也同样如此,因此假设他们的行为仅仅为了自我利益并不能令人信服。霍梅尼不停地谈论的西方阴谋论,纯粹是用来动员年轻、天真的激进分子来支持他,但这种观点忽视了伊朗自身近代的历史给这种阴谋论提供了基础。以激进主义者的观点来看,如果美国插手推翻摩萨台,为什么美国会犹豫推翻霍梅尼呢?

需要再次声明一下,由于现有资源的真实性很难被证实,人们对于这件事情的确切真相也许永远无法得知。通过类比推断1953年政变是占领大使馆的主要动力的证据不是非常明确,但能引起人们的想象。不管怎样,最近有一名参与谋划这次占领事件的人质劫持者提供了进一步的证据来支持这种解释。

1998 年，《时代周刊》在德黑兰进行了一次采访，占领大使馆事件的学生领袖阿巴斯·阿布迪将这种武装占领解释为"反对美国潜在的政变活动"。正如斯科特·麦克劳德讲述的，"阿布迪坚持认为，他们真的担心 1979 年巴列维到纽约治病是美国阴谋的一部分，目的是帮助他重新执掌伊朗政权，就像中情局在1953 年策划了政变一样"。[57]

阿布迪也认为，霍梅尼事先并不知道学生占领大使馆的计划。他说："我们想，伊玛目要么支持这次占领行动要么不支持，在这种情况下我们将离开大使馆。"[58]毫无疑问，在未来的几年内，支持或者否定阿布迪说法的证据会越来越多，但可以肯定的是阿布迪的论断与霍恩尼哈和阿什加尔赞德提供的证据完全一致，而且 1953 年政变对学生行动产生影响的观点被很多人证实，如被学生审讯过的威廉·多尔蒂。然而，这个解释越来越引人入胜，原因还在于这些发现与卡内曼和特沃斯基关于历史事件的代表性和可利用性在人类推理中扮演重要角色的观点相一致。[59]

1953 年政变类比的代表性和可利用性

1953 年政变在伊朗历史上是如此鲜活，因此对于普通伊朗人来说都是可获得的类比资料。很明显推翻摩萨台不是新近发生的事情，但从认知的角度来看却是可以获得的知识。有人可能认为 1953 年事件已经发生很长时间了，占领大使馆的人可能并不是很熟悉它。1979 年 11 月，阿什加尔赞德 24 岁、阿布迪23 岁、米尔达马迪 24 岁，埃布特卡尔只有 19 岁，1980 年 3月，占领大使馆的约 400 名学生的平均年龄在 22 岁左右。[60]简单的算术告诉我们，主要的参与者没有一个出生于 1953 年。但那一年发生的事情后来成为伊朗民间传说的素材，学生们就是在这种环境下成长起来的。伊朗人从未忘记自己的历史，以及外部势力在其中扮演的角色；他们把这些教训传给了他们的儿子和女儿。詹姆斯·比尔恰如其分地指出，"这次直接的秘密行动造成了一个永不结痂的伤口，25年来一直在流血……多年来，伊朗人一直严厉地谴责中情局和英国支持保皇党的活动，资助雇来的游行示威者。这些活动在1978～1979年革命的演讲中被频繁提及"[61]。

1953年经历的力量以及它对伊朗民族主义者产生的向心力，似乎是美国决策者所不能理解的事情。如梅特林科指出，"华盛顿并没有意识到由于我们引起的摩萨台政府倒台对伊朗人带来的巨大的、被抑制的仇恨。那本是伊朗变得民主的机会。我们搞砸了它，我们还以此吹嘘"[62]。与之相似的是，尽管加里·希克对1953年政变驱动了占领大使馆事件的观点持有异议，但是他欣然承认华盛顿的决策者未能明白伊朗记忆的力量。他指出，对于美国，1953年"与在伊朗被压迫的历史紧密相关……但对于伊朗来说，1953年的记忆一直历历在目，好像它就发生在一周前"[63]。

很明显1953年政变被众多伊朗人所熟知。在新闻媒体和其他场合中，它被提及的频率高得惊人。约安尼德斯认为，"温和的巴扎尔甘政府和伊朗中产阶级"都很担心美国发动另一场政变。[64]虽然如此，很难搞清楚为什么德黑兰的众多伊朗人认为1979年事件代表了1953年政变。我们知道，1953年事件的情景一直活跃在德黑兰众多人的脑海里，但是我们并不能完全确定为什么。毕竟以西方人的眼光来看，二者之间有着巨大的差异。尤其是1979年时美国总统是吉米·卡特，主张实行理想主

义的外交政策，将美国"道德"观念放置在第一位；而1953
年美国总统是德怀特·艾森豪威尔，他更多的是一位现实主义
者，主张通过秘密战争打击激进的共产主义势力。

然而仍有一些重要的线索可以解释，为什么1979年革命触
发了许多伊朗人脑海中对1953年政变的类比推理。首先，这两
个事件的相同点在于，霍梅尼和摩萨台一样被认为是西方利益
的威胁，尤其威胁到美国利益。因为西方和美国与巴列维政权
联系密切，所以这样认为是很自然的。在第二章我们对外交决
策类比推理的心理学研究中可以看出，在1979年事件中霍梅尼
可能很容易就被"比附"为摩萨台。第二，正如比尔所言，摩
萨台和霍梅尼领导的运动都是激进的民族主义。第三，这两个
人展示给美国的是不理智以及疯狂的形象。[65]最后，另一个表
面上的相似性是扎赫迪扮演了连接的角色。1953年，将军扎赫
迪被任命接替摩萨台，这很大程度上是美国要求的结果。1979
年，他的儿子阿尔德希尔·扎赫迪是巴沙尔政权最后任期内的
驻美大使。马文·佐尼斯认为，很少有人像年轻的扎赫迪那样，
极力保护他在孔雀宝座下的政治地位。[66]

但是还有另一个根本不明显的理由解释为什么在普通伊朗
人中间这样的类推被激活。与之相关的是巴列维在两个情况下
的特殊行为。1953年，巴列维逃离伊朗并在第三国寻求庇护；
1979年，他又做了同样的事，被允许进入美国，这在伊朗众多
的激进分子看来，似乎相同的事件将被启动。霍梅尼时期的外
交部部长易卜拉欣·亚兹迪强调这种解释：

> 你必须时刻牢记……1953年8月伊朗发生的事情。美
> 国和英国……发动军事政变反对摩萨台的民族政府，并且

巴列维……逃离了这个国家，他们帮助他回来了。此刻他们想要巴列维前往美国，所有的记忆在人们脑海中涌现。他们说"不"，这是与1953年一样的故事。

亚兹迪指出，当时他和他的同事要求允许一支伊朗医护队前往美国，检查巴列维的身体状态，这样普通伊朗人就会接受巴列维确实生病了，并且不再会重掌政权。但是这一请求被拒绝了。[67]

1953年政变的记忆是非常强大的，在1979年的时候巴列维对历史类比充满信心，相信1953年的事件会在伊朗重演。当时，穆罕默德·礼萨·巴列维似乎曾因他被迫出走伊朗而责备美国。[68]有时候巴列维似乎又期望美国，或者某种第三方势力，可以帮其恢复王位。汉密尔顿·乔丹认为，巴列维"有一个完全不切实际的梦想，即霍梅尼可能迅速失败，他将在中情局的帮助下重返伊朗，就像1953年发生的那样"[69]。与之相似的是，美国驻伊朗前大使威廉·沙利文在他的回忆录中写道，巴列维确信"他将像1953年那样重新返回德黑兰，像当年那样恢复王位"。沙利文引用了埃及一位不知姓名的观察家的话作为材料来源。[70]加里·希克认为，当巴列维决定在埃及阿斯旺和埃及时任总统安瓦尔·萨达特一起待上两天时，卡特政府感到非常困惑。尽管他从未解释他为什么这样做，但是"不断有报道称，巴列维的一些顾问劝说他要与伊朗尽可能地保持密切联系，以防事情出现转机"。像普列斯特和沙利文一样，希克认为，在1979年的时候，巴列维很可能"期望再出现像1953年那样的逆转"。[71]据说巴列维曾对劝阻他不要再次离开伊朗的皇家卫队成员说："不要担心，我不会离开太长时间。"[72]

对于巴列维来说，1953 年的历史印象是如此深刻和鲜活，因此 1979 年的时候这个历史印象被激活，巴列维期待像之前那样逃离了伊朗而又能在适当的时候返回。还有一个更为相似的地方是，巴列维决定离开伊朗后几乎像鸟一样从一个国家逃到另一个国家。亨利·普雷希特认为，1953 年印象被激活应归因于巴列维的行为。当巴列维离开伊朗时，他最初的目的地是要待在加利福尼亚，卡特的智囊团也非常期望他这样做。然而，他却莫名其妙地决定在埃及停留了一些日子，并随后前往摩洛哥。普雷希特回忆说，"当他离开的时候，我不知道是谁劝说他在摩洛哥停留"，"我认为他的想法很像 1953 年……他远行至罗马，政变发生后他又回到了伊朗。我认为他是这样想的——'我就停留在摩洛哥，政变将会发生，随后我凯旋而归'"。[73]

1953 年，科密特·罗斯福曾是中情局特工，负责游说和领导政变团队，他讲述当年内乱还在不断发展的时候，他安排了一场与巴列维的会面以决定国王该如何应对，当时巴列维已经预知暴风骤雨即将来临。经过对各种方案的讨论后，大家决定巴列维将前往伊朗里海沿岸地区，并在那里等候可以返回的信号。因此，8 月 10 日，巴列维和他的妻子离开了德黑兰，前往凯拉尔达什特，这是一个隐蔽于里海沿岸的村庄，他曾在危机时刻多次避难于此。但当中情局的计划快要失败的时候，巴列维和他的随行人员在 8 月 16 日逃离了伊朗，飞往巴格达。[74] 中情局计划失败的原因在于这个计划一开始胜算就不大，另一方面该计划后来被华盛顿的中情局长官取消了。在短暂的停留后，他们又于 8 月 20 日飞往罗马。正如一份历史记载所谈到的，当关于摩萨台被推翻的消息传来时，巴列维和他的妻子在意大利的首都的怡东酒店吃午饭。[75] 8 月 21 日，他们胜利地返回德黑兰。

罗斯福认为，有证据显示巴列维在第一次离开德黑兰时的逻辑思维是衍生于历史事件，他认为在穆斯林信仰的历史上也有极为类似的事件发生，两者有一定的共同之处。据称巴列维曾说过："这提醒我，作为一名虔诚的穆斯林，穆罕默德曾于公元 622 年迁徙麦地那，并将这一年作为我们伊斯兰教历的起点。他'逃离'只不过是为了逆转他的局势，我也能这么做。"[76]马文·佐尼斯认为，这个原因是对穆斯林历史的错误解读，因为先知的迁徙"不是'演戏'，而是为了保全他的性命"[77]。就像巴列维一样，穆罕默德离开麦加是因为他陷入了巨大的危险之中。此外，巴列维很有可能提起这种类比是为自己的行为辩解，但在很多人看来，他是懦弱的、自私的。实际上，英国并不知道巴列维逃离这个国家的任何计划。[78]所有这些事情都过去了很多年，现在很难再搞清楚，但很明显 1979 年巴列维像 1953 年那样逃离了伊朗，从而激起了人们对重要历史的回忆。也许美国有能力展开行动，从而让巴列维重新掌握伊朗政权。但如果巴列维误以为 1979 年卡特将命令中情局介入伊朗事务，那么普通伊朗人犯一个类似的错也就一点也不奇怪了。

实际上，尽管学生不可能知道美国是否会干预伊朗事务，但是在卡特政府中并不是没有人支持再来一次 1953 年式的政变。国家安全顾问兹比格涅夫·布热津斯基是这种想法的主要支持者，他在回忆录中详细叙述了这一点。[79]正如人们所预料的，吉米·卡特似乎很简单地就拒绝考虑这种想法。但这并不是说卡特政府幕后发生的很多事情对伊朗人的看法产生了消极影响，很显然真正的原因被隐藏了，事实上公开的且引人注目的行动才会对伊朗产生影响。

人权 vs. 现实主义

　　为什么激进的学生们没有注意到卡特政府是二战后美国最不同的一届呢？断言仅仅是忽视造成了这样的结果，显然是错误的。举例来说，认为伊朗人质劫持者中没有一个人熟悉美国政治运行的说法是不正确的。据报道，其中一些学生就是研究美国的①，因而有理由相信有人也会知悉吉米·卡特声称的外交政策不同于战后美国的外交实践。真正的原因似乎与卡特政府自1977年以来对伊朗的行为有很大关系。在卡特的就职演讲中，他强调将追求人权作为他外交政策的核心目标，这是他与尼克松和福特总统之间鲜明的不同。他宣称，"我们致力于人权事业是无条件的"，"因为我们是自由的，我们永远不能对任何地方的自由的命运无动于衷。我们的道德感要求我们更偏好那些和我们一样一直尊重人权的社会"。因此，像在其他地方一样，卡特在伊朗点燃了希望，现在"非美国式"理念将不会构成这位新总统制定政策的基础。可是，激进分子却在卡特的实际行动中找到了更好的理由，让这位总统的话打了折扣。

　　在现实中，卡特的人权政策从未适用于伊朗。或许是在布热津斯基的影响下，卡特像他的前任总统一样，开始领会到石油蕴藏丰富的中东地区在冷战中对抗共产主义的重要战略地位。因此，卡特采用了现实主义的政治理念而不是其他更加自由的理想主义的观念。例如按照理想主义的观点，巴列维应该举行公正自由的选举。虽然卡特政府曾经公开警告巴列维，他的人权记录必须改善，但事实上卡特对巴列维的秘密警察萨瓦克残

---

　　① 玛苏梅·埃布特卡尔就是一个典型的例子，她去过好几次费城，并曾在宾夕法尼亚大学就读过。

忍的压制手段视而不见。而且卡特政府内部对伊朗镇压异见分子的看法存在分歧。其实卡特私下里很清楚，他期望在伊朗进行民主改革，但是也会支持巴列维所做的任何决定，包括在伊朗建立非民选的军政府。[80]

1977 年 11 月 22 日，巴列维结束对美国的访问回到伊朗，反对巴列维统治的和平集会被萨瓦克暴力镇压。在美国访问时，白宫对巴列维的到访热烈欢迎。这当然并没有让现代的伊朗人感觉卡特的努力"看起来有什么不同"，但事实上更糟糕的事情即将发生。在 1977 年最后的日子里，卡特访问了伊朗，伊朗的电视上直播了他用香槟酒向巴列维祝贺，并称伊朗是"一个稳定岛……向你的人民对你的尊重、敬仰和热爱致敬"。[81]这些话说出来极具讽刺意味，因为伊朗将成为稳定岛在接下来的几年里让卡特苦恼不已。卡特这个简单的行动显而易见是为了稳固巴列维在国内的统治，但其影响确实是巨大的，它让熟悉美国政治运作的伊朗人确信，卡特真的与美国以往的总统没有实质性的不同。正如约安尼德斯指出，"对于大多数伊朗人来说，他们看待 1953 年所有发生的事情并不是毫无理性的，巴列维被允许进入美国被认为是革命的致命威胁，伊朗人最终在发生的人质劫持事件中不顾一切地抵御这种威胁"[82]。

人质危机的根源

关于 1979 年占领大使馆的所有可能的解释，只有类比推理的方法可以确切地解释为什么学生一进入大使馆就疯狂地搜寻间谍；美国的行为是如何导致了学生们的误解，从而劫持人质；巴列维的出逃如何在普通伊朗人的心中塑造了基于历史经验的阴谋形象。在上文提及的四项解释中，只有一种可以解释为什么巴列维确信美国将会再次拯救他的统治。国内政治角度的分析有效地解释了霍梅尼在占领大使馆发生后的几天里的行为，但是并没有证据显示他积极策划了这件事或者是起初就鼓励这些人劫持人质。在这个问题上，策划劫持的人和霍梅尼亲信的叙述是一致的。

心理因素在那些占领大使馆的人中产生了关键影响的发现，可能令许多人感兴趣，因为通过定性的个案研究可以看出，起源于美国的认知模型分析有着广泛的适用性，这种模型分析初期是针对美国大学生的调查研究。这进一步印证了詹姆斯·罗西瑙早期的"前理论"，在这一理论中他强调在第三世界外交政策的决策中个人心理因素的重要性。[83]它也与中东外交政策分析家们采用的方法一致。如阿迪德·戴维莎所说：

> 在整个中东地区除了以色列和土耳其，其他国家主要的决策者在体系化的政治结构中占主导地位，尤其是在外交政策领域，而且常常被一个强大的核心人物所主导。因此分析领导人的个性、认知、价值观以及需求可能会比调查官僚竞争的组织程序更有助于理解中东外交政策的制定。[84]

这种传统在伊朗由来已久，霍梅尼和巴列维两个人在伊朗历史上最相似，他们在这个国家具有主导地位，是魅力型、集权化的领导人。

温斯坦和科拉尼认为，心理因素在不发达国家的决策中起次要作用，伊朗人质危机中心理因素的重要作用对这两人的观点提出了质疑。[85]根据戴维莎和其他人的观点，在中东国家，个人的心理因素在决策中的作用可能比在美国更大，因此人们可以想象信仰和类推在这些领导人的决策中起到了多么重要的影响。正因为一个政治制度允许有一个积极的领导，所以这个体制下的领导将取得重大的政治成果，其实这两者之间并没有必然的因果关系。在讨论心理因素在政治中的作用时，弗雷德·格林斯坦提出在他所谓的"行为者不可或缺"和"行为不可或缺"之间应区别对待。[86] 为了表明领导者的个人认知是起作用的，人们不得不首先证明在拥有同样职位的情况下，一个人的认知或者信仰与其他行为者有所不同（"行为者不可或缺"）。同时，还必须证明一个行为者的行为对人们感兴趣的结果会产生实质性影响，并且其他行为者如果不遵循先前他或者她的行为，这个结果可能不会发生（"行为不可或缺"）。

一般而言，结构理论表明，第三世界领导人可能对他们自己的政策决策过程发挥了不可或缺的影响，但他们的政策和决定对国际体系的结果没有产生太大的影响，从这个意义上讲领导人的行为是非常重要的。这个命题总体来讲是正确的，有充足的例子说明第三世界领导人在对抗强大对手的结果中发挥了不可或缺的影响，但是就此下结论未免太过简单。在我们现在谈论的伊朗案例中，可以看到霍梅尼和学生们的行为与那些反对人质危机的伊朗温和派是不一样的，如总统阿布哈桑·巴尼·萨德尔。[87] 当然，如果人质危机发生在巴列维统治时期，巴列维的处置方式与霍梅尼应该是不一样的。人质危机让美国总统颜面扫地，最终在竞选中失败。很明显，霍梅尼的行为对于这一结果是不可或缺的，因为他将自己的政治喜好强加给了美国。

1979 年 11 月占领大使馆的学生应该相信，导致美国人质

被囚禁 444 天的部分原因是错误的认知所导致的。占领德黑兰
大使馆的学生实质上误解了从华盛顿接收到的信息。向这个脆
弱的新政权传递的信号和信息确切来讲起到了反作用，主要原
因在于这些信息勾起了伊朗人对 1953 年政变的历史回忆，但卡
特政府的多数人认为这件事尘封已久，与当前事件没有关联性。
正如我们在接下来的章节将要看到的，20 世纪 70 年代末的伊
朗历史并不仅仅只有人质危机，其他事件也帮助塑造了当时美
国政策的方方面面，其中包括卡特政府尝试营救人质。

注释

［1］ Interview with Charles Scott, Iranian Project, Antelope Productions.

［2］ See Vertzberger, *The World in Their Minds*, for an analysis that makes
this assumption explicit.

［3］ Graham Allison and Philip Zeikow, *Essence of Decision*: *Explaining the
Cuban Missile Crisis*, 2nd edn (New York: Longman, 1999). For
Some Studies of Israeli decisionmaking from an FPDM perspective, see
Janice Gross Stein and Raymond Tanter, *Rational Decision-Making*:
Israel's Security Choices, 1967 (Columbus, Ohio: Ohio University
Press, 1980) and Zeev Maoz, "The Decision To Raid Entebbe:
Decision Analysis Applied to Crisis Behavior", *Journal of Conflict
Resolution*, 25: 677 - 707, 1981, and for India see Yaacov
Vertzbetger, "Bureaucratic-Organizational Politics and Information
Processing in a Developing State", *International Studies Quarterly*, 28:
69 - 95, 1984. For rare examples using British cases, see John
Henderson, "Leadership Personality and War: The Case of Richard
Nixon and Anthong Eden", Political Science 28: 141 - 64, 1976
and Richard Ned Lebow, "Miscalculation in the South Atlantic: The
Origins of the Falklands War", in Robert Jervis et al., *Psychology and*

Deterrence (London: John Hopkins University Press, 1985).

[4] Franklin Weinstein, "The Uses of Foreign Policy in Indonesia: An Approach to the Analysis of Foreign Policy in the Less Developed Countries", *World Politics*, 24: 356 – 381, 1972, p. 359.

[5] Bahgat Korany, "The Take-Off of Third World Studies? The Case of Foreign Policy", *World Politics*, 35: 464 – 487, 1983, p. 480 and pp. 469 – 469.

[6] Robert Jervis, *System Effects: Complexity in Social and Political Life* (Princeton, New Jersey: Princeton University Press, 1997), p. 104.

[7] David Baldwin, "Power Analysis and World Politics: New Trends Versus Old Tendencies", *World Politics*, 31: 161 – 194, 1979.

[8] McDermott, "Prospect Theory in International Relations", p. 238.

[9] Lee Schatz, quoted in Tim Wells, *444 Days: The Hostages Remember* (San Diego, California: Harcourt Brace, 1985), p. 37.

[10] Quoted in CIA, "Moving Targets", BBC, Broadcast in Britain, July 1992. Schaefer was the Defence Intelligence Agency's Chief in Tehran between 1978 and 1979.

[11] Tehran is eight and a half hours ahead of Washington DC. A host of US commentators has poured scorn upon the notion that those who conducted the hostage taking were genuine "students" in the sense in which we understand that term in the West. However, the evidence we now have suggests that this scorn was misplaced. Many of the hostage takers were in fact science students. See Christos Ioannides, "The Hostages of Iran: A Discussion with the Militants", *Washington Quarterly*, 3: 12 – 35, 1980.

[12] Carter, *Keeping Faith*, p. 468.

[13] Sick, *All Fall Down*, p. 251.

[14] Zbigniew Brzezinski, *Power and Principle: Memoirs of the National Security Adviser, 1977 – 1981* (New York: Farrar, Strauss and Giroux, 1983), p. 471.

[15] Loyd Cutler, Exit interview, 2 March 1981, Jimmy Carter Library, p. 16.

[16] Paraphrased in Richard Cottam; *Iran and the United States: A Cold*

War Case Study (Pittsburgh, Pennsylvania: University of Pittsburgh Press, 1988), pp. 211 – 212.

[17] Sick, *All Fall Down*, p. 241.

[18] Interview with Musavi Khoieniha, Iran Project, Antelope Producitons. Quoted in Storyline: *444 Days*, broadcast on British television, BBC2, 14 November 1998.

[19] Baqer Moin, Khomeini: *Life of the Ayatollah* (London: I. B. Tauris, 1999), pp. 226 – 227. William Shawcross, *The Shah's Last Ride* (London: Chatto and Windus, 1989), pp. 260 – 262, suggests that Khomeini's support for the students' actions was instantaneous, but this claim is probably incorrect.

[20] Scott Macleod, "Radicals Reborn", Time, 15 November 1999; John Daniszewski, "Twenty Years After Revolution, Iran Has Hope", *Los Angeles Times*, 11 February 1999; Daniszewski, "Twenty Years After Hostages, Iran Reflects on Costs", *Los Angeles Times*, 4 November 1979.

[21] The US embassy in Tehran was dubbed "Fort Apache" for this reason.

[22] Macleod, "Radicals Reborn". One wonders whether the female student in question was Massoumeh Ebtekar.

[23] See, for instance, ibid.

[24] Ioannides, "The Hostages of Iran", p. 30.

[25] Interview with Ibrahim Yazdi, Iranian Project Antelope Productions. Yazdi was a close associate of Khomeini During his exile in Paris and served as foreign minister of Iran for much of 1979.

[26] Interview with Mansour Rouhani, Iranian Project, Antelope Productions. Rouhani is a former Iranian minister.

[27] Yazdi interview, Antelope Productions. See also Bill, *The Eagle and the Lion*, p. 295.

[28] Cyrus Vance, *Hard Choices: Four Critical Years in Managing America's Foreign Policy* (New York: Simon and Schuster, 1983), p. 376.

[29] Interview with Henry Precht, Iranian Project, Antelope Productions. Precht was the State Department's director of Iranian

affairs during the Carter administration.

[30] Vance, *Hard Choices*, p. 377.

[31] Barry Rubin, *Paved With Good Intentions: The American Experience and Iran* (New York: Penguin, 1981), p. 298.

[32] Ibid.

[33] Ibid., p. 303.

[34] Christos Ioannides, America's *Iran: Injury and Catharsis* (Lanham, Maryland: University Press of America, 1984), p. 97.

[35] Bill, *The Eagle and the Lion*, p. 16.

[36] Ibid., p. 56.

[37] The coup was a joint British-American operation, but recently published portions of a still classified CIA report on the coup reveal how secondary the British role was. Although the original idea to overthow Mossadegh was their own, Britain as forced to go along with the US candidate to replace Mossadegh-General Zahedi-even though they had grave doubts about his suitability, and the Americans also apparently lied to them about some details in the plan. The report also alludes to the contempt the CIA had for the shah as a leader. See James Risen, "Secrets of History: The CIA in Iran", *New York Times*, 16 April 2000. See also Mark Gasiorowski, "The 1953 Coup D'Etat in Iran", *International Journal of Middle East Studies*, 19: 261 – 286, 1987.

[38] Sick, *All Fall Down*, p. 7.

[39] Stansfield Turner, *Terrorism and Democracy* (Boston, Massachusetts: Houghton Mifflin, 1991), p. 77.

[40] Interview with Charles Scott, Iran Project, Antelope Produtions.

[41] Dwight Eisenhower, *The White House Years: Mandate for Change, 1953 – 1956* (London: Heinemann, 1963), p. 162.

[42] Bill, *The Eagle and the Lion*, p. 87.

[43] John Kifner, "Bitter Hatred-of the Shah and the US-Reunites Iran", *New York Times*, 18 November 1979. The shah had been diagnosed with cancer, and allowed into the United States by Jimmy Carter on humanitarian grounds.

[44] Quoted in Harold Saunders, "The Crisis Begins", in Christopher (ed.), *American Hostages in Iran*, p. 43.

[45] Interview with Michael Metrinko, Iran Project, Antelope Productions. Metrinko was a political officer at the Tehran embassy.

[46] Ibid.

[47] Rubin, *Paved With Good Intentions*, p. 303.

[48] Interview with Ibrahim Asgharzadeh, Iran Project, Antelope Productions.

[49] Oral history interview with Hamilton Jordan, Miller Center Interviews, Carter Presidency Project, 6 November 1981, vol. Ⅵ, p. 81, Jimmy Carter Library.

[50] Moin, *Khomeini*, p. 220.

[51] William Daugherty, "A First Tour Like No Other", *Studies in Intelligence*, 41: 1 – 45, 1998, p. 6.

[52] Quoted in Saunders, "The Crisis Begins", p. 43. Representatives of the State Department are generally more willing to argue that Brzezinski's behaviour in Algiers may have contributed to Iranian conspiracy theorizing than are those who worked for Brzezinski, such as Gary Sick. Sick dismissed the Iranian reaction to the Algiers meeting as opportunism on Khomeini's part, arguing that it provided an "excues" to dismiss Yazdi and Bazargan from the government rather than contributing to genuine fear amongst the revolutionaries. See Sick, *All Fall Down*, p. 222.

[53] Quoted in John Stempel, *Inside the Iranian Revolution* (Bloomington, Indiana: University of Indiana Press, 1981), p. 225.

[54] Quoted in wells, *444 Days*, p. 87.

[55] Ibid. , p. 90.

[56] Daugherty, "A First Tour Like No Other", p. 13.

[57] Scott Macleod, "Can Iran Be Forgiven?", *Time*, 3 August 1998, p. 27.

[58] Ibid.

[59] Amos Tversky and Daniel Kahneman, "Judgement under Uncertainty: Heuristics and Biases", *Science*, 185: 1124 – 1131,

1971.

[60] See Ioannides, "The Hostages of Iran", p. 14.

[61] Bill, *The Eagle and the Lion*, p. 86.

[62] Metrinko, Iranian Project Interview, Antelope Productions.

[63] Sick, *All Fall Down*, p. 8. Another event which may have made the events of 1953 particularly available to at least some Iranians was the publication in 1979 of Kermit Roosevelt's memoir of his central role in the 1953 coup, *Countercoup: The Struggle for the Control of Iran* (New York: McGraw-Hill, 1979). It would be unrealistic to assume that the radical students had all read this book, but at least one of the hostages thinks that the publicity surrounding the book in Iran did have an effect upon them. See Metrinko interview, ibid.

[64] Ioannides, *America's Iran*, p. 107.

[65] Bill, *The Eagle and the Lion*, p. 96.

[66] Marvin Zonis, *Majestic Failure: The Fall of the Shah* (Chicago, Illinois: Chicago University Press, 1991), pp. 144 – 145.

[67] Interview with Ibrahim Yazdi, Iran Project, Antelope Productions.

[68] On this point, see for instance, Amir Taheri, *The Unknown Life of the Shah* (London: Hutchison, 1991), p. 294.

[69] See Jordan, Miller Center interview, Jimmy Carter Library, p. 80.

[70] William, *Mission to Iran* (New York: Morton, 1981), p. 241. Sullivan was rebuffed when he cabled Washington with his view that such thinking was "pure moonshine".

[71] Sick, *All Fall Down*, pp. 164 – 165.

[72] See Fereydoun Hoveyda, *The Fall of the Shah* (London: Weidenfeld and Nicolson, 1980), p. 145.

[73] Interview with Henry Precht, Iran Project, Antelope Productions.

[74] Kenneth Love, "Shah Flees Iran After Move to Dismiss Mossadegh Fails", *New York Times*, 17 August 1953.

[75] See Taheri, *The Unknown Life of the Shah*, pp. 140 – 142. See also Zonis, Majestic Failure, pp. 47, 52, 101 – 103.

[76] Roosevelt, *Countercoup*, p. 161.

[77] Zonis, *Majestic Failure*, p. 101.

[78] See Christopher Woodhouse, *Something Ventured* (London：Granada, 1982), p. 127.

[79] Brzezinski, *Power and Principle*, especially pp. 383 – 398.

[80] Carter, *Keeping Faith*, p. 447.

[81] Quoted in Moin, *Khomeini*, p. 186.

[83] Ioannides, *America's Iran*, p. 108.

[84] James Rosenau, "Pre-Theories and Theories of Foreign Policy", in Rosenau, *The Scientific Study of Foreign Policy* (New York：Nicols, 1980), pp. 115 – 169.

[85] Adeed Dawisha, "The Middle East", in Christopher Clapham (ed.), *Foreign Policy Making in Developing States：A Comparative Approach* (Westmead：Saxon House, 1977), pp. 62 – 63.

[86] Weinstein, "The Uses of Foreign Policy in Indonesia"; Korany, "The Take-off of Third World Studies".

[87] Fred Greenstein, "The Impact of Personality on Politics：An Attempt to Clear Away the Underbrush", *American Political Science Review*, 61：629 – 641, September 1967.

[88] See Moin, *Khomeini*, pp. 227 – 228.

第四章　等待中的对决

11 月 4 日，美国驻伊朗大使馆被学生占领，这让身处华盛顿的美国决策者们大吃一惊。大使馆与伊朗政府的温和派官员都警告过卡特政府，承认巴列维很可能会导致这种情况的出现。实际上，坚持人道主义立场的卡特自己也预测到了这一点。但 10 月 22 日之后这些可怕的警告似乎不再被关注。[1] 在接近两周的时间里伊朗并没有什么事情发生，德黑兰在表面上显得很平静。然而这被证明仅仅是暴风雨来临前的平静。

星期天的凌晨 3 点，国务卿万斯被叫醒，大使馆被占领后的几个小时里，大批顾问和专家聚集在国务院和白宫。美国政府马上召开内部会议，目的是界定这次突发事件的性质以及找寻应对之策。11 月 5 日，星期一，伊朗人质危机后特别协调委员会①召开第一次会议。在这一阶段，美国对使馆被占领的原因以及占领者的身份都所知甚少。[2] 然而，现在清楚的是美国方面很少有人认为整个事件会持续很长时间。加里·希克指出，其实"所有人都是这样想的"。[3] 沃伦·克里斯托夫后来解释道，在以前的案例中，大使馆被敌对势力占领后，当地政府会迅速出面恢复秩序，并将控制权交还给美国。一开始得知大使馆被占领后，吉米·卡特说："我想他们可能是想搞破坏或是进

---

①　特别协调委员会是卡特政府时期的一个外交政策危机管理机构，其成员包括国务卿、国家安全顾问、国防部部长、副总统、参谋长联席会议主席和中央情报局局长，以及其他被认为有必要参与的成员。

入使馆什么的，但我做梦也没想到，当地政府竟然在使馆被占几个小时后都没有到达现场。"[4]希克也指出，"没有人听说过这种案例，使馆被示威者占领，并且不只是几天，这样的事件闻所未闻"。[5]

在伊朗的很多人，包括许多人质，相信整个事情会很快得到解决。美国大使馆的代办布鲁斯·兰根在整个危机期间被困在了伊朗外交部。他回忆道："我和我的同事们当时都认为，这一事件仅仅只是一次象征性的占领，在几个小时后就会以某种方式结束，一切将回到正轨。"[6]领事官员理查德·奎恩说："我当时确信伊朗政府会出面清理现场，这是一次很奇妙的经历，有很多东西值得写信给朋友和家人。在家书中我可能这样写，'今天我们被俘虏了……'。"[7]据使馆里的见习军官乔·霍尔回忆，他"几乎认定有人会带来救援部队，并处理这一局势"。通信专员比尔·贝尔克、经济专员马尔科姆·卡普和首席政治官维克多·汤姆塞思在回忆中都曾有过类似的观点。[8]

这样一致的想法似乎很令人吃惊。为什么所有这些人，不论是在华盛顿还是在德黑兰都同时得出结论，这仅仅是一个会很快结束的插曲，尤其是总统和很多人认为事件会在"几个小时内"结束。一部分的原因是普遍的历史先例，即前面提到的大多数决策者认为，类似的历史个案都很快被解决了。同时历史上也有一些鲜明的案例，造成人们对此次危机不以为然。同年2月14日，发生了一件非常类似的事件，当时一批伊朗暴徒袭击大使馆，并短期控制了整个大楼，这一天后来被称为"情人节开放日"。[9]

大约早上9点30分，大使馆遭到了伊朗武装人员的袭击。这次的袭击者来自伊斯兰革命势力里面的游击队，或是马克思主义派别，不是宣称对袭击负责的伊玛目路线的伊斯兰追随者。当大批持枪者开始翻越围墙时，时任美国大使威廉·沙利文命令保护大使馆的海军陆战队只在自卫时开火，并使用催泪瓦斯使袭击者无法靠近。随着局势的失控，沙利文向伊朗临时政府请求帮助。使馆工作人员把自己锁在具有通信功能的地下室中，并开始销毁文件。当武装袭击者威胁要杀死地下室内的人并焚烧大楼时，沙利文命令使馆工作人员投降。几个小时后，以伊朗外交部部长亚兹迪为首的临时政府当局到达现场。亚兹迪成功地说服了武装袭击者离开大使馆，中午12点临时政府的温和派控制了大楼。

美国使馆的一名警卫肯尼斯·克劳斯在大使馆遭到袭击后不久被暴徒绑架。克劳斯在袭击中受伤，并被带到当地医院进行治疗。随后他被投入监狱，但在美国大使馆的强大压力下被释放。先把这次危机搁在一边不说，2月危机时伊朗政府迅速采取了措施，将激进分子从大使馆赶了出去，并迅速恢复了美国对大使馆的管辖权。[10]亚兹迪回忆说："我当时能够控制局势。我认为新政府有义务保护外国公民的安全，因此我前去解决这个问题，并为发生的事情道歉。"[11]

照此类推，当大使馆在11月4日再次被占领时，几乎每个人都认为这次伊朗人同样会帮助控制局面，帮助美国人恢复管辖权。塔纳回忆说，在11月5日的特别协调委员会会议上，"每个人都认为伊朗人会清醒过来，就如同他们在2月那样，采取行动来解救人质。大多数人认为需要大约几个小时，最多几天的时间就能解决"。[12]在同一天早上召开的高层会议上，汉密尔顿·乔丹告诉那些参会者无须担心人质状况。他说："不要忘记，今年2月发生了同样的事情。我们正在和我们大使馆的外交官，以及伊朗外交部部长易卜拉希姆·亚兹迪和总理迈赫迪·巴扎尔甘商谈。一旦伊朗政府采取行动，他们就会把我们的人解救出来。"[13]

劳埃德·卡特勒总结了决策者们在这个早期阶段共同的感受：

> 一开始，我们的努力当然是……协助伊朗政府夺回大使馆。我们首先想到的是这个情况非常像哥伦比亚随后发生的情况，或是像苏丹发生的恐怖分子夺取大使馆那样，当地政府同你一样对事件表示强烈谴责，并想尽一切可能的办法让它结束。[14]

许多人质显然也想到了 2 月发生的类似事件，因而认为局面会迅速恢复。正如维克多·汤姆塞思在回忆中说道："我们最大的希望是他（伊朗外交部部长亚兹迪）会像 2 月份时做的那样，前往大使馆，最好是带领一支武装部队，让那些人向我们投降。"[15]当时大使馆内的其他人，例如见习军官乔·霍尔和经济专员马尔科姆·卡普也对两次危机的应对措施做出了比较。[16]如果不是所有的美国人，至少是大多数美国人包括卡特、卡特勒、布热津斯基、乔丹和特纳都用最近的类比来"解读局势"，他们得出的结论是，在伊朗发生的事件并不代表着危机。[17]卡特勒回忆说："我们一直认为这只会持续一段相对较短的时间。"另外，万斯指出，"在危机发生的当天甚至第二天，大家都普遍认为一旦伊朗当局进行干预，人质将在几个小时内得到释放"。[18]

事后看来，这种一致的意见不仅仅是自鸣得意，而且是有勇无谋。在一些事件中，2月的类似案例对决策者的心理影响表明，在环境高度不明朗、确切信息较少的前提下，决策者长期以来存在一种固化的心理倾向，这种心理倾向受到2月的类似事件的影响。这也就是说，最近的类似事件会增强人们的认知，并且使人们更容易根据这些事件得出类似的结论。如第三章所述，卡尼曼和特沃斯基已经发现，在不确定性较强的条件下，类似事件的启发作用具有普遍性，即人们更倾向于根据容易获取的记忆来预测未来事件可能的过程。在可对比的条件下，决策者们在实践中似乎更致力于寻求类似事件的共同点，而不是去分析事件的异常性。然而，人质们和美国的决策者们在用2月的事件进行类比时，却忽视了在短短9个月内，当地的政治局势已发生了巨大的变化。伊朗社会中世俗的民族主义势力以临时政府中的巴扎尔甘、巴尼萨德尔和亚兹迪为代表，但由于霍梅尼的回归和神职人员势力的增长，他们的力量在很大程度上被削弱。亚兹迪为释放人质而做出的努力这一次并没有奏效，也不可能奏效，因为伊朗政治的风向标已经转而反对他了。万斯提到，"没有人意识到这群暴徒与宗教极端分子产生了共鸣，也没有人了解到巴扎尔干和亚兹迪的政治权威已经被减弱的事实"。[19]

11月4日和5日，美国的决策者意识到亚兹迪已无力挽回局面，或者不愿意重复2月的做法。11月6日，当大阿亚图拉霍梅尼不仅拒绝帮助夺回大使馆，并且在事实上认可了伊朗武装分子占领使馆的行为时，美国决策者对事件最初的解读被彻底粉碎。在政策制定者们看来，这次事件将从一个突发的小麻烦转变成一个全面的政治危机。现在对峙的双方已经不是美国政府和对1953年政变有怀旧情结的伊朗人，而是美国政府和伊朗政府。

很快有人意识到正在发生的事件和以往美国的外交政策存在相似之处。例如，汉密尔顿·乔丹回忆说，他当时猜测 11 月 6 日是否会是另一个"卡特的越南或马亚圭斯"。[20]但此时此刻在总统和他的绝大多数顾问看来，这次人质危机是一种"前所未有"的情况，历史可能无法提供借鉴。1979 年 11 月 28 日，在人质危机的早期阶段，吉米·卡特称之为人质劫持。

> 这是一次前所未有的特殊事件。在历史上，曾有过我们的人民被恐怖分子抓住或是虐待的情况，也有些国际绑架的案例，但都是出于对民族或政府的不满。据我所知，这是第一次由政府鼓励和支持的劫持行为，我不认为这种事情会再次发生。[21]

从后来诸多人质危机决策者的描述来看，持这一观点的不仅仅是总统。副国务卿沃伦·克里斯托夫也强调了整个事件的"唯一性"，在这个问题上他对卡特的观点进行了回应：

> 虽然在外交界中人质状况并不是前所未有的，但在其他事件中，政府能够及时认识到根据国际法他们有义务保护外国使馆免受本国敌对势力的侵犯。然而，在这里当地政府不仅原谅，更接受了恐怖分子的行为，从而使他们自己成为共犯，这是一种史无前例的、极其令人厌恶的行为。[22]

同样地，斯坦菲尔德·特纳说道："对主权领土的侵犯违背了所有的外交原则。"[23]

11 月 6 日，特别协调委员会和国家安全委员会都召开了会议，尤其是国家安全委员会关于人质问题的第一次全体会议是在当天下午举行的，战线的帷幕在危机中拉开，不是仅仅持续数小时，而是持续了 444 天。国务卿万斯从一开始就明确表示，他赞成通过谈判来解决危机，而国家安全顾问兹比格涅夫·布热津斯基则支持更"强有力"的立场，他最初赞成谈判，但同时希望如果谈判没有迅速产生结果，则需要采取更强硬的行动来支持这一立场。在本次会议及其之前特别协调委员会的会议上，万斯提出了两种方案，希望向伊朗人施压使之释放人质：（1）鼓励伊朗国王离开美国；（2）与大阿亚图拉霍梅尼展开谈判。

相反，布热津斯基更关注可能的军事选择，提出了一些替代方案，其中包括发起恩德培式的救援行动。[24]加上万斯的提议，这实际上给决策者们列出了 7 个选项供其参考：

（1）鼓励伊朗国王离开美国；

（2）与霍梅尼展开谈判；

（3）着手对伊朗进行海上封锁；

（4）对阿巴丹的炼油厂发动空袭；

（5）在伊朗港口布雷；

（6）占领哈尔克岛油库；

（7）展开营救行动。

在这七个选项中，决策者们认为只有选项（2）和（7）在过去被成功地应用于解决人质问题，所以争论迅速集中在这两个选项上也并非巧合。在人质危机的早期阶段，决策者们试图设计与以色列的恩德培救援行动类似的营救行动。正如加里·

希克所指出的："很明显，恩德培行动是一场著名的行动，可以说是救援任务的典范，所以人们理所当然会想到它。"[25] 1976年6月27日，一批巴勒斯坦恐怖分子劫持了一架经由雅典飞往法国的法航客机，其中有103名是以色列公民。被劫持的飞机最后在乌干达的恩德培着陆，人质从飞机上下来后被持枪歹徒劫持到机场航站楼。巴勒斯坦籍人质劫持者要求释放在以色列和其他地方关押的多名恐怖分子，以换取以色列人质的生命，他们威胁说如果不能满足他们的要求，就会炸毁飞机并杀死人质。

在以色列政府内部，伊扎克·拉宾总理和国防部部长西蒙·佩雷斯在努力研究如何解救人质这一令人苦恼的问题。就像在德黑兰事件中一样，以色列政府最初试图与劫持人质者谈判。但很快谈判的方案就被放弃了。人质危机进入第三天时，恐怖分子决定释放所有非以色列籍人质，他们从其他人中被分离出来，这使拉宾和他的顾问们想到了纳粹的"筛选"。[26] 7月3日，距飞机被劫持后还不到一周，在假装继续同劫持者谈判释放人质的同时，以色列突击队发动了一次著名而大胆的救援任务，被公认为是最近类似任务中完成得最成功的行动之一。

一架声称是法国航空波音707的飞机，被用作诱饵来分散机场无线电塔台的注意力，与此同时载有以色列救援部队的四架大力神C-130运输机在机场跑道的末端着陆。为了尽可能接近航站楼，迅速解决劫持者，初期部队乘坐的是一辆黑色的梅赛德斯车，类似于乌干达总统使用的那辆，而恐怖分子正是在他的默许下采取了这次行动。救援人员迅速控制了航站楼，在几乎没有人质伤亡的情况下杀死了人质劫持者。他们安全返回以色列，在国内和国际上获得了巨大的声誉。救援人员无畏的英勇行为很快催生了至少 3 部不同的好莱坞电影，电影中以戏剧性的手法讲述了这个故事，同时造就了大批匆忙写成的叙述这次营救行动的书。20 世纪 70 年代末，大多数美国人当然对这一事件很熟悉，因为它的细节已经被广泛传播。

3 年后，面对如何将人质带出德黑兰这个令人烦恼的问题，布热津斯基在诸多选项中强烈建议选择选项（7），也就是展开营救任务。布热津斯基说，"我不记得我有没有特地提到恩德培行动"，"但我记得，我认为我们需要尽早考虑开展一次救援行动，我想以色列的救援行动可以作为一个参考"[27] 万斯说："我觉得布热津斯基非常坚定地认为，应该考虑采取恩德培行动这件事，是因为他认为这与我们当时在伊朗所面临的情况非常类似。"[28]

布热津斯基在多大程度上认为这两种情况是可以比较的？显然，他意识到没有两种情况是完全相同的，两者之间有着重要的区别。他指出，"没有人认为当时的情况就是恩德培那样，当情形不同的时候我们不能说它就是恩德培，恩德培事件的要点在于有时人们需要做出具有一定风险的决定，并完成它"。布热津斯基认为，以色列的袭击"证明了冒险的价值，这样做固然是有风险，但是有时不去做任何事的代价甚至会高过承担一次风险"。[29] 在 1980 年 4 月解救伊朗人质行动失败后不久，他也提出同样的想法，他说："每个人都知道行动是有风险的，我们还从历史中知道，有时承担一定的风险是必要的。"[30] 很明显，他影射的是恩德培行动。因此，有一个很关键的教训需要吸取：即使两种情况截然不同，但障碍仍然可以被克服。一个与恩德培行动一般有着周密计划的行动，会有一个很好的机会解救人质，维护甚至提高美国的国家荣誉和民族团结。

从这个意义上讲，布热津斯基被恩德培行动的类比性深深吸引。和其他决策者一样，他最初认为大使馆将会很快交还美国管辖。他还借用了一些历史事件的经验表示暂时不考虑军事回应，他提出，"经验表明，在人质劫持的早期，劫持者是最不稳定和好斗的"[31]。然而，他也非常坚定地认为，美国的国家荣誉在危机期间受到了威胁，如果与劫持者就释放人质进行谈判意味着国家荣誉的受损，那么就需要采取更加强硬的措施。布热津斯基很快成为政府内部倡导救援任务的主要发起人，根据德斯特勒、盖尔布和莱克所说，他"提出并且鼓励这一冒险事业"。[32]

据我们所知，恩德培行动是以色列组织的一次军事行动，并没有美国官员直接或间接参与行动的策划。然而国家安全顾问与这次行动的确有某种联系。1976 年 7 月，当时的总统还是杰拉德·福特，而布热津斯基尚未进入政府工作，当时他是哥伦比亚大学的政治学教授，也是当时民主党总统候选人吉米·卡特的外交政策事务顾问。尽管如此，当时人们普遍认为，如果这位佐治亚州州长能够赢得当年 11 月的大选，布热津斯基无论如何都会在未来的卡特政府中担任重要职位。布热津斯基当时已经在积极出国会见外国领导人，非常巧合的是，他不仅在恩德培人质危机发生期间身处以色列，并在以色列决定开始执行行动的前一天晚上，与以色列国防部部长西蒙·佩雷斯在他家中共进晚餐。

那天晚上，佩雷斯参与了以色列政府内部关于人质问题和救援行动演习的讨论。由于晚餐聚会是在几天或几个星期前提前预约的，所以取消餐会可能会引起怀疑，因此活动按计划进行。正如布热津斯基所说："在他家中共进晚餐是一件很私人的、热情友好的事情，但空气中弥漫着紧张的气氛：当我们享用晚餐时，在遥远的乌干达机场约 100 名以色列人质的生命正在受到一帮不计后果的绑匪的威胁。恐怖分子向以色列政府提出要求，而政府显然已做好接受的准备。"

在晚餐中，布热津斯基明确地建议晚餐的主人开展一次营救行动，而不是向绑架者的要求做出让步。他问道："你们为什么不派遣一些突击队员前往乌干达袭击那个该死的航站楼呢？"[33]"我不记得当时我是否提出了一些奇特的策略，或是提出我对如何采取行动的构思，但我记得当时外交部部长，还有我想大概是参谋长的反应。他们两个人都惊呆了。"[34]西蒙·佩雷斯自己看起来"震惊而又疑惑"。布热津斯基回忆说："他们当时的反应就像是晚餐结束了那样，当我回去的时候，我打电话给大使，说'他们要进行救援任务'。然后我对自己说，'好吧，如果他们要做，就让他们继续做，为什么要把事情搞砸，我可是什么都没有做'。几个小时后，我的航班降落在罗马或是其他什么地方，我才得知救援任务已经启动了。"布热津斯基后来发现，佩雷斯和其他以色列官员实际上已经考虑推迟他离开以色列的时间，因为他感觉到"他们将要采取行动了，这也许会被泄露出去"。[35]然而，在对布热津斯基的回应中，当时的以色列国防部部长仅仅列举了一些开展行动的各种困难来搪塞他，试图不留下可能发动突击行动的任何线索。这也许是布热津斯基后来用来敦促总统采取武力解救伊朗人质的策略。

布热津斯基坦率地承认，这一事件可能影响了他对伊朗人质危机的思考。事实证明，突袭恩德培无论在军事上还是在政治上都是一次巨大的胜利，自然而然增强了布热津斯基的信心，让他相信这样的行动在适当的条件和仔细的筹划下是能够奏效的。布热津斯基说："因此，在我的脑海中有某种经验驱使我产生这样的想法，我们应该尽早开始考虑开展救援行动。"[36]

在关于伊朗人质危机的早期会议上，许多讨论不可避免地会与以色列的恩德培行动进行类比。在11月6日的会议上，关于进行军事解救人质的讨论越来越集中，以希克的话说，"讨论得相当详细"。[37]然而，尽管当前的话题是关于恩德培行动与伊朗人质危机的比较，但"类比之后让人立即想到的是这次情况是多么的不同"。[38]国防部部长哈罗德·布朗和参谋长联席会议主席戴维·琼斯对此做出了重要贡献。布朗之前曾与以色列国防部部长埃泽尔·魏茨曼讨论过进行救援行动的可能性，后者对此泼了冷水，认为仅仅凭借恩德培行动与伊朗人质危机的相似性就展开一次军事行动是不现实的。在危机的前几天，据报道，卡特政府的官员们通过中间人要求以色列情报部门对恩德培式行动的可行性进行研究，但报道称魏茨曼表示，"他们想看到一次成功的救援行动绝不可能"。[39]

这显然对美国国防部部长的观点产生了影响。11月6日，在国家安全委员会会议上，布朗明确拒绝将伊朗人质危机与恩德培事件进行比较，认为救援行动需要相当长的时间进行策划，在政府决定展开这样的行动前，需要搜集充分的情报。[40]正如希克回忆所说："我记得在前一次的会议上，整个会议的主题都是恩德培，布朗说他已经和以色列人谈过话，他们说伊朗人质危机不是恩德培，而是一个非常不同的情况。"[41]汉密尔顿·乔丹也有着相似的记忆，他在日记中这样写道："布朗警告说，德黑兰不像恩德培那样，以色列人能够飞到那里，并从人质被关押的机场接走他们的公民。他解释道，我们的人质被关在一个有400多万人口的城市中间，距离最近的机场有9英里。"[42]国防部部长在救援任务失败后再次表达了这种看法，他告诉记者，"德黑兰不是恩德培"。[43]

同样，当轮到戴维·琼斯发言时，这位参谋长联席会议主席指出，德黑兰的局势与恩德培在几个非常重要的方面显现出不同：人质被困在德黑兰大使馆，那里不是一个机场，它位于内陆并且距离任何一个美国军事基地都很远。此外，德黑兰是一个人口稠密的主要城市，而以前的救援行动几乎都是在人烟稀少的农村地区进行的。正如万斯几年后回忆的："参谋长联席会议主席提醒我们，德黑兰市中心跟恩德培机场不是一回事。没有办法在成千上万的示威者游行时让一个救援队进入城市中心，并且在救援过程中不造成人质被杀。"[44]布热津斯基指出，"万斯和克里斯托弗对于任何军事选项的考虑都显得很冷静"。[45]尤其是万斯，他对于恩德培和德黑兰情况在任何实际意义上具有可比性的观点相当抵抗："我认真思考了恩德培事件，我觉得这是一个非常非常不同的情况。非常不同！因此，对我来说，将军事解救人质与恩德培行动相提并论是荒谬的。"[46]

在人质危机的前几天讨论伊朗与以色列的相似性时，戴维·琼斯显然考虑过实施"另一个恩德培行动"的可能性。正如希克谈道，"琼斯将军与恰好在华盛顿的以色列参谋长拉斐尔·艾坦将军共进午餐，他们讨论了进行救援任务的可能性。艾坦将军在仔细研究了使馆处于远离机场的城市位置后，认为在这样的情况下援救任务将比恩德培突袭更加困难"。[47]此外，正如保罗·瑞安所说，"从恩德培和摩加迪沙的突袭中可以得到的有用信息非常有限，他们与在伊朗的救援计划非常不同。[48]这些救援相对比较简单；没有直升机的参与，在敌方领土停留的时间也很短。因此，在没有任何先例可借鉴的情况下，决策者是如何做出军事解救伊朗人质的决定呢？"[49]

然而，琼斯不愿迅速推进军事解救计划，不仅仅与艾坦和魏茨曼的建议有关，也跟他自己 4 年前担任参谋长联席会议执行主席以及马亚圭斯救援任务总规划师的经历有关。1975 年 5 月 12 日，一艘美国商船"马亚圭斯号"在距离柬埔寨海岸约 60 英里以外的国际水域被柬埔寨人扣押。船上 39 名船员被扣为人质；他们被带下船，关押在孔泰岛附近。福特总统和他的顾问们很快决定发动一个大胆的救援行动，然而危机只持续了三天。不幸的是，当突袭发动时，"马亚圭斯号"的船员正在被释放；18 名美国海军陆战队战士死于救援任务，在随后对柬埔寨发动的惩罚性攻击中另有 50 人受伤，还有 23 名空军战士在一次坠机事故中死亡。

"马亚圭斯号"事件以一种特殊的方式被人们记住，不同的分析家们从中得出了不同的经验教训。根据西摩·赫希的说法，这次行动是一场"屠杀"和"悲剧"。另外，福特本人仍然将它视为一次巨大的成功。"'马亚圭斯号'事件是在国家真正需要的时候打的一针兴奋剂……它让我们的敌人知道我们并不是纸老虎。"[50]尽管存在种种分歧，但对福特和基辛格来说，对柬埔寨人的袭击是一个政治上的成功，福特的民众支持率在行动结束后迅速上升，但从军事角度来看确是一个失败。此外，这次失败发生在戴维·琼斯任期内，在处理伊朗问题时，琼斯自然希望避免"另一个'马亚圭斯号'事件"。当然，他这样做并不是为了万斯或是卡特着想，而是出于个人原因。理查德·诺伊施塔特和欧内斯特·梅注意到，在伊朗救援任务的实施阶段，琼斯实际上多次提到"马亚圭斯号"事件："琼斯将军在回顾'马亚圭斯号'事件时，希望它不要被当作救援任务的典型。1980 年，在面对伊朗人质危机时，他坚持控制好时间表，让他的联合参谋部能够统一规划和指挥。在这样做的时候，我们有时也发现他会时不时地明确地提到'马亚圭斯号'事件，及其与伊朗人质的相似性。"[51]

从一开始琼斯对武装营救伊朗人质持悲观态度，他经常会想到"马亚圭斯号"事件，他不愿被推入另一个仓促或不合时宜的行动中。1975 年 5 月 14 日，琼斯参加了国家安全委员会会议，在会议上福特总统决定推进救援行动，但他认为军方需要更多的时间来尽最大努力完成这项工作，这一建议遭到人们的忽视。正如卢森·范登布鲁克所说："琼斯曾表示，在伊朗人质危机上，如果能再等待 24 小时，美国军队将准备得更好，指挥和控制将更加稳固，行动成功的机会将更大。"[52]虽然琼斯担心对人质的下落和敌方采取抵抗的性质缺乏足够的情报，但他"从来没有强烈表达过他的不同意见"。[53]在福特和基辛格的压力下，救援任务在 5 月 14 日而不是第二天被发起。琼斯认为成功不是不可能，但这次任务的确会十分艰难。救援队伍由多种部队参加，必须协调作战，许多关键的部队还没有到位。[54]但福特最终决定立即启动任务。

在伊朗人质危机的各个节点，尤其是救援任务的策划阶段，"马亚圭斯号"事件被间接提到，用来提醒营救行动是存在风险的。正如希克的回忆："尽管'马亚圭斯号'事件不是人们经常谈论的话题，但仍有一些人以'马亚圭斯号'事件为例，认为我们发起救援任务只是为了发现我们应该等待直到人质进入被释放的时候，那时你就应该知道你在做什么了。"[55]琼斯希望不要再出现"马亚圭斯号"事件那样的营救行动，国务卿和总统本人也认可这一点。万斯回顾了"马亚圭斯号"事件的失败，从中吸取到一个更根本的教训，即该事件是政策制定者试图利用军事力量解救人质时可能发生的例子。据称万斯在谈及救援任务时指出："我们最不想要的就是另一个'马亚圭斯号'事件。"[56] 在整个伊朗危机期间，吉米·卡特反复攻击杰拉德·福特在 1975 年下令进行的马亚圭斯营救行动。在 1980 年 3 月的一次采访中，他清楚地表达了这一观点。

> 我从政治层面意识到，短期来看总统采取的行动越激烈就会越受欢迎。当福特总统在"马亚圭斯号"事件中以 40 个美国公民的生命为代价，来解救已经被释放的多名人质时，这被看作一场英勇的行动，并且他作为一个大胆而明智的领导者，地位得到极大提升。这始终是一种诱惑。[57]

在后来的访谈中，他再次批评了福特的军事冒险主义，以及他决定推行马亚圭斯营救行动所造成的人员伤亡。[58]

琼斯总结说，此时在德黑兰展开营救行动"几乎是不可能的"，"快速救援任务的概念基本上被排除在外"。[59] 但卡特总统仍然命令对救援行动做出应急计划，因为他意识到一旦伊朗人开始处死人质或是审判人质，营救计划就是必需的行动。[60] 因此，11 月 6 日，布热津斯基"打电话给国防部部长哈罗德·布朗，并指示他会同参谋长联席会议主席制定一个救援任务的方案"。[61]

据中央情报局局长斯坦菲尔德·特纳说，对于布热津斯基在 11 月 6 日的特别协调委员会和国家安全委员会的会议上提出的其他军事选项，参会者"没有表示出任何兴趣"，他认为原因在于"没有人希望危机一直持续下去"。在特别协调委员会的会议上，哈罗德·布朗列出了各种措施，用来迫使武装分子释放人质。这些措施大多集中在切断伊朗石油供应或阻止其将原油销往海外；美军可以攻占伊朗大部分石油的运出地哈格岛；或者可以轰炸位于阿巴丹的伊朗主要炼油厂；可以从空中击毁伊朗军用战斗机；或者可以在阿巴丹、布什尔和阿巴斯的港口布雷。[62]最后，还可以对伊朗的港口进行军事封锁。

然而，这些方案都没有真正吸引决策者们，可能是因为人们预计危机不会持续下去。此外，决策者们认为，这些措施主要在两个方面不能令人满意。首先，他们认为这些措施都不会直接促成人质被释放。其次，劫持者可能会杀害一些人质，以报复这种惩罚行动。[63]占领哈格岛没有被接受，是因为它可能导致冲突双方的重大伤亡，并且如果伊朗人向苏联寻求帮助，还可能使苏联卷入进来。根据推测，在伊朗港口布雷可能会产生类似的影响，并被视为战争行为，简单的海军封锁也可能导致这样的后果。另一方面，如果其他行动都以失败告终的话，轰炸炼油厂被视为可采取的纯粹"惩罚性"措施。[64]

在这个阶段，据我们所知，总统本人在当天上午的特别协调委员会会议上进行了一次比较。斯坦菲尔德·特纳建议将美国军舰"中途岛号"航空母舰驶到伊朗海岸附近，如果需要军事打击伊朗，美国将有所准备。这个想法并没有得到多少支持，但这个问题在下午的国家安全委员会会议上再次被提出。然而，卡特拒绝了特纳的想法，间接提到了前一年发生的事件。正如特纳回忆：

　　总统提醒了我们1978年底发生的一个事件。当时很明显伊朗国王遇到了很大的麻烦，总统将一架警戒状态的航空母舰从太平洋调入印度洋。该命令很快被泄露，全世界都清楚地知道，我们认为伊朗国王深陷困境，美国正在聚集军队。这只会使伊朗国王面临的问题更加严重。此时总统显然不愿承担与先前相似的失败风险。[65]

从特纳的描述来看，我们很难搞清楚，卡特从 1978 年事件中吸取到了什么样的经验，以及在卡特的预期中，将"中途岛号"驶近伊朗海岸会产生何种结果。在他的比较中，伊朗国王对应的人是谁？显然，卡特不会担心动摇霍梅尼的统治，也许他把"美国政府"或"人质"影射成"伊朗国王"。最可能的解释是，卡特担心第二个命令的泄漏会将人质的生命置于危险之中。然而，类比不是目的，实际运用才是重要的。相当清楚的是，如此困难重重的营救任务明显缺乏任何近期的类比作为"基础"。由于恩德培的类比作用被削弱，目前来看没有其他类比事件和政策偏好可以采用。

赛勒斯·万斯不赞同政府内部普遍存在的观点，即这次人质危机是一个"前所未有"的事件。正如他后来所说："那些事情以前发生过……过去在大西洋的这一边，我们的使馆也曾被占领或是发生过人质被困的事件，所以这不是第一次。"[66]在伊朗危机开始时，两个特别的案例跃入万斯的脑海：1968 年的"普韦布洛号"事件和 1949 年的安格斯·沃德事件。万斯在他的回忆录中写道：

我坚定地认为，一旦伊朗人达到了政治目的，人质将被安全释放。我在两个相似的事件中得出了这一结论，在这些案例中美国人也被扣为了人质。它们发生在第二次世界大战结束之时，我们在奉天（沈阳的旧称）领事馆的工作人员被扣为人质的安格斯·沃德事件，以及"普韦布洛号"事件。[67]

1968 年 1 月，在林登·约翰逊担任总统期间，朝鲜人抓获了一艘美国间谍船，即美国军舰"普韦布洛号"，并扣留了船上 83 人作为人质。人质一直被关押，直到当年 12 月经过全面谈判后才被释放。为了使船员得以释放，在板门店的美国谈判人员同意签署一份奇怪的认罪书，但同时公开否认其有效性。总统和国防部部长克拉克·克利福德都不认为使用军事手段是一个可行的选择，朝鲜有着强大的军事实力，并与苏联签署了一项防务条约，这意味着美国的军事打击可能引起苏联人的参与，并且至少可能付出代价高昂的人员伤亡。其他替代方案，如进行海上封锁，在元山湾布雷，直接向朝鲜发动进攻，用美国战斗机威胁他们或是用另一艘情报搜集船代替"普韦布洛号"，都因代价太大或无法达到释放船员的目标而被否决。[68]

"普韦布洛号"事件与德黑兰危机不同的是，前者没有涉及美国大使馆被占领。然而，更为直接的一个先例是安格斯·沃德事件，这是在杜鲁门任期内发生的一次事件。时任美国驻中国沈阳领事馆总领事的安格斯·沃德与他的妻子，以及领馆工作人员在中国滞留了近一年，从 1948 年 11 月持续到 1949 年 11 月。最初，美国暗中采取了一些手段来迫使中国人尊重传统惯例，但谈判让美国人失望。[69] 如同三十年后的伊朗人质危机一样，沃德被卷进了复杂而不稳定的政治局势，这种局势随时会出现重大革命，他发现自己处在中国内部的党派斗争的中心。到 1949 年 5 月，当地权力机构开始指控沃德及其随行人员从事间谍活动，他们随后以参与行凶和间谍活动的罪名被关进监狱。他们最初被判监禁，后来改为驱逐出境，危机随即结束。[70] 尽管使用军事手段营救沃德最终被否决，但在危机的早期阶段，愤怒的杜鲁门总统也考虑过这一方案。由于公众要求行动的压力不断增加，杜鲁门最初想到了进行一次军事救援行动，然后提议对中国实行海上封锁。然而，所有军事选项很快就因不切实际或可能导致敌对行动大幅度升级而被排除。

万斯在谈及与"普韦布洛号"事件的比较以及关于卡特对它的看法时说，"我记得很早我就向总统提及了'普韦布洛号'事件"，可能是在伊朗人质危机中的最初几天。[71] 此外，万斯与布热津斯基、布朗、乔丹还有总统在 1979 年 11 月 9 日的外交政策早餐会上讨论了这一类比。在那次会议上，万斯在"定义（伊朗人质危机的）形势"和提出解决方案时，把"普韦布洛号"事件的策略提出来。国务卿首先发言，列出了迄今为止为了实现人质的释放所做的努力。布热津斯基接着发言，提出总统的最高职责和责任是维护"我们国家的荣誉和尊严以及外交政策利益"，而不是保护人质的生命。"在某些时候，更大的责任可能比我们的外交官的安全更加重要……如果他们在感恩节仍然被囚禁，那对你这个总统和美国在世界上的形象来说意味着什么？"[72]

万斯显然不同意布热津斯基的观点，正如乔丹汇报说，"人质被劫持了短短五天"，"我们正在处理伊朗的这个动荡且混乱的局面，谈判是使人质得到释放的唯一办法。总统和这个国家最终将会被这样评价，在面对挑衅时保持克制并使得人质安全返回"。他主张，"我们必须不断寻找方法来联系霍梅尼，和平解决这个问题。他重提了'普韦布洛号'事件，虽然这一事件困扰着约翰逊政府，但最后事件在没有造成人员伤亡的情况下得到体面的解决"。[73]

万斯在"普韦布洛号"人质危机中的直接经验,有助于解释为什么他坚定地不断反对任何形式的救援行动,以及为什么其他人都愤怒地反对时他仍然如此热衷于外交方案。1968 年,在"普韦布洛号"事件发生时,万斯曾被派往韩国作为约翰逊总统的特使。虽然万斯没有直接参与当时在板门店关于释放人质而进行的谈判,但他让韩国人平静了下来。他成功地劝阻朴正熙总统进攻朝鲜,以报复"普韦布洛号"事件和最近发生的总统官邸青瓦台遭到朝鲜袭击的事件。美国收到的情报指出,朴正熙正在考虑对北方进行军事报复,但万斯成功地说服他不要卷入这一事件或是关于人质问题的谈判,因为万斯和约翰逊"认为在这一阶段让韩国卷入谈判会危及谈判的成功"。[74] 11 年后,在处理伊朗危机时,万斯想起"普韦布洛号"事件是一个很好的例子,可以证明通过顽强的谈判能取得何种效果的例子,因为在"普韦布洛号"事件中美国人质最终在没有使用武力的情况下安全返回。实质上,万斯认为,伊朗国王下台后,人质被伊朗的某些团体作为控制伊朗不可或缺的政治工具,由此推理美国人质可能是安全的。一旦在这一进程中"获胜者"出现,政治解决将被提上日程,伊朗人不再需要这些俘房,因而会释放他们。

"普韦布洛号"事件对万斯产生了重要影响,他在思考德黑兰危机时心里很清楚,"普韦布洛号"事件"让我意识到这不是一个以前没有发生过的一次性事件,它与 1979 年伊朗人质危机的困难情况很相似,只是发生在另一个场合的类似事件"。在他看来,"普韦布洛号"事件的主要教训是:

尽量小心谨慎地努力实现一种没有流血冲突的解决办

法，特别是在押的人质没有伤亡的情况下。当我看电视、读报纸，看见发生的事情时，我显然会时不时想到这一点，随着时间的推移，我越来越相信，正确的事情就是做我们正在做的事情，即不使用武力。[75]

在德黑兰危机的早期，万斯还提醒卡特注意安格斯·沃德事件与伊朗局势之间的相似之处。正如万斯后来写道：

> 沃德事件与伊朗的人质扣押有很多相似之处，在参谋长联席会议交给杜鲁门总统的建议中，备忘录里明确反对使用军事力量。在人质被劫持后不久，我就把这份备忘录的副本发给总统。我深信随着时间的推移，对人质人身伤害的可能性会逐渐降低。[76]

万斯提到的备忘录最初是由杜鲁门的参谋长联席会议主席奥马尔·布拉德利递交给当时的国防部部长。仔细看看这份文件（后来出现在万斯的回忆录[77]中）会发现这两种情况确实展示了一些惊人的相似之处。

由参谋长联席会议主席布拉德利递交
国防部部长约翰逊的备忘录

华盛顿，1949 年 11 月 18 日

以下是参谋长联席会议对您的口头提问做的回答，关于国防部将如何行动来协助国务院使安格斯·沃德先生从奉天脱离困境。

（1）国防部将以很小的风险和代价协助国务院，将国务院

委任的代表经由海上或空中运送至已获得外交许可的任何地点，以帮助安格斯·沃德先生从沈阳撤出。

（2）其他军事替代方案包括由美国政府进行军事威胁，表现出即将采取行动的意图，或是直接在这种情况下采取必要的军事行动。这两个行动方案军事影响意义深远，他们将会详细考察。

（3）沈阳，是沃德先生的被困处，隶属于位于北京的中国共产党政府。据情报人士透露，沈阳也是中共军队的总部。

（4）根据1945年"中苏条约"赋予的权利，苏联在大连和旅顺建立了潜艇和水面舰艇的作业设施。相当数量的满洲货物从大连出口；少量货物从渤海和朝鲜海湾的满洲港口出口。美国与满洲没有明显的贸易往来。

（5）认为政治考虑可能影响所涉及的军事考虑。这种政治考虑包括警告的性质和对政权的考量（联合国或适当认可中国民族主义政府），在这种情况下军事行动可能会启动。然而，无论政治考虑如何，广义上讲只有两种可能的军事行动方案：

a. 采取强制措施，将安格斯·沃德先生从沈阳救出；

b. 军事补偿。

（6）将沃德先生从沈阳撤离，需要部署足够的兵力，从海上或空中强行登陆，在满洲开辟出路。或者需要采取秘密行动，从羁押地强行带走沃德先生之后，从满洲撤走。强行登陆并将沃德先生从羁押地救出需要在任务初期就有足够兵力，以确保在各种意外情况下取得成功，而这种兵力可能会超出目前可用的兵力。实施这种军事行动将会涉及与地区武装发生冲突，也可能与军队发生冲突。因此，这种行动很可能导致与中共政府的公开战争。此外，尤其是鉴于苏联在满洲的战略利益和苏联部队在大连港和旅顺港地区的存在，苏联有可能会卷入进来。鉴于上述考虑，公开的美国军事行动有可能导致全球战争的发生。据了解，从满洲将沃德先生从羁押地救出所需采取的秘密行动超出了美国政府的秘密行动能力。对于解救沃德先生的公开或秘密行动，他是否能存活下来还很难说。此外，秘密行动即使成功，将无法维持美国领事代表和国民受到尊重的一贯形象，而且可能被解释为默认沃德先生有罪。

（7）第二个行动方向即军事补偿，它包括进行报复或采取某种形式的制裁，例如禁运或封锁。

（8）由于在美国没有中共政府的外交代表，所以简单的报复是不可能的。然而，可以通过秘密绑架一个或多个满洲政府的高级官员来实现报复。即使这种行动在美国秘密部队的能力范围内，这一行动将在美国国际关系中树立一个人们很不愿意看到的先例。由于美国无法公开承认是自己批准秘密部队进行这种不友好的行为，秘密行动也不能为沃德先生的救援提供一个行之有效的基础。此外，这种性质的报复不会改变满洲政府羁押沃德的决定，更不用说谈判交换人质。此外，我们的秘密行动或我们随后的报复可能会危及其他在中国共产党地盘的美国人的安全。

（9）报复性劫掠需要扣押或破坏满洲或其公民的财产。由于美国并没有满洲的财产，报复行为不得不直接涉及对满洲的军事行动，这仍可能导致战争。

（10）美国对其实施禁运将是徒劳的，因为满洲没有与我国或受我国影响的国家之间的贸易。

（11）非战时封锁。非战时封锁是一个或多个国家针对另一个国家港口建立的封锁，来迫使其满足某些要求，而没有发动战争的意图。规则是只扣押其港口被封锁的国家的船只。美国从未成为非战时封锁的缔约国。

一般认为：

a. 非战时封锁是除战争以外的合法强制手段；

b. 参与封锁的各方需承担封锁造成的后果；

c. 作为一项政策，通常建议诉诸非战时封锁，以避免宣战；

d. 没有参与非战时封锁的国家不需要遵守封锁义务。

目前，英国控制着进入中国港口的较大比例的船舶。他们不会受到美国宣布进行非战时封锁的影响。

（12）封锁。封锁通常只在战争时期使用，建立封锁通常被视为交战行为。它影响航运而不顾国籍。毫无疑问，被认可的封锁将是有效的。这将涉及胁迫英国同意或事先与英国达成协议进行封锁，最终可能需要足够的力量来对抗在远东的苏联海军和空军。

鉴于上述考虑，参谋长联席会议最终认为，通过直接军事行动以协助国务院将安格斯·沃德先生从困境中解救出来可能会导致战争，而且行动本身无法确保他及时、安全地被救出。然而，他们指出国防部可以为美国派去进行释放人质谈判的代表们提供适当的交通方便，还可以考虑指定一名军官，例如第七舰队司令，在当地就释放沃德先生进行谈判。

参谋长联席会议主席：

奥马尔·N. 布拉德利

这两个事件之间的几个相似之处值得引起读者的注意。像伊朗的人质一样，沃德卷入了一场革命后的权力斗争，其中他扮演的角色是一个无助的马前卒。与德黑兰俘虏一样，他被指控进行间谍活动。在前去沈阳就职之前，沃德曾驻扎在德黑兰，这也是美国外交历史上具有讽刺意味的事件之一。但最明显的相似之处在于两个事件之间的军事或战略共性。就如同伊朗的案例，杜鲁门总统愿意采取救援行动，但奥马尔·布拉德利得出结论：（1）由于人质的位置，救援行动将是极其困难的；（2）"实施这种军事行动将会涉及与地区武装的冲突，也可能是与军队的冲突"；（3）"苏联不被卷入进来……的可能性是极其渺茫的"；（4）"秘密行动即使成功，将无法维持美国一贯的领事代表和国民受到尊重的形象"，换句话说，中国人很有可能通过逮捕其他美国公民来对此行动做出回应。

在决定对伊朗人质进行营救行动之前和之后，万斯都重复表达了相同担忧。比如布拉德利担心，在沃德事件中，如果美国在这样一个政治敏感地区从事军事行动，那么苏联可能会介入。万斯认为，在伊朗人质危机中，营救行动无论成功还是失败都可能会将伊朗推入苏联一方；他还担心，即使行动成功也可能会对美国产生适得其反的作用，因为伊朗可能会绑架更多的美国人质作为替代品。万斯认为，这样的事情很有可能发生，因为许多美国媒体的代表那时都在德黑兰安营扎寨。

在奉天被劫持的人质数量大大小于德黑兰事件中的人质数量，但万斯感到这种差异实际上增强了类比的适当性，因为如此多的生命现在处于危险之中，所以对待伊朗人质危机需要更加谨慎。

（在伊朗人质危机中）我们面对的不是沃德事件里的1个人，而是50多人的问题，在我们救出13个人之前有约

60 人。[78] 所以我们面对的情况是很多人可能会失去生命。因此，在某种程度上考虑使用武力变得更加的困难。[79]

在接下来的采访中，加里·希克不自觉地想起了在决策者的商议中用过这种类比，虽然他不能肯定这是否对参与者的思维产生了影响。根据希克的回忆："伊朗人质危机发生后，我们都想到了这件事（沃德事件）。人质危机发生的那个早上，没有人说'啊！这就像是那次发生的事情一样'。过了相当长的时间后，才有人提到这件事。"[80]然而，事情可能的确像这位非国务院工作人员所说（希克当时受雇于国家安全委员会），万斯显然从危机开始的第一天就想到了这一类比。他回忆说："我之前听说过。"虽然他现在不记得什么时候想到沃德事件的细节，但这确实是他早期熟悉的一件事，他也很快想到了这件事，而不是在德黑兰危机开始后需要别人提醒他注意的一件事，或是国务院官员在危机开始后才匆忙寻找的案例。他坚持说："我知道这是突然蹦入我脑海的事情之一。"他认为，"普韦布洛号"事件和安格斯·沃德事件对他思考德黑兰危机产生了深远的影响，他也相信当总统读过备忘录并亲眼看到相似之处后，"它也确实影响到了"吉米·卡特。[81]正如布海特指出的，"布兰德雷（对1949年沃德事件）的研究，是对人质危机中政策可行或不可行的第一次系统评估。因此，它对未来困境的回应进行了预测，也指出了整个二十世纪国家所面临的两难境地"。[82]

万斯回忆说沃德事件的确吸引了高层决策人士的关注，吉米·卡特在12月中旬时就已经意识到安格斯·沃德事件这一先例，因为他在1979年12月13日公开提及这一事件，而此时是危机发生后的第 9 天。当时，卡特说："我重读了它的历史，甚至包括在白宫内的私人备忘录。"他还指出，"杜鲁门总统曾请求参谋长联席会议和其他机构分析，如何能够在必要时通过实质行动使我们的大使及工作人员获释，但他们并没有那样做，最终大使被释放了"[83]。

但布热津斯基认为，卡特在被别人提醒前根本就没有意识到沃德事件的类比性。然而，国务卿对于沃德事件的积极游说确实使总统意识到了这一点，因为卡特至少两次在公开场合提到了该事件对他的思考产生了影响，而这些都有记录可查。除了 12 月 13 日总统将伊朗危机和沃德事件进行比较外，在 1980 年 4 月 19 日的记者招待会上，卡特说，他仔细研究了之前的三次危机以便从中吸取经验教训，其中包括 1949 年的沃德事件：

> 采访者：总统先生，我们现在谈谈伊朗问题，我想知道当您评估在伊朗采取什么行动时，你是否将其与历史上的类似事件进行过对比，如"普韦布洛号"事件或是"马亚圭斯号"事件等？
>
> 总统：我研究了有生以来所有发生过的美国人质被绑架的事件，包括杜鲁门总统在任时在蒙古发生的事件，福特总统在任时发生的"马亚圭斯号"事件，还有约翰逊总统在任时发生的"普韦布洛号"事件，以此来了解他们如何做出应对和所取得的成效，以及与直接或间接参与控制人质的国家打交道过程中所涉及的法律问题。[84]

由于没有进行详细的类比和计划，吉米·卡特一直有一种观点，他相信可以通过与霍梅尼进行谈判来使人质被释放。例如，卡特最初可能推断他与霍梅尼都有宗教信仰，这一明显的相似点使他可以洞察霍梅尼的性格，并在此基础上与霍梅尼"合作"。在一开始，他可能用美南浸信会教士的性格特点来看待霍梅尼。有人想过也许这样的印象可能会导致他犯下与哈里·杜鲁门在最初与斯大林交易中所犯下的类似错误。正如黛博拉·魏尔奇·拉森所说，杜鲁门最初错看了斯大林，因为他认为斯大林与自己以前的党派领袖汤姆·彭德格斯特相似。她提到了"角色"构建，这是一个心理范畴，即人们将不熟悉的个体放到一个构建的角色中，从而简化他们对于该个体的理解并与之相处。[85]

不管有没有这种初始印象所产生的影响，卡特似乎从一开始就对沃德、普韦布洛和伊朗事件的相似之处印象深刻。然而，对于其他几个决策者来说并不是这样，至少有两个人明确认为普韦布洛–沃德策略在这次事件中不能够再次被使用。在11月9日的早餐会上，兹比格涅夫·布热津斯基认为，"普韦布洛"和安格斯·沃德事件牺牲了美国的利益和国家荣誉。当天上午，万斯建议选择"普韦布洛号"事件的策略时，布热津斯基的反应是强烈的，他指出："那花费了一年的时间！"[86]这位国家安全事务助理将约翰逊政府将"普韦布洛号"事件的反应视为一次失败，因为它花了这么长时间才将人质带回，这次遭遇让美国在很多国家面前失去了"脸面"。布热津斯基回忆说："我不认为重复'普韦布洛号'事件的策略是可取的。我不想看到电视上每晚的焦点新闻都是人质危机的第142，第143，第144天。我也不认为到那时我们还能够忍受这一切。"[87]换句话说，万斯的建议政治成本太大，因而不能简单地"等待"。20世纪80年代早期，前国家安全顾问雷金纳德·罗斯·史密斯在一次采访时说道：

布热津斯基指出，"普韦布洛号"事件和伊朗的情况是非常不同的，因为围绕伊朗人质危机的宣传和随之而来的要求卡特政府采取行动解救人质的压力都不一样。他认为媒体没有对普韦布洛表现出同样的兴趣，主要是因为媒体的关注点都在越南发动的春节攻势上。[88]

白宫办公厅主任汉密尔顿·乔丹甚至比布热津斯基更明确地指出，选择"普韦布洛"策略可能造成不利的政治结果。当布热津斯基反对以"普韦布洛号"事件作为指导战略时，乔丹对他表示支持，并补充说在"普韦布洛号"危机期间"约翰逊并不处在再次竞选活动之中"。[89]乔丹的言论清楚地暗示，如果进行更长时间的谈判，林登·约翰逊也承担得起这个政治代价。这个观点很奇怪，因为事实上当"普韦布洛号"在1968年1月被俘获时，约翰逊正处在当年的竞选活动之中。根据布热津斯基的说法，乔丹在11月9日的外交政策早餐会时又说："如果拖了那么长时间，你就不用再想着会有第二个任期了。"[90]

中央情报局局长特纳似乎对于选择"普韦布洛"策略也有所反对。除非总统直接问他，特纳在危机期间一直避免发挥"支持"的作用。正如当时特纳的副官弗兰克·卡卢奇所说："试图进行救援……不是我（或是斯坦利）能够支持或反对的，因为在卡特政府中，中央情报局在某种程度上被局限于一个非政策角色；我们从来没有被问到是赞成还是反对某一特定的政策决定。"[91]最初，在探索可用的军事策略时，特纳甚至被排除在秘密会议之外，但他自己坚称他参与了讨论。

然而，特纳对人质危机的描述清楚地表明，他确实有自己的政策偏好，相对于外交手段而言他更倾向于军事选项。他认为尽管"普韦布洛号"事件是一个坏的先例,伊朗人质危机不应该选择它的策略,但在没有其他现实选择的情况下,当局可能被迫遵循这个先例。当卡特明显试图通过和平谈判的方法来使人质获释时,特纳私下认为:

> 林登·约翰逊试图通过外交手段争取"普韦布洛号"船员的释放,我们来看看他做的一些毫无意义的努力。他呼吁各个国家和各个组织代表我们进行调解……他与韩国人接触,希望安排一个"普韦布洛号"船员与被关押在韩国的朝鲜军事囚犯之间的交换。他曾要求国际法院做出裁决并由若干第三方从中进行调解。没有一件起到了作用。[92]

特纳在当时似乎没有表达这种意见,至少没有在官方场合表达过。由于他在伊朗人质危机早期阶段没有参与政策制定,他对这个问题的看法在决策阶段可能也没有起到什么作用。然而,这说明了反对与"普韦布洛号"事件进行类比几乎贯穿了伊朗人质危机的每一个阶段。尽管有这些反对,总统似乎在一段时间里选择了"普韦布洛号"事件和安格斯·沃德事件的策略,虽然他似乎从来没有完全相信它们的长期适用性,并且他对人质及其家属的人道主义关切使他不愿像约翰逊一般,在漫长的等待后才救回人质。显然,卡特自己的信仰体系使他倾向于和平解决危机,这实际上意味着以某种方式与伊朗人展开谈判。[93]随着恩德培类比被弱化,"普韦布洛号"事件和安格斯·沃德事件在事实上赢得了"类比之战"的胜利,因为似乎没有切实可行的替代方法。其他军事选择也被卡特否定,因为"双方可能有相当大的人员伤亡,因而是不切实际或不可能成功的"。斯坦菲尔德·特纳解释说，"我们几乎不得不考虑卡特的策略，他的策略是不冒失的外交压力与耐心的谈判相结合"。[94]同样，就像万斯自己承认的那样，卡特对"普韦布洛号"事件类比的接受度，"显然被参谋长联席会议一开始的决定增强了"。[95]同样，很显然对于那些没有直接参与"普韦布洛号"事件和不了解安格斯·沃德事件的人，是不会像国务卿那样愿意从这两个事件中吸取经验教训的。

注释

[1] Carter, *Keeping Faith*, p. 463.

[2] The SCC was a foreign policy crisis management group used by Carter to handle problems which cut across the interests and concerns of the individual Departments. Its members included the secretary of state, the national security adviser, the secretary of defence, the vice president, the chairman of the Joint Chiefs and the CIA director, and other members were added as and when this was deemed necessary. Its meetings were chaired by Zbigniew Brzezinski.

[3] Zbigniew Brzezinski, *Power and Principle*, p. 477; Gary Sick, Interview with the author.

[4] Interview with Jimmy Carter, Miller Center Interviews, Carter Presidency Project, Jimmy Carter Library, 29 November 1982, p. 38.

[5] Ick, Interview with the author.

[6] Bruce Laingen, *Yellow Ribbon: The Secret Journal of Bruce Laingen* (Washington, DC: Brassey's 1992), p. 13.

[7] Quoted in Wells, *444 Days*, p. 85.

[8] See Wells, *444 Days*, p. 44 (Hall), p. 49 (Belk), p. 62 (Kalp) and p. 78 (Tomseth).

[9] The phrase "Valentine's Day Open House", comes from Daugherty, "A First Tour Like No Other".

[10] Turner, *Terrorism and Democracy*, pp. 20 – 24.

[11] Interview with Ibrahim Yazdi, Iran Project, Antelope Productions.

[12] Turner, *Terrorism and Democracy*, p. 29.

[13] Hamilton Jordan, *Crisis: The Last Year of the Carter Presidency* (New York: Berkley, 1983), p. 15.

[14] Loyd Cutler, Exit interview, 2 March 1981, Jimmy Carter Library, p. 16.

[15] Quoted in Ells, *444 Days*, p. 78.

[16] Both are quoted in ibid. For Hall, see p. 44 and for Kalp, p. 62.

[17] Cutler, Exit interview, p. 17.

[18] Vance, *Hard Choices*, p. 375.

[19] Ibid. This was also, as noted earlier, a different revolutionary faction. This was significant, since the Fedayeen did not enjoy the same level of support in Iran as the followers of Khomeini did.

[20] Jordan, *Crisis*, p. 19.

[21] Jimmy Carter, "The President's News Conference on November 28 1979", Public Papers of the President, 1979, p. 2167.

[22] Warren Christopher, "Introduction", in Christopher and Kreisberg, *American Hostages in Iran*, p. 1.

[23] Stansfield Turner, interview with the author.

[24] Turner, *Terrorism and Democracy*, p. 31.

[25] Gary Sick, interview with the author. For a theoretical analysis of the decision to mount the Israeli operation, see Maoz, "The Decision to Raid Entebbe".

[26] Unlike the African American and female hostages released early on in the Iran hostage crisis, the non-Israeli hostages were able to furnish the rescue planners with details about the location of the other hostages. The Tehran hostage takers, for whatever reason, decided to keep many of the hostages in separate rooms, which prevented them being of much help to the Carter administration's rescue planners.

[27] Zbigniew Brzezinski, interview with the author.

[28] Cyrus Vance, interview with the author, New York City, 14 February 1995.

[29] Brzezinski, interview with the author.

[30] Zbigniew Brzezinski, interviewed on ABC's "Issues and Answers", 27 April 1980.

[31] Brezinski, *Power and Principle*, p. 477.

[32] I. M. Destler, Leslie Gelb and Anthony Lake, *Our Own Worst Enemy: The Unmaking of American Foreign Policy* (New York: Simon & Schuster, 1984), p. 224.

[33] Brzezinski, *Power and Principle*, p. 84.

[34] Ibid. ; Brzezinski, interview with the author. William Stevenson also tells the story of Brzezinski's visit in *90 Minutes at Entebbe* (New York: Bantam, 1976), pp. 56 – 57.

[35] Brzezinski, interview with the author. Interestingly, Daniel Patrick Moynihan-then US ambassador to the United Nations-was also dining with one of the rescue mission's planners-Foreign Minister Yigal Allon-that night. Allon apparently did as good a job as Peres at keeping his American guest in the dark about the imminent operation. See Stevenson, *90 Minutes at Entebbe*, p. 57.

[36] Ibid.

[37] Gary Sick, "Military Options and Constraints", in Christopher et al. , *American Hostages in Iran*, p. 145.

[38] Sick, interview with the author.

[39] Terence Smith, "Putting the Hostages' Lives Frist", *New York Times Magazine*, 17 May 1981, p. 78. Sick refers to a meeting between Brown and "a high Israeli official intimately associated with the Entebbe rescue operation", in Christopher et al. , *American Hostages in Iran*, p. 145. Stansfield Turner has confirmed that there was definitely "communication going on" between the Carter administration and the Israelis at the time, although he did not participate directly in this (Turner, interview with the author).

[40] Sick, "Military Options and Constraints", p. 145; see also Carter,

Keeping Faith, pp. 459 – 460 and Powell, *The Other Side of the Story*, pp. 225 – 226.

[41] Sick, interview with the author.

[42] Jordan, *Crisis*, p. 43.

[43] Harold Brown statement to reporters on 25 April 1980. See " Secretary Brown's News Conference, April 25 1980 ", US Department of State Bulletin, 80 (June 1980), p. 41.

[44] Quoted in Smith, "Putting the Hostages' Lives First", p. 78.

[45] Brzezinski, *Power and Principle*, p. 482.

[46] Vance, interview with the author.

[47] Gary Sick, *All Fall Down*, p. 425.

[48] The latter is a reference to the successful October 1977 rescue of the passengers of a Lufthansa airliner by a German anti-terrorist unit. The plane hand been hijacked and flown to Mogadishu, Somalia.

[49] Ryan, *The Iranian Hostage Rescue Mission*, pp. 25 – 26.

[50] Seymour Hersh, *The Price of Power: Kissinger in the Nixon White House* (New York: Summit books, 1983), p. 639. Ford is quoted in Walter Isaacson, *Kissinger: A Biography* (New York: Simon and Schuster, 1992), p. 651.

[51] Neustadt and May, *Thinking in Time*, p. 65.

[52] Lucien Vandenbroucke, *Perilous Options: Special Operations as an instrument of US Foreign Policy* (Oxford: Oxford University Press, 1993), p. 82.

[53] Ibid. , p. 163.

[54] Richard Head, Frisco Short and Robert McFarlane, *Crisis Resolution: Presidential Decision Making in the Mayaguez and Korean Confrontations* (Boulder, Colorado: Westview Press, 1978), p. 118.

[55] Sick, interview with the author.

[56] See *Newsweek*, 12 May 1980, p. 38.

[57] Quoted in *Washington Post*, 29 March 1980, p. A13.

[58] See Reginald Ross Smith, " A Comparative Case Analysis of Presidential Decision-Making: The *Pueblo*, the *Mayaguez* and the Iranian Hostage Crisis ", unpublished MA dissertation, Emory

University, Atlanta, 1984.

[59] Sick, interview with the author.

[60] Jordan, *Crisis*, p. 242.

[61] Brzezinski, "The Failed Mission: The inside Account of the Attempt to Free the Hostages in Iran", *New York Times Magazine*, 18 April 1982, p. 28.

[62] Turner, *Terrorism and Democracy*, p. 32.

[63] Sick, "Military Options and Constraints", p. 145.

[64] Ibid. , pp. 145 – 146.

[65] Turner, *Terrorism and Democracy*, pp. 34 – 35.

[66] Vance, interview with the author.

[67] Vance, *Hard Choices*, pp. 408 – 409.

[68] Russell Buhite, *Lives At Risk: Hostages and Victims in American Foreign Policy* (Wilmington, Delaware: Scholarly Resources, 1995), p. 149.

[69] Ibid. , p. 120.

[70] Ibid. , p. 131.

[71] Vance, interview with the author.

[72] Jordan, *Crisis*, p. 36.

[73] Ibid. , pp. 36 – 37.

[74] See Cyrus Vance, second oral history interview, Lyndon Johnson Library, Austin, Texas, 29 December 1969, p. 15.

[75] Vance, interview with the author.

[76] Vance, *Hard Choices*, p. 408 – 409.

[77] Ibid, pp. 498 – 500. See also *Foreign Relations*, 1949, vol. Ⅷ, pp. 1007 – 1019.

[78] A reference to the thirteen original hostages who were released early on in the hostage crisis, all of whom were black or female.

[79] Vance, interview with the author.

[80] Sick, interview with the author.

[81] Vance, interview with the author.

[82] Buhite, *Lives A Risk*, p. 132.

[83] See Jimmy Carter, Public Papers of the President, 1979, p. 2242.

[84] Jimmy Carter, Question and Answer session with reporters from Pennsylvania, 19 April 1980, Public Papers of the President, pp. 744 – 745.

[85] Larson, *Origins of Containment*, p. 178.

[86] Jordan, *Crisis*, pp. 36 – 37.

[87] Brzezinski, interview with the author.

[88] Ross Smith, "A Comparative Case Analysis of Presidential Decision-Making", p. 109.

[89] Jordan, *Crisis*, pp. 36 – 37.

[90] Brzezinski, interview with the author.

[91] Frank Carlucci, personal correspondence with the author, 11 March 1994.

[92] Turner, *Terrorism and Democracy*, p. 37.

[93] Carter, *Keeping Faith*, p. 459. These options included a bombing of selected Iranian targets, a naval blockade and mining the Iranian harbours.

[94] Turner, *Terrorism and Democracy*, p. 60.

[95] Vance, interview with the author.

第五章 决策时刻：人质营救行动

很明显，吉米·卡特最初支持了国务卿的早期谈判策略。正如加里·希克指出，除了少数的例外，在危机爆发的最初两个月里，国务卿万斯和国务院在美国的决策中占据主导地位。[1] 万斯成功地说服了卡特，认为行政部门需要多一点耐心，等待最终会产生效益。万斯和卡特利用林登·约翰逊在"普韦布洛号"事件早期的逐级威胁的策略，这在托马斯·谢林经典研究《军备与影响》 (*Arms and Influence*) 中被描述为"逐级胁迫"。[2] 在这种策略下，如果一步没有达到预期的目标，下一步会采取更激进的措施，虽然过程比较缓慢但危机的阶段会不断升级直到达到理想目标。在 11 月 23 日召开的国家安全委员会上，卡特概述了他的策略，包含了一系列升级的步骤，他用"谴责、威胁、断交、在三个港口布雷、轰炸阿巴丹市、全面封锁"这些词来形容他的战略。[3] 理查德·科塔姆指出，这种讨价还价的策略是很平常的，没有理由相信卡特政府明显地采用了谢林模式。[4] 然而，可能还有另外的解释，理查德·科塔姆没有提到，也就是决策者可能简单接受了"普韦布洛号"事件的教训。至少，卡特政府的行为跟约翰逊政府的政策保持了一致性。就像约翰逊那样，卡特最初也没有使用武力，而是寻求三方调解，把问题提交到联合国，并派遣航空母舰到这个区域。

1983 年 2 月，卡特在与雷金纳德·罗斯·史密斯一起接受访谈中承认，"普韦布洛号"事件对他的策略产生了一定的影响。

当他把伊朗的情况与"普韦布洛号"事件和"马亚圭斯号"事件相比较时，他表示，他认为自己已经遵循约翰逊的策略保持克制，而且努力通过和平的方式去获得美国人质的释放。[5]然而，根据万斯的判断，普韦布洛案例对伊朗人质危机的影响是很宽泛的，没有具体的影响对于决策者如何行事没有提供一个高度细节化的蓝图，"我想它顶多就是一个值得我们学习的普通经验"[6]。

在谈判阶段，卡特的方法有着不同的形式。最初，这个策略是派一些人直接与霍梅尼和他的随从对话。很显然，这就涉及要派一个忠于美国的使者，但是谁能看上去足够"独立"可以获取双方的信任。在 11 月 5 日召开的特别协调委员会的会议上，在万斯的鼓动下，决策者同意派遣两名使者——司法部前部长拉姆齐·克拉克和情报委员会主任议员威廉·米勒——去伊朗谈判释放美国人质。[7]伊朗当局拒绝承认克拉克和米勒作为谈判者，卡特采取了一系列的措施向伊朗增加外交压力。11 月 12 日，卡特命令暂停从伊朗进口石油，两天后命令美国官员冻结了伊朗在美国银行拥有的全部资产。11 月 29 日，美国要求联合国国际法院命令伊朗释放人质。这个方法用来向伊朗增加影响力，从而增援万斯和国务院即将开展的谈判工作，就像卡特后来呼吁联合国安理会对伊朗加强经济制裁一样。

美国做了大量的尝试去跟伊朗的革命者谈判。在谈判的轨道上，卡特与万斯做了所有他们能想到的事情，这与卡特想要维护美国的荣誉和营救人质归国的目标是一致的。正如加里·希克所说，美国发布了海量的信息、请求、声明、个人特使、谴责，以及世界各地政府和个人的决议，连续不断地造访各个地方的伊朗官员和代表。[8]他们的大量努力在很多的著作中都有所论述，但不在本书讨论的范围。[9]许多文献都讲到了各种谈判的方式和渠道，其中值得注意的是瓦尔德海姆方式、科塔姆渠道，还有与和白宫办公厅主任汉密尔顿·乔丹有关系的所谓的"法国路径"等。

在 12 月 28 日特别协调委员会的会议上，决策者决定对伊朗施加经济压力，万斯为此在 12 月份出访欧洲，希望获得支持。在收获甚微之时，美国请求联合国秘书长库尔特·瓦尔德海姆去德黑兰谈判解决人质危机，至少看看是否有机会展开谈判。最后，霍梅尼拒绝接见瓦尔德海姆，就像他对待克拉克和米勒一样。用特纳的话说，霍梅尼不仅通过拒绝尔瓦德海姆来表达对联合国的蔑视，而且秘书长认为他的生命两次受到了暴民的威胁。[10]1979 年 10 月，在瓦尔德海姆到达伊朗之前，伊朗媒体公布了一些图片，显示他曾与沙赫交谈。因此，当他到达伊朗时，街头到处是游行示威的人，他只能在游行队伍中艰难地开辟出一条路，而且他被拒绝与人质对话。他带着震惊返回纽约，在到达美国后他表示"很高兴能回来，尤其是活着回来"。[11]

当瓦尔德海姆的尝试失败后，通过政治学家理查德·科塔姆联系伊朗的方案被提出，科塔姆是美国匹兹堡大学研究伊朗问题的专家，也曾为美国中央情报局（CIA）工作过，20 世纪 50 年代在美国驻伊朗大使馆工作。在 11 月 5 日举行的特别协调委员会会议上，科塔姆最初被考虑为出使伊朗的人选，但由于当时特纳支持他的候选人，所以最终选择了克拉克与米勒。霍梅尼被流放在巴黎的时候，科塔姆与霍梅尼见过面，而且科塔姆还是伊朗外交部部长萨迪格·格特卜赞德的朋友，也是易卜拉欣·亚迪兹的朋友。在很多方面来看，科塔姆很明显是最能有机会与伊朗直接对话的人。1979 年 12 月，科塔姆到伊朗旅行，与格特卜赞德进行了直接对话，并通过电话将伊朗的形势向国务院汇报。但与格特卜赞德的对话没有任何结果，科塔姆回到美国后继续在他匹茨堡的办公室与格特卜赞德电话交谈。1980 年 1 月，总统的总参谋长与科塔姆在匹兹堡机场见面，但是这个时候形势已经变得明朗，科塔姆的方式与其他方式一样无法解决人质危机。[12] 虽然国务院仍然继续咨询科塔姆，但是科塔姆已经不再是美国政府与伊朗之间的联系人了。[13]

1980 年 1 月底，卡特政府开始尝试其他的渠道。一条看起来很有希望的谈判渠道已经开展工作，汉密尔顿·乔丹通过两个中间人与伊朗进行谈判。这两个人是汉密尔顿·乔丹很早时候在巴拿马运河事件中认识的。其中一位是克里斯蒂安·布尔盖，他是一名法国律师；另一名是赫克托耳·维拉龙，是一名阿根廷商人。这两个人被伊朗的外交部部长巴尼萨德尔以及后来代替他的萨迪格·格特卜赞德授权，代表伊朗政府进行释放人质的谈判。由于布尔盖和维拉龙都在法国，这个渠道就是被后来大家所熟知的"法国路径"。他们跟乔丹制定出一个看起来很简单易懂的计划，按照这个计划美国要同意建立一个联合国特别调查团，调查巴列维国王统治伊朗时所犯下的罪行。这个计划是要为伊朗提供一个让他们诉说不满的平台。当这个委员会建立起来之后，其成员可以被允许去探望那些人质。一旦这个委员会发布了报告，那些人质就会被释放。尽管联合国委员会同意组成这个委员会，但是从来没有允许探望人质，而且在 3 月初这个计划就破产了。

科塔姆和布尔盖 - 维拉龙渠道存在的问题是，伊朗临时政府的温和派们没有处理这件事情的权威。出于很多原因，伊朗总统和外交部部长格特卜赞德看上去都相信，劫持美国人质并不是一个好主意。尽管如此，谁也不能成功地从革命卫队的手中把人质转移到新成立的政府手中，而这是解决人质危机的前提条件。

这个计划的流产使卡特陷入巨大的沮丧中。正如希克所述，在国务院的哈罗德·桑德斯的协助下，乔丹与那两个中间人开了约 100 个小时的会议，最终都徒劳无功。[14] 现在问题不是希望重复的努力通过谈判解救人质，而是在于多次的努力没有取得任何具体的成果。有好几次看上去人质就要被释放了，但最终卡特的所有希望都化为泡影。卡特失望地说："很显然革命委员会永远都不会行动，不管我们做出多少努力，伊朗选举产生的领导人多么努力，人质将不可能被释放。"[15] 另一方面，万斯看上去并不像卡特那样沮丧。因为万斯认为"普韦布洛号"事件和沃德事件的主要经验还是有必要等待。由于人质事件对霍梅尼来说具有重要的国内政治意义，所以美国在人质危机事件所做的努力被断然拒绝也是合乎情理的，这也的确是预料之中的。因此万斯的策略并不是仅仅依靠与伊朗激进分子建立谈判渠道。他认为这个事件的关键在于等待，等到人质事件在伊朗国内再也没有太大作用的时候。

正如美国中情局局长斯坦菲尔德·特纳指出，万斯的方法需要相当大的耐心。但很快就发现，另一些决策者在接受谈判途径解决人质危机时表现得很勉强，他们不打算像普韦布洛案例那样一直等待。特纳提出，"我们不想等到伊朗回归理性，我们想要行动"[16]。早在 12 月 1 日，决策集团中的一些成员早就等得不耐烦了。美国国防部部长哈罗德·布朗向总统提交了一份备忘录表达了自己的观点，他指出某种形式的军事行动也许可以避免再等待。布热津斯基也向总统施压，希望采取更强硬的行动，也要求更快的行动。[17]

伊朗人质危机逐渐超出总统控制的范围，也肯定慢慢推动卡特在人质危机上来越强硬。总统竞选活动的开始，使得卡特政府的工作人员对其连任前景表现出极大的担心，美国民众要求对伊朗采取直接行动的压力也越来越大。[18]此外，1979 年 12 月，苏联入侵阿富汗对卡特政府的顾问们也产生了影响，改变了他们制定战略的环境。当然这个事件不会改变卡特的世界观，特纳注意到卡特在人质危机上的态度并没有因为苏联入侵阿富汗有特别的转变。[19]但是这个事件可能在布热津斯基和万斯之间已经造成了严重的不平衡，前者的观点越来越受到支持，从而将间接地改变对之前建议类比的选择。[20]"普韦布洛号"事件类比意味着温和的方法在处理国际关系事务时看起来很幼稚，就像开始了第二次冷战一样，而布热津斯基的侵略性主张现在看上去更合时宜，他主张警惕苏联扩张主义的建议更有预见性。

策划营救行动

11 月 6 日，总统指示布热津斯基去准备一个营救计划，而且这个计划要切实可行，一旦劫持者开始杀害人质，这个计划就可以马上实施。如果挟持人质者开始杀害人质，这个计划可能变成一个实用性的营救计划。策划营救行动迅速在国家安全委员会和特别协调委员会的范围展开，委托成立了一个很小的临时小组。这个小组由布热津斯基（美国国家安全事务助理）、戴维·琼斯（美国参谋长联席会议主席，上将）、哈罗德·布朗（美国国防部部长）、斯坦菲尔德·特纳（美国中情局局长）组成，副总统蒙代尔偶尔也参与。然而，第一天策划者们就陷入了最直接的问题：参谋长联席会议在制订计划时没有一个标准的行动程序可以借鉴。就像理查德·加布里埃尔提到的，人质危机的突然爆发出人意料，没有军队应急计划去处理这种情况。[21]除了最近几年的营救行动，如 1970 年的越南山西行动和 1975 年的马亚圭斯营救行动外，美国军队没有策划过其他行动，参谋长联席会议也没有一个机构可以处理这样的人质危机。就像加布里埃尔所说，这也意味着"一旦决定要去执行一个军事行动，整个机构都得从零做起"。[22]

尽管参谋长联席会议针对营救任务没有建立起相应的工作程序，但是已经有一个现成的救援团队：三角洲特种部队。这支特种部队创立于 1977 年，是对摩加迪沙营救行动的快速反应部队。它是模仿德国反恐大队和英国空军特种部队建立的。三角洲特种部队的指挥官是不循常规的陆军上校查尔斯·贝克维斯。1962 年他在英国空军特种部队借调了一年，他很早就主张在美国军队中创建一个类似的部门。然而，20 世纪 70 年代中期以色列和德国营救行动的成功给美国造成了一种政治压力，在这种压力下美国创建了三角洲特种部队。1977 年 10 月 13 日，德国汉莎航空公司的客机在飞往法兰克福的途中被巴勒斯坦的恐怖分子劫持。恐怖分子要求释放大量的巴勒斯坦囚犯，并且命令飞行员飞往罗马，飞机上的人质主要是联邦德国人。在全球的很多机场停了几次后，飞机最终停在索马里的首都摩加迪沙机场。德国政府得到索马里政府允许进行营救行动后，10 月 17号德国的反恐队突袭了摩加迪沙机场。这次突袭非常成功，恐怖分子被击毙，并且没有一个人质丧生，只有少数几个受了伤。

成功的营救行动得到了国际赞誉。吉米·卡特对摩加迪沙营救行动印象深刻，而恩德培事件发生时，他还是一个总统候选人。10 月 18 日，总统在备忘录中告诉布热津斯基和布朗，让他们找出联邦德国和以色列是如何展开有效的反恐措施的。卡特建议他们去询问那时联邦德国的总理赫尔穆特·斯密特以及以色列总理梅纳赫姆·贝京是怎么做的，并要求他们发展相似的美国突袭能力。[23]一个月后三角洲特种部队诞生了。

到 1979 年 11 月，三角洲特种部队已经训练了将近两年。然而，在针对伊朗人质营救行动训练中有一个问题，那就是他们太依赖摩加迪沙的方法了。马丁和沃尔科特认为：

> 到 1979 年，三角洲特种部队已经准备了不同的人质解救情景……他们（越南山西行动和马亚圭斯营救行动）有一个共同点，这些事件都发生在国外，东道国的政府邀请三角洲特种部队来结束僵持状态。这个所谓“被允许的环境”的模型就是德国反恐大队在摩加迪沙的行动。三角洲特种部队从来没有在“不允许的环境”中行动，就像以色列在恩德培遇到的情况一样，东道国政府与恐怖分子相联合。因此，（在伊朗人质危机上）对摩加迪沙模型的偏好是一个基本的错误。[24]

摩加迪沙事件是美国三角洲特种部队诞生的原因之一，也使贝克维斯倾向于摩加迪沙模式，但事实证明这个模式有一个问题，即营救者将在德黑兰面临一个完全不同的环境，伊朗政府看上去似乎与人质劫持者是一伙的。如果三角洲特种部队受到德黑兰的“邀请进入”伊朗，那就没有问题了。

很奇怪，在最早制订军事行动计划的时候，策划小组通过历史类比急着制订计划来指导这次行动。我们仍然不知道策划者制订这个计划的全部考虑，但营救行动开始后，他们制订计划的逻辑思路就进入了公众的视野。一个很有用的线索就是特别行动审查小组，该小组是在 5 月份营救计划失败后由海军上将詹姆斯·霍洛韦主持成立的。与 CIA 相比，这个小组缺乏后者对猪湾行动失败的调查深度和广度。在伊朗人质危机上，特别行动审查小组的调查信息非常有限，但对行动失败后的剖析包含了许多有用的细节。[25]自 1980 年以来，许多研究者被允许采访了许多计划小组成员，很多东西拼接起来有助于我们了解到底发生了什么。[26]

根据斯坦菲尔德·特纳所说，在策划营救任务时，决策者至少面临四个主要问题：第一，我们怎样将营救队伍运送到那里；第二，怎么将营救队伍带离那里；第三，我们需要知道他们的下落，他们在大使馆的什么地方；第四，我们怎样做好保密。[27]除了这四个问题，突袭大使馆本身也是一个问题。接下来，我们就依次阐述这些问题。

(1) 营救队伍进入和离开

在讨论军事选项和规划营救行动的秘密会议上，四人小组讨论的问题不可避免地集中到如何克服德黑兰与恩德培之间的不同之处："机场问题"，也就是营救部队没有着陆地方的事实。很明显，在营救计划进行之前，这个问题需要让人相信它已经解决了。布热津斯基指出，我们的目标远离美国本土，离美国控制下的基地也很遥远，而且直升机通常也不能用于远距离的攻击任务。虽然如此，军队依然要去克服这些困难。[28]

随着营救计划的展开，显然使用远程直升机是能让营救力量不被发现地进入和离开伊朗的唯一办法。但是没有办法加油的话，远距离的突袭任务是不可能完成的。一开始，策划者考虑把营救部队分批偷运进伊朗，这个计划是以之前的一个伊朗营救行动为模板，这个成功案例是在得克萨斯州的亿万富翁即后来的美国总统候选人 H. 罗斯·佩罗指挥下完成的。1979 年 2 月，伊朗伊斯兰革命开始后不久，电子数据系统公司主席佩罗指示要营救关在伊朗监狱的两名员工。据报道，这个营救团队包括中情局以前的成员，他们利用假护照一个一个进入了伊朗的机场。在这两名员工被揪出来前不久，一伙革命者攻击了这个监狱。据描述，佩罗出钱让当地的伊朗人挑起事端作为转移注意力的策略，然后方便人质逃跑。他们通过贿赂边境守卫顺利逃出。

然而并不是所有人都接受对这个事情的描述，斯坦菲尔德·特纳认为，确切地说，这件事一开始的确对政府营救人的计划产生了影响。[29] 就大使馆的位置而言，这两件事情具有一定的可比性，人质都是被关在有守卫看守的大楼。正如佩罗的方式——救援力量通过机场和秘密通道依次进入伊朗，伊朗人质危机的计划者有好几天真的在考虑采取相似的方式把营救部队投入伊朗。11 月 11 日，人质被抓的一周后，佩罗被召集来与军队官员秘密商谈制定可能性的营救方案。特纳和琼斯与这个著名的商人，还有参与营救任务的雇员们，一起讨论卡特政府如何能重新使用他们成功的救援策略。[30] 根据特纳所说，"罗斯和他的人认为，如果我们想把军队送入伊朗，我们要先详细研究它的领土边界，购买武器，然后等待合适的时机攻击大使馆，救出人质"[31]。然而，不久大家开始明白，伊朗人质危机营救的规模很大，人员很多，要尝试仿效佩罗的策略最终都会以灾难告终。尤其是，有很大可能性营救人员的身份会被伊朗官方通过护照认出来，伊朗必定会留意任何可疑的美国人。一个很实质性的问题是，一旦人质获救，营救人员与人质怎么离开伊朗。佩罗是把他的员工装到卡车里以走私的方式运送出伊朗的，但这次如何突袭大使馆然后把这么多人运出伊朗完全是另一回事。但正如特纳所说，"我们从佩罗事件中得到了一些经验"。特纳认为，尽管佩罗的方法被否决了，"相比于最终采取的更直接的军事行动，佩罗的秘密方式还是有一定的作用"[32]。

11 月 12 日，策划小组积极建议将三角洲特种部队按照佩罗建议的方式投放到伊朗。但这个营救计划不可避免会受到别的力量与别的经验的影响。其中一些经验似乎来源于恩德培行动，他们通过公开的军事方式，而不是秘密的隐蔽行动来进行营救。如果要从恩德培行动吸取经验，那么其中有一个看上去很小却很重要的细节，那就是如何将美国人进行伪装，逃出伊朗。据称，1976 年，为了让以色列军队到达乌干达恩德培机场候机大厅时不被发现，突袭机场的营救先锋们乘坐了一辆黑色的奔驰车，这辆车看上去像是乌干达总统伊迪·阿敏使用的车，而阿敏是挟持者的合作者。救援者到达候机楼后用安装了消音器的手枪杀死了机场外面的守卫。营救者的脸都是蒙面的，他们装扮成乌干达守卫，他们携带的手枪和 AK – 47 步枪和乌干达军队使用的相似。[33] 依此类推，如果伊朗人质营救计划到了后面的阶段，救援团队逃离时使用的直升机如何被伪装成伊朗军队的直升机是一个问题。马丁和沃尔特指出，停在尼米兹号航母上的 8 架直升机，其中 7 架被用伊朗的风格绘成了棕色。[34] 此外，1982 年《华盛顿邮报》对卡特的军事顾问进行了采访，据报道称，美国在伊朗的代理人和三角洲特种部队也都穿上伊朗的军队制服。他们希望大使馆周围产生巨大的混乱，制造假象，让人以为军事袭击者是伊朗军队在对付救援人质或者是政变的企图。[35] 正如查理·贝克维斯讲述的那样，攻击大使馆的方法明显的让人想起恩德培行动。贝克讲道："在晚上11点到半夜，精选的一组行动者将开着日产皮卡来到大使馆，携带装有消音器的手枪，断掉两个岗哨，干掉在罗斯福大道上巡逻的卫兵。"[36]

恩德培事件和伊朗人质危机有很多的不同之处，也有很多相同之处，恩德培事件很多地方的经验都被轻易地照搬到伊朗人质危机上。当然，这不仅仅包括将美国的直升机伪装成伊朗的直升机，乘坐小汽车接近大使馆，使用消音器手枪。由于恩德培事件对布热津斯基产生了影响，他很有可能会把从原始情境中学到的经验搬到现在的事件中。伊扎克·拉宾和梅纳赫姆·贝京以前的顾问雷哈瓦姆·泽维认为，德黑兰任务失败的真正原因是，"营救计划缺乏想象力，与乌干达恩德培的以色列人质营救模式太相似"[37]。

策划小组面临的另一个主要问题是，寻找可以让营救团队在伊朗落脚的地方。执行任务的直升机需要一个补给燃料的地方，因为不加油的话它们无法完成这么远距离的任务。一开始，策划者认为伊朗内恩镇外的一个飞机场是最好的补给地点。然而，这个飞机场仍然在使用中，在营救团队达到之前美国将不得不先控制这个地方。很快他们就意识到，这个阶段遇到的很多问题不能保证作战的保密性，不能做到出其不意，而这对行动的成功至关重要。最终策划者又确定了另一个地方，这次是在伊朗卡维尔沙漠里。据报道称，CIA 在巴列维时期曾在这个沙漠的延伸地带修建了一个基地，这个地方非常平坦、足够坚固适合飞机降落。[38]它还有一个优势就是无须使用武力去占领它。就像后来大家所知道的，"沙漠一号"行动并不是一个完美的选择，因为策划者确定的这个沙洲被伊朗的机动车定期使用的一条主要公路一分为二。但是策划小组的成员们似乎认为这个选择相对来说受到的安全风险会少一点。这个地方被选为营救力量的初步着陆地点，在前往重要地点行动前的燃料补给地。

（2）定位人质

最初，营救计划缺乏可信赖的情报，如人质具体在大使馆的哪个位置。一个主要的问题是 CIA 在伊朗的高级情报人员本身就是人质，因此情报联系必须从头开始建立。可以理解这需要时间，与此同时收集人质具体位置的精确情报也需要时间。正如斯坦菲尔德·特纳所说，在这里有一个重要的问题，那就是要知道人质是否还在大使馆，如果在，他们具体在哪个位置。我们仍然记得 1970 年美国对越南山西战俘营的袭击行动非常完美，但最终却失败，原因就在犯人们根本不在监狱里。[39]

山西监狱行动是在 1970 年 11 月尼克松总统在越南战争期间下的命令。军方的策划者花了 6 个月的时间制订了一项营救计划，营救关在越南监狱的美国战俘，尼克松在 11 月 18 日通过了这个计划。这个战俘营地位于敌占区的深处，距离河内 20 多英里。根据军方提供的情报，大约 70 个美国飞行员被关在那里。这次任务的主要情报来源于国防情报局而不是依赖于美国国家安全局或者中央情报局。[40]11 月 20 日，营救小组驾驶直升机从泰国的一个基地飞往山西监狱。据报道。这次计划执行的非常出色，正如卢西恩·范登布鲁克说的那样，这次突袭本身非常完美，营地周围的越南武装抵抗力量也被成功说服保持中立。[41]但当营救小组发现战俘营已经空空如也，人质也被转移走的时候，非常失望。

特纳认为，对于伊朗人质营救计划的策划者们来说，越南山西事件是可以类比的，正如他们所讨论的，人质下落的可靠情报非常重要，但他又补充说："我不是说我们已经把越南山西事件讨论得很充分了。"[42]越南山西事件被看作是把CIA踢出情报圈的一个显著性的例子，布热津斯基在伊朗事件上仍然想尝试这样做，依靠国防情报局而不是CIA获取情报。毫无疑问在CIA内部也有人对1970年事件发表一些看法，有人将越南山西事件与伊朗人质危机进行类比，引起了特纳的注意。加里·希克本人没有直接参与越南营救任务的策划，但他指出，"在人们的心目中另一个重要的类比线就是，越南的营救任务执行得很成功，但当他们到达那里发现那里一个人都没有的时候彻底傻了眼"[43]。

　　事实上，营救小组的三角洲特战部队的一员、CIA之前的少校理查德·梅多斯曾直接参与越南山西行动计划的制定和执行。媒体对他在伊朗人质危机解救行动中的作用多少有些夸大了。特纳指出，梅多斯是在伊朗营救行动真正开始前几天才进入德黑兰的，用他的话来说，"梅多斯用了几周的时间去推进计划，且几乎搞砸了整个行动"[44]。然而，情报部门花费了很多的心血去搜集信息，打探人质的具体下落，希望不要重蹈（越南山西行动的）覆辙。[45]

　　高科技具有一定的优势，卫星在空中拍摄了许多大使馆建筑物的照片。然而，所有的这些告诉策划者的仅仅是这个建筑物依然存在。一个参与者指出，"我们有无数的关于大使馆屋顶的镜头，只要你想知道大使馆的任何外部情况我们都能详细地告诉。但我们没有办法知道建筑物里面的具体情况"[46]。用特纳的话说，有些情报的搜集只能依靠人力进行，但1980年1月，CIA振振有词地指出，所有的美国人质都在大使馆内。[47]

最后一些非常重要的情报竟然来源于非凡的运气。在营救行动
开始前不久，一个 CIA 的情报人员乘坐国际航班的时候偶然遇
到一个之前曾在美国大使馆工作的巴基斯坦厨师，那天早上还
为大使馆的人质准备了早餐。这个人知道人质在大使馆的位置，
为筹划营救团队执行任务补充了许多信息。"有些人认为我们伪
造了这个故事"，"但是它确实是真的"，特纳开玩笑说道。[48]
进行武力营救的决定到这时已经做了很长时间的准备，这些信
息至少给了营救团队自信，让他们相信这次任务并不是另一个
山西事件。

（3）任务保密

正如霍洛韦指出的那样，行动策划者对作战保密问题非常
担心。他们时常担心制订的计划有可能会被泄露出去。事实上，
关于策划者对这方面的担心的描述有点轻描淡写了，因为营救
任务失败后的调查分析发现，他们对保持作战保密的要求近乎
疯狂。例如霍洛韦团队发现：

> 他们对作战保密问题的担忧表现在所有层面上，贯穿
> 了任务制定、训练和执行的整个过程。一开始，战队的成
> 员被要求行动绝对保密。营救任务被严格的划分；计划的
> 审核评价由参与计划过程的人执行；通常个人仅限于知道
> 他们自己所需承担的任务信息。[49]

特纳说，策划小组在整个过程中保持着"过分的保密"，
在任务的起步阶段几乎变得有些偏执了。[50]霍洛韦指出，这种
过分担心的一个结果就是，这让所有参与者感到有压力，因此
将团队保持在最小范围以减少计划泄露的风险。[51]过分保密也

导致了人们不愿意将他们制订的计划让外围专家进行审查和监督，营救部队也从来没有进行营救行动的全面演习，原因也是因为如果这么做，在营救还没开始前计划会有被泄密的风险。

过分强调保密导致布热津斯基打算组建四人小组去执行营救计划。事实上，最初的小组甚至比这个规模还要小，布热津斯基最初打算绕过斯坦菲尔德·特纳，不让 CIA 参与，只依靠国防情报局。用特纳的话说，当他发现自己被判出局时，他很生气。他告诉布热津斯基，这"让我无法履行自己的职责"，他坚持自己应成为策划小组的一员。布热津斯基同意了这一点，这个小组就这样渐渐地扩大了。[52] 然而在整个计划的过程中，所有的特别协调委员会和国家安全委员会都避免对军事选择进行真正的讨论。有关讨论是在一个积极保密的环境下进行的，仅有少数政府内部人员知道。这个措施有效地保持了行动的保密性，它的主要缺点在于那些主张谈判解决的人如国务卿万斯一直被排除在计划之外，直到营救计划已经制订完成。

关于这次营救失败的评论很多间接提到了这些不足之处，但是很少解释为什么这次事件对作战保密如此重视。很清楚的一点是所有的营救任务策划者都非常关心任务的秘密性，但是霍洛威和他的同事发现伊朗人质危机的解救行动过分强调行动的保密性。在先前的营救任务中，越南山西营救行动就是个很好的例子，例如营救小组被允许作为独立的单元在单一的地方接受训练，在讨论选择军事行动时没有在卫兵守卫下进行，也没有仅仅集中在白宫讨论。为什么这帮行动策划者认为安全考虑会妨碍营救行动呢？

毫无疑问，关于这个问题的答案是很复杂的，但至少考虑到这个问题的优先部分原因可能是布热津斯基将伊朗人质危机与恩德培事件进行比较得出的结果。国家安全顾问们从 1976 年恩德培事件吸取的最主要的经验是保密和出其不意。很明显，在德黑兰营救任务失败后，当布热津斯基为在德黑兰袭击行动仅使用了少量直升机进行辩护时，他提到了恩德培营救行动，并将其与伊朗人质营救行动进行类比，认为先前的营救案例给此次营救行动的策划者们提供了信息。布热津斯基指出，"有人认为参加营救任务的直升机应当增加两倍，但如果伊朗发现大规模的机群飞过伊朗的领空，会发现我们的任务，毫无疑问也会因此指控美国，因此我们在制订计划时倾向于以色列在恩德培的行动模式"[53]。

布热津斯基解释道，将人员和装备最小化的原因在于，"如果不那样的话，你就不能保证行动的秘密性。恩德培营救任务能成功的一个很重要的因素，即是保密和出其不意。如果我们派遣一个直升机机群到那里，我们行动的机密性就不能保证"。他指出，他不打算出动大规模的直升机群，而是保持数量较少的直升机，是从恩德培成功突袭事件中获取的经验。

同样地，五角大楼的官员当时讨论的时候也认为，空中直升机数量越多，营救队伍到达预定目的地之前暴露的可能性就越大。有趣的是，在伊朗营救任务失败后，西蒙·佩雷斯也极力为美国仅用 8 架直升机参与行动的决策进行辩护。他告诉美国《时代周刊》杂志的一个记者，"进行像这样的一个行动，必须满足装备的最小化，如果你有太多装备，就会毁掉整个事情"[54]。在辩护中，佩雷斯很明显是从恩德培行动吸取的经验，这一点与布热津斯基很像。同时，并不是所有参加过恩德培行动的人都支持这样做。例如伊扎克·拉宾认为，德黑兰营救行动失败原因在于计划不充分，雷哈瓦姆·泽维认为这个计划在某种程度上缺乏想象力，因为它从恩德培营救行动借鉴了太多的经验。[55]简而言之，恩德培的很多经验教训对很多人的观点产生了影响，霍洛威这些观点在行动策划者中普遍存在，即是"保持绝对安全对获得出其不意的效果非常重要"[56]。

（4）袭击大使馆

据我们所知，到目前为止，行动策划者几乎很少关注攻击大使馆问题本身，这个问题好像被丢给了美国参谋长联席会议与三角洲特种部队去处理。根据特纳的陈述，相对来说需要克服的主要问题是，营救队伍如何进入伊朗并从伊朗出来。国防部部长哈罗德·布朗在任务失败后做了清楚的解释，行动策划者认为袭击大使馆在整个营救任务中是最容易的阶段。正如从1980年4月25日召开的新闻发布会上做的节选内容所述：

采访者：鉴于约有150名全副武装的伊朗军队守卫的大使馆，你们怎样保证在没有大规模流血冲突的情况下把人质救出来？

国防部部长：我不打算讨论我们没有实际执行的营救行动的任何细节，我是说参谋长联席会议一直在评估这个计划，我也进行了评估，团队本身也非常确信这部分是整个营救行动中他们最自信的地方。

大多数人会认为，攻击大使馆本身应当是最难的阶段，营救团队进入伊朗的过程相对而言是最容易的。然而，布朗和行动策划小组的其他成员的观点恰好相反。例如，布热津斯基和琼斯在3月22日召开的国家安全委员会的一次重要会议上表达了自己的观点，"救出人质也许是整个行动中最容易的部分"[57]。为什么行动策划者对最后一个阶段如此自信呢？

我们对这个问题知之甚少，因此我们的很多答案只能是猜测。有一种解释认为这与 CIA 的营救准备工作相关。例如，他们获得了伊朗温和派对营救行动的支持，同意在美国袭击行动中保持中立。我们一直都知道，CIA 曾招募了一个伊朗团队帮助美国在伊朗的军事行动。我们也知道理查德·梅多斯被派去监督伊朗的这些特工，去找一个藏身之处和一些卡车可以把营救人员运进城里。据埃米尔·塔赫里所述，这个当地的营救小组"有四个空军军官曾在得克萨斯州的圣安东尼奥培训过，还有 25 个被革职了的帝国卫队成员，他们相信他们被招募是为了参加反霍梅尼的行动，这是一场政变的前奏"。塔赫里说，这四名空军军官将带大使馆的人质飞出伊朗。[58]但这没有被其他研究人质营救行动的学者确认，假定这个消息是准确的，但并不清楚这些空军军官在攻击大使馆中到底扮演了什么样的角色。查理·贝克维斯上校回忆，到 1980 年 3 月，三角洲特种部队经常在实物模型上练习攻击大使馆，以至于行动变得非常枯燥无味。[59]有情报表明，在最后几个月里看守人质的学生们开始变得粗心且缺乏警惕性，而且数量从开始的 150 人到营救人质行动时锐减至 25 人。但是这些事实都不足以让行动策划者对三角洲特种部队攻击大使馆的能力表现出明显且普遍的自信。

另一个可行性的解释是通过类比推理的方式获取。事实上，在美国开始攻击其在伊朗的大使馆之前，就曾进行过模型袭击测试大使馆的安全性。正如理查德·加布里埃尔所说，"1974年伊朗的大使馆曾由陆军特种部队测试过，那个时候尝试了四次去破坏大使馆的安全，每一次攻击部队都成功了"。营救行动的策划者在 1980 年的行动中并没有特意地寻求先前测试部队的帮助，加布里埃尔认为，这就是为什么策划者认为"真实的攻击大使馆行动可能是行动中最容易的一部分"。[60] 在 1979 年 2 月大使馆第一次被占领后，大使馆的安全性被加强了。由于 1974 年大使馆被轻易地攻破，策划者似乎推断他们也可以在 1980 年轻松地做相似的事情。

敲定营救行动

在 1980 年早期，策划团队开始制定看起来切实可行的营救计划，并且有所收获。随着营救计划不断发展，人们对采取营救行动的呼声也与日俱增。之前进行的谈判停滞不前，惹人恼怒，从而导致在 1980 年 3 月和 4 月召开了三次主要的会议，卡特最终通过了营救人质的计划。卡特自己对导致营救计划的产生的决策过程细节说得很少，在他的回忆录里仅仅有 5 页，[61] 但其他人在过去的 20 年里提供了很多信息，使得我们可以将主要决策者的碎片化信息聚合起来。

虽然万斯和克里斯托夫对一直进行的计划有一些意见，但是营救计划的制订一直被限制在很小的范围内进行。直到 1980 年 3 月，营救计划作为一个可选项，在较为广泛范围内进行讨论，才开始浮出水面。在这个时候，总统身边的许多人认为，谈判不能在解救人质上获得成功。因此，在 3 月 22 日星期六召开的国家安全委员会议上，营救计划开始被认真严肃地谈论，布朗和琼斯之前一直认为不可能，但是在 11 月份认为这个计划是真正可行的计划。赛勒斯·万斯、兹比格涅夫·布热津斯基、沃尔特·蒙代尔、戴维·琼斯、哈罗德·布朗、斯坦菲尔德·特纳、大卫·阿龙、乔迪·鲍威尔在一个周末齐聚戴维营，一起待了好几个小时。这次会议是从回顾决策者们所做的外交努力开始的，大多数的决策者现在对外交策略感到厌倦且挫败感十足。琼斯将军向美国安全委员会提供了一些多数成员之前从没听过的事情：由策划小组制订出的营救计划简报。

这个计划相当复杂，严重依赖于直升机，也有一些运气的成分。整个计划大概需要持续两天。计划的第一个阶段是把营救队伍运进伊朗，而且给直升机补给燃料让飞机能在任务期间完成远距离飞行。琼斯解释道，8 架 RH–53 直升机从美国航空母舰尼米兹号出发飞往遥远的伊朗沙漠——被称为"沙漠一号"，在夜色的掩护下进入伊朗。同时，8 架 C–130 大力神运输机运载救援队伍从阿曼的马西拉岛起飞，在"沙漠一号"与直升机汇合。在那里，会有两件事情发生：C–130 运输机被用来给 RH–53 直升机补给燃料，营救队伍转移到刚补给完燃料的直升机上。

琼斯认为，第二个阶段会稍微容易些，但也并不是没有风险。营救力量从"沙漠一号"起飞到沙漠的一个隐蔽处，代号为"沙漠二号"，他们一直在这里待着直到夜幕降临。当直升机隐藏在沙漠的时候，营救队伍在夜色的掩护下被卡车运到大使馆，然后袭击大使馆。当袭击大使馆开始进行的时候，直升机停在附近的光荣足球场附近。一旦袭击任务成功完成，直升机就会带人质和营救队伍来到一个废弃的机场。从那里飞机将带他们逃离伊朗，到时会有大量的美国空军力量进行空中掩护。

那天万斯认真地听了琼斯的简报，但是仍然质疑这个计划是否会成功。在他从头到尾考虑了这个事件后，他再一次反对使用军事力量，认为应当从普洛布韦案例和安格斯·沃德案例吸取教训，认为耐心和保持适当的外交弹性会最终取得成功的。[62]然而，总统的耐心已经耗尽了。如布热津斯基回忆说，"总统耐心询问万斯是否这就意味着他心甘情愿地坐等，直到这一年结束，而人质却一直被关押着"[63]。万斯很显然做好了等待的准备。然而卡特并不想等待，在这次会议上总统最终允许建立一个探险队进入伊朗，为了给营救行动铺路，这个计划布热津斯基和特纳主张了好几个月。

决策者现在更倾向于支持这个计划，尽管在这一点上似乎还没有形成最终的决定。第二次也可能是最重要的一次会议在4月11日星期五召开，这次会议相对简短，持续了不到两个小时，通过3月22日的讨论表明这个事件几乎已经到了注定的程度，就在这次会议上卡特做出了发起营救行动的正式决定。用卡特的话说："我们再也承担不起保卫外交的代价，我决定行动。"[64]出席这个会议的有蒙代尔、布朗、布热津斯基、克里斯托夫、特纳、琼斯、乔丹、鲍威尔。从名单上看国务卿万斯缺席了这次会议，他正在佛罗里达州度假，由他的副手克里斯多夫代替他出席。根据乔丹的会议，卡特用下面的话开始了这次会议：

先生们，我想让你们知道我正在认真考虑去努力解救那些人质，正如你们知道的那样，当人质被抓的第一周时，我指示参谋长联席会议制订一个营救计划，在紧急情况下使用。一些准军事人员组成的专家团队说，他们很自信有能力去解救人质。在我做决定之前，我想知道你们的观点。[65]

卡特下决心支持这个计划给乔丹留下了深刻的印象。克里斯托夫是第一个做出回应的，刚开始他列出了许多和平解决的方法，他认为和平的方式依然能被用来解救人质。美国可以再次通过联合国来与伊朗接触，可以将伊朗的船和飞机列入黑名单，政府可以通过游说对伊朗进行国际电信制裁。副国务卿据说并不确定他的上级是否对营救任务的态度有所变化，因此并没有特别尽力去推进外交方案。但是，其他关键的决策者如布热津斯基、布朗、特纳和乔丹表示支持这个计划，尤其是哈罗德·布朗称克里斯托夫的建议就像没有说，"毫无印象"。[66]沃尔特·蒙代尔也认为营救行动是目前最好的选择，布热津斯基强烈建议进行军事解救行动。因此，总统和他的顾问在国务卿缺席的情况下做了最后决定，将开始军事解救人质行动。[67]用卡特的话说："对我们来说是时候将人质带回家了；他们的安全和我们国家的荣誉正在危在旦夕。"[68]布热津斯基在他的回忆录中记载，12点48分，总统宣布"我们将尽快进行军事解救行动"[69]。

星期一早上当万斯度完假回来后，他很自然的对在他缺席的时候通过的那样一个外交决策感到气愤，这个决定与他的观点截然相反。那个早上国务卿与卡特进行了交谈，表达了他对军事解救行动持保留意见。他说，谈判需要更多的时间，他坚持在对霍梅尼和其他伊朗政治党派再也没有政治用途后，人质会被尽快释放的。[70]在这次会议上，万斯第一次以个人身份与卡特对话，他在回忆时对这一点很有感触。

> 我告诉他，我非常担心目前采取任何军事行动会把我们的人置于非常危险的境地。我认为如果我们不行动结果也未可知，将人质救出来是需要时间的。我认为时间已经到来，他们即将被释放。已经有迹象表明事情即将发生，

这种事情之前也发生过。[71]

　　总统对万斯的反对无动于衷，但给了他一个机会在第二天召开的国家安全委员会的会议上发言。4 月 15 日星期二，国家安全委员会召开第三次重要会议，会议持续了两个多小时。这次会议上，万斯反复表明他主张继续进行谈判，"这一观点我在整个人质危机中都没有变过"。如卡特所说，"他的首要观点是我们应当耐心，不要做任何可能危害人质安全的事情"。[72]万斯的担心似乎与"普韦布洛号"事件和安格斯·沃德事件的教训有关，但他对武力营救人质的反对来自他之前在政策决策过程中的个人经历。就像劳埃德·卡特勒指出的，"万斯反对武力营救人质是就事论事，因为完成这项任务非常困难，成功不可预测，而且即使我们成功了也会有很多不良后果"[73]。他将伊朗人质危机与越南山西事件进行了类比，从他在处理后者时期的经验来评估营救行动的可行性。

　　对越南山西事件的回顾让万斯对军事解救伊朗人质持悲观态度。据称，他相信：

　　　　军事解救伊朗人质的任务很难胜利完成。万斯在国防部工作的多年经验让他相信行动在纸上看起来很简单，但实施起来是相当复杂的……万斯争辩说，军方认为武力很有可能比一波三折的谈判更容易成功，但在 1968 年的"普韦布洛号"事件中谈判使被俘虏的船员们成功被释放。[74]

　　例如，那天早上万斯告诉乔丹：

将军们通常不会告诉你他们有什么事情做不了。这是一个相当复杂的行动，我记得在我还在国防部工作时的一句格言，凡事只要有可能出错，那就一定会出错。只要在释放人质上还有谈判的机会，我就反对使用武力营救的想法。[75]

万斯回忆说，他那天在白宫的确说过这些话。他说："我见过许多事情都被搞砸了，我见过真正的一塌糊涂，人们只知道要尽力去做事情，但却没有经过真正的深思熟虑……我也见过很多人办坏了事，因为他们被当时的情形所影响，被它牵着走。"[76]很显然越南事件的教训此时在万斯的心里产生了重要影响。布热津斯基对越南事件的看法与国务卿截然不同："万斯是一个好人的典范，在越南事件上的经历对他造成了精神创伤"，他认为万斯对营救的成功预期评价让人讨厌。[77]在约翰逊时期经历过越南事件的人很多，但并不都很自然地有一种强烈的愿望去"避免出现另一个越南事件"。就像布热津斯基所说：

万斯很明显受到了越南事件的影响，国务院里的很多人受到了这件事的影响。我也受到了这件事的影响，只是影响的方式不一样。我从这件事中吸取的教训是，如果你要使用武力来达到可实现的目标，使用武力的信念要坚定，要保持一致性。不同的人吸取的教训不一样，但我认为主流的态度是对使用武力的怀疑和持保留意见。[78]

当然，后者吸取的教训就是万斯和他在国务院的同事们的态度。[79]

在 4 月 15 日的会议上，万斯表达了他对使用武力的许多担忧。他回忆说："第一，我担心直升机问题，完全有可能它们不能在毫无损失的情况下到达指定地点。这样的话，情况会怎样呢？"第二，"我也很担心如果我们进入伊朗，我们可能不得不使用炸弹，一旦爆炸，会有什么事情发生？会有什么反应呢？"第三，我担心"我们不得不在不知会盟国的情况下行动，尤其是英国，我觉得这会有一个相当负面的影响"。第四，"我也担心俄罗斯会做出什么回应，从而会带来什么样的影响"。第五，"在我们行动的这段时间里天气情况会怎样，整个中东地区的形势相当脆弱，我们的行动可能会带来一场真正的、大的战争。这是我最担心的"。对于万斯，这五点担心加起来不可避免会得出这样一个结论："当你看到上述几点情形，你很容易得出结论，那就是武力行动是不能也是不应该做的事，因为它不符合国家利益。那是我的观点，我也强烈地坚持这种观点。"[80]

在 4 月 15 日的会议上，万斯没有成功说服参会的其他人，经过自我反省后，他在六天后提出辞呈。卡特接受了他的辞呈，但一直没有对外宣布直到行动失败。决定武力营救后不久，营救行动最终于 1980 年 4 月 24 日开始。在行动开始推进的前几天，对于卡特来说另一个类比事件变得非常重要。为了避免福特时期的失误，当卡特决定采取军事行动营救人质时，他将伊朗的突袭行动与约翰·肯尼迪在猪湾事件上的失败进行了类比。卡特决定在伊朗人质解救行动中对整个行动采取总体控制，一旦行动开始，他不会像福特那样干预行动的细节问题。相反，他只是作为一名观察员，依靠琼斯将军和哈罗德·布朗的电话报告来把控整个局势。在 4 月 16 日关于营救行动的最后一次简要指示中，卡特告诉他的军官们："我知道你们将会非常忙碌。你们的任务来了，如果你们有时间告诉我发生了什么，这很好。但请不要感觉你必须不断地向我汇报战况。我不会猜测也不会干预。"卡特自己后来在他的回忆录中讲到，"他曾明确表示，一旦营救行动开始，白宫不会进行干预"[81]。考虑到卡特著名的微观管理的偏好，以及他过去在军队时期事无巨细的经验，这种不愿卷入行动细节的做法似乎不是他的性格，但可以肯定的是这是卡特从猪湾事件中吸取的教训。

毫无疑问，猪湾事件是美国外交历史上最大的失败。的确，从欧文·詹尼斯的观点来看，"它是一个负责任的政府经历的最大失败"[82]。也许这种说法有些夸张，但不管从什么标准来看，它的确是一个灾难。1961 年 4 月 16 日，一群古巴流亡者接受了 CIA 的组织和培训，并试图侵犯古巴岛。约翰·肯尼迪同意了这个行动，事实上这个计划在艾森豪威尔政府时期就开始秘密策划了。这个行动还有两个目标，即推翻菲德尔·卡斯特罗政权，同时不要留下美国人卷入其中的任何痕迹。在实践中，两个目标都没有实现。为了实现第二个目标，总统参与制订了计划的军事细节，并干预了行动。可能是出于政治和外交的考虑，肯尼迪决定取消空中掩护行动，但是 CIA 当时告诉过他提供空中掩护对部队入侵非常重要。据说肯尼迪在做决定前并没有咨询过军方，据说没有提供空中掩护是导致猪湾登陆事件失败的主要原因。

在 20 世纪 70 年代末，猪湾事件的许多细节被反复审查，布热津斯基是国际事务的资深专家，他对这些事情非常清楚。布热津斯基在他的回忆录中记载：

卡特总统尤其强调他不能干预行动，他会给军方最大的空间去行动，这对于已定的行动方案很重要。他和我之前曾经讨论过约翰·肯尼迪干预猪湾行动的事情。卡特最后决定不干预行动，认为不能因为他的个人担忧影响行动的成功。[83]

正如布热津斯基最近的解释，

　　猪湾事件的关键是你是否要去做这件事情，一旦你做了政治决定，就让行动控制在军队手中……100% 的执行权力应掌握在军队手中……因此与猪湾事件进行类比，卡特不干预解救伊朗人质行动，既不在计划之外下令停止做某些事，也不下令做某些事情。

另外，在猪湾事件中，"肯尼迪在最后时刻改变计划，减少了美国的直接作用，取消了空中掩护行动，……在这次行动中我不想看到的事情是改变计划"[84]。

沙漠里的灾难

1980 年 4 月 24 日在伊朗沙漠里发生的事情在后来的岁月里被不断研究和剖析。伊朗时间早上 6 点，C - 130 大力神运输机载着营救团队从阿曼的马西拉岛起飞。7 点，8 架直升机从美国的尼米兹航母起飞，飞往指定地点"沙漠一号"。随后各种各样的灾难接踵而来，出现了一些大问题，有些简直就是灾难。主要的灾难汇总如下。

（1）C - 130 大力神运输机原计划在夜色的掩护下进入伊朗，由于对飞行时间的错误估计，飞机实际上进入伊朗领空的时候仍然是白天。

（2）早上 9 点左右，其中一架直升机不得不被抛弃在伊朗沙漠，因为驾驶员座舱的警示灯亮了。（后来发现警示灯闪烁的直升机飞行依然是安全的。）

（3）早上 10 点左右，直升机群遭遇了沙尘暴，而气象报告预报失败。他们克服了很大的困难到达"沙漠一号"。而且其中一个直升机驾驶员遭遇了更可怕的情况，差点机毁人亡，因此他决定返回尼米兹号航母。因此，一个小时后仅剩下 6 架直升机到达"沙漠一号"。

（4）C - 130 大力神运输机在晚上 10 点左右到达"沙漠一号"，但是由于着陆地点靠近一条主路，他们不得不射爆了一辆伊朗汽车的轮胎，将乘客扣为人质，因为这辆车刚好从营救团队的身边经过。稍后两辆卡车经过，一辆卡车逃走了。

（5）在"沙漠一号"，C - 130 大力神运输机和 RH - 53 直升机的着陆造成了沙尘暴，并伴随着震耳欲聋的噪声，这一点是之前没有预料到的，因为需要保密，营救团队从来没有作为一个小组在一起训练过。

（6）到达"沙漠一号"后发现，仅存的 6 架直升机中有一架出现故障。行动策划小组之前曾认为将人质和营救人员带出伊朗的直升机最小数量是 6 架。因此，查尔斯·贝克维斯作为军事指挥官不得不下令停止行动。

（7）当营救团队决定开始长距离飞行返回基地时，一架 RH - 53 直升机撞上了 C - 130 大力神运输机。爆炸点亮了整个夜空。8 名营救成员在大火中丧生。

可以想象，卡特本来可以无视贝克维斯的判断，下令他的指挥官继续行动，但是他没有选择这样做。原因看上去与猪湾事件的教训有关。根据他之前与布热津斯基的对话，猪湾事件的先例在总统心目中分量很重，营救伊朗人质行动失败后，他的第一反应是询问肯尼迪接下来是如何做的。他下令乔迪·鲍威尔拿一份猪湾事件后的演讲稿。正如《时代周刊》杂志所说："星期五凌晨 2 点，卡特要他的工作人员拿一份约翰·肯尼迪在猪湾事件失败后的讲话稿。"的确，5 个小时后他在电视讲话中的措辞让人想起了猪湾事件失败后肯尼迪的讲话。[85]

有趣的是，像吉米·卡特自己所说，1980 年 4 月 24 日美国发动了德黑兰突袭行动，而西蒙佩雷斯事实上正在白宫做客，卡特将他们的会面称为"私人环节"和"日常职责"。[86]布热津斯基在他的回忆录中没有提到这次具有讽刺意义的会面，就像他最近指出的，这次会面是"一个令人吃惊的巧合"。[87]首先，美国总统会见一个以色列反对党的领导人是很不寻常的事，佩雷斯当时就是反对党的党魁。但很明显，在解救伊朗人质问题上，布热津斯基看到了重复成功的恩德培行动的政治潜力，事实上，在 1980 年 4 月，卡特政府的多数政策顾问与布热津斯基一样都希望在伊朗人质问题上可以成功地模仿恩德培行动，但这种乐观主义被证明是没有根据的。

行动失败归根结底原因有很多，但经常被提及的是行动的复杂性，有"很多意料之外的问题"。在危机开始，行动策划者试图去克服他们面对的各种各样的问题，小心地制订计划。他们面对的中心问题是，缺少在大使馆附近着陆的机场；缺少方便的加油点；长距离的飞行，以及将营救队伍在毫无察觉的情况下带入德黑兰然后把他们再带出。这些问题在纸面上被克服了，但却以鲁莽的行动为代价，这个行动严重依赖策划者规划的简单步骤。

在之后的很多年里，很多人对营救行动发生的模式很吃惊。例如，根据菲利普·凯斯林所说：

> 从制定袭击任务的军事过程来看，失败是必然的，行动规划有很多缺陷，而且人员挑选也有问题。军方全面忽略或是低估了情报的重要性，情报显示行动不是不可能成功，但完成任务的困难性仍然存在。袭击计划违反了军事战略的基本信条，计划的复杂性和规模之大增加了失败的可能性。[88]

科林·鲍威尔在人质危机时期是五角大楼的军事助理，但没有参与制订行动计划，但他指出，"在看到营救人质的行动方式后，我很吃惊"。鲍威尔指出，"直升机是很不可靠的，因为这次任务需要的人和装备远远超过8架直升机，要执行这次任务必须保证六架飞机性能良好，且能执行第二个回合的任务"。他还指出了任务的其他不足之处，"沙漠一号行动错误的依靠从四个部门临时凑成的营救小组来执行这次任务，而且一个部门的成员驾驶着另个一部门的直升机。在指挥链上也有很多不足，如通信、天气预报和保密等问题都导致了行动失败"[89]。

其他人也同意鲍威尔的观点，认为将不同武装部门的人员进行混编组成营救团队是导致行动失败的原因之一。例如爱德华·卢特瓦克指出，营救行动涉及四个部门的人员，"原因在于每一个部门都想在行动中分一杯羹，陆军、空军、海军和海军陆战队都出现在了营救队伍中，他们在营救任务中所占的份额和权利是不可剥夺的"。卢特瓦克暗示，如果行动是由一个单一的部门制定和执行，成功的希望可能要大一些。他指出，英国、法国和以色列的专家"很早就知道要避免人员混编"[90]。私下里，以色列人对伊朗人质解救行动以这种方式来规划和执行感到非常吃惊。他们的官员们有大量的经验来规划这种行动。1976年著名的恩德培突袭行动就是证明，仅仅几天就执行完成。而美国人的团队用了近半年的时间来规划和执行的事实不得不让人惊讶和怀疑。恩德培突袭事件的一位以色列评论员说："六个月，你能想象你在六个月里能做什么吗？在那个时候，你可以在使馆外一英里的地方找一所房子，把压缩机一片一片地带来，然后挖一个隧道到大使馆。"[91]

行动失败的原因还在于被误导的信仰，那就是相信科技的力量可以征服人类性格上的弱点。例如，丹尼尔·格林伯格在突袭失败后不久指出，"当绝望的政治家们充满希望地将解决困难的政治问题转向'科技方法'时，做错事情的风险和结果会变得越来越大"。他认为，在美国，这种解决方式中存在一种特殊的文化信仰，这是一种很流行的观念，那就是"在解决难对付的问题时，灵巧地使用超乎寻常的科技和装备，可以带来人们想要的结果"[92]。

不管是过去还是现在，无可争议的是决定采取这项行动，至少是计划执行的方式根本就是一个严重的错误。但后来的许多批判被认为是心理学家所称的"事后聪明偏差"。正如苏珊·菲斯克和谢利·泰勒所说："菲施贺夫和其他人的研究表明，对于预测应当发生什么事情或是应当发生什么事情来说，忽视一个实际结果的知识和制造一个无偏见的推断，都是非常困难的。"人们有时候喜欢事后诸葛，而且有健忘的习惯，忘记他们自己曾经的预言，从而与实际发生的事情保持一致。[93]

在评价卡特政府的官员们使用历史类比的价值时，我们可能应当避免这种现象。如果有历史类比的话，不管它与读者多么相关，我们可以看见后见之明的好处。在认为机场和基地问题是营救行动最重要的障碍时，参谋长联席会议一直是正确的。我们明白，他们应当将这一点视为行动无法逾越的障碍，因为试图用8架直升机和在"沙漠一号"建一个加油基地来克服这个障碍最终毁了整个计划。万斯认为人质在伊朗国内派别斗争中一旦失去了被利用的政治目的就会被释放，因而他将伊朗人质危机与"普韦布洛号"事件进行类比，从某种意义上来说也是正确的。但是，决策者们显然没有这种后见之明，因为他们不得不在当时就做出决定。他们必须在一无所知的情况下行动，对事情发生的可能性进行判断，那么这时通常意味着要使用历史类比。

从头再来

现在卡特政府既没有全面的对伊朗政策，也没有将人质解救出来的有效战略。如斯坦菲尔德·特纳所说："美国诉诸一场人质解救行动大部分原因在于我们别无他法，现在我们不得不把所有的办法再研究一遍。我们之前抛弃的办法现在是否切实可行？是否还有其他的办法？"[94]可以预料的是，决策者们的选项仍然集中于一直以来被认为最现实的两种渠道：重新恢复谈判和再规划一次营救行动。行动失败后，布热津斯基和很多人仍然认为，1980年4月的解救行动是合理的、值得一试的。他在接受美国广播公司之前的一个节目《问题与答案》的采访中指出，"每个人都认为人质解救行动是很冒险的，我们从历史事件中也知道，有些时刻冒一定的风险的应当的"。尽管他没有特别提到恩德培行动，但很显眼这个行动一直在他心中。

第一次解救行动刚刚失败，第二次解救行动就已开始谋划。

像以前一样，这个计划的推动者仍是布热津斯基。但新的谋划很显然比之前的行动条件要更困难些，因为人质劫持者对失败的解救行动迅速做出了反应，他们将人质分散到其他地方。据报道，人质被分散到伊朗的 16 个城市。[95]逻辑上来讲，不可能再进行一次同样的行动。但是布热津斯基认为，第二次行动将规划得更像恩德培行动，尽管这次行动从未实际执行。

> 第二次解救行动在规划的时候有很多地方与恩德培很像，因为第二次行动将会进入德黑兰的机场，占领机场，全副武装的机动部队将在那里着陆，然后突袭城市，扫荡路上的一切，炸掉任何阻挡物，袭击大使馆，救出所有活着的人，在这个程序结束后返回机场，飞机起飞。[96]

其实第一次行动的失败已经可以让决策者们从中吸取教训了。从各种批评声中可以看到，第一次行动失败是因为没有足够的军事火力，因此卡特告诉策划者们，在第二次行动中，他们将拥有他们需要的一切来让行动切实有效。[97]根据布热津斯基所说，第二次突袭与第一次行动相比，"将更简单些，更少依赖高科技"，[98]因此媒体也开始对两次突袭进行评论。

第二次行动代号为"蜜獾"，如马丁·沃尔科特所说，第二次行动与其说是解救人质行动不如说是一场入侵。[99]两个营的突击队将被派往德黑兰占领德黑兰的主要机场。由于直升机不能远距离飞行，这次直升机将被放置在 C-141 运输机上。这一次营救人员将使用假护照乘坐商业飞机逐个进入德黑兰，其他人则乘坐卡车由陆路到达。这让人想起了佩罗的策略。当营救人员到达伊朗各个分散的营救点后，直升机将到达这些位置，将营救人员和人质一起带出伊朗。

尽管布热津斯基下令这样做，但新的计划很难像描述的那样比前一次更容易。据报道，新的计划将有 2000 人参加。[100] 这次计划需要更好的实施条件，但其实新任务本身不比前一次容易。而且在卡特政府内部反对发动二次袭击的人非常多。布热津斯基建议，CIA 倾巢出动到伊朗去搜集人质被关押的新地点，以备第二次营救行动所需。但是特纳承认，"CIA 的专家认为新行动几乎是不可能成功的，也是他们力所不能及的"[101]。甚至在布热津斯基的团队内部，也普遍认为这样一场行动看上去是不可能的。尤其是加里·希克，他在回忆录中指出，他当时曾向他的老板提出过同样的看法。据希克回忆，在人质解救行动失败后的一个星期天，布热津斯基把中东问题专家召到他的办公室。据说布热津斯基"得到了总统的同意，开始策划一场新的人质营救行动"，他指出"我们必须再回去"，随后向希克和他的军事助理威廉·奥多姆询问展开第二次营救行动的建议。[102]

但希克很怀疑这样一场行动是否会成功，他指出行动缺少人质关押地点的有效情报，政府收到的许多报告自相矛盾。他还认为，人质劫持者此时也希望再来一次解救行动，他们将严阵以待，对抗接下来的营救行动。而且在第一次营救行动中支持美国的中东国家这一次很有可能不愿意再帮助美国。例如埃及和阿曼为美国的第一次行动提供过帮助，但结果遭到许多阿拉伯国家的批评。"鉴于这些原因，我认为第二次营救行动的前景非常黯淡。""由于第一次突袭失败，局势已经发生了重大变化，因此很长一段时间里要组织一次营救行动是很不合理。"[103] 布热津斯基对希克的这一回应非常失望，随后将希克踢出了第二次营救行动的团队。

当然，直升机内在的不稳定性和问题仍然存在。看上去，任何一次新的行动都同样需要依靠远距离飞行的直升机来把人质运出去，因此仍然需要为营救飞机找到一个着陆点，且尽可能在人质所在地附近。这些仍然是实施一场恩德培式的营救行动的障碍所在。似乎一些策划者可以通过一次相当奇怪的计划"可靠的运动"来克服这些问题。计划背后的想法是改造洛克希德 C-130"大力神"飞机，让它可以像直升机一样起飞和降落！根据最近上映的电影和资料，被改造过的飞机配备有火箭，可以向地面发射，也可以在狭窄的空间里着陆，甚至在普通 C-130 飞机无法做到的地方着陆。[104]这种想法从来没有实现过，直到 1981 年人质被释放，"可靠的运动"计划仍在研发，早期的一个原型飞机在跑道上就撞毁了。不知道这个计划背后的策划者是谁，但不可思议的是总统竟对此毫不知情。

如卡特所说，第二个营救计划从来都没有被执行，因为"即使情报部门付出了最大的努力，也无法得知在伊朗的所有人质被关押的确切地点"[105]。就像以前一样，越南山西事件的教训始终在特纳的心中，他承认现在很难找到人质被关押在何地的线索。[106]1980 年 4 月底，特别协调委员会再次审查了非军事营救计划，但再一次否定了这个计划，因为这个计划产生不了结果。这些计划被进行相应的评估，看是否会导致人质死亡。实际上，这是谈判渠道复活的迹象，决策者将不得不再次转向谈判，并最终成功。

在万斯辞去国务卿职务后，缅因州的埃德蒙·马斯基接替了他。最讽刺的是，1980 年 4 月后卡特政府内部关于人质危机的争论，最终使决策者们实质性地转向了万斯的等待政策。万斯的政策在没有万斯的情况下延续了下去，如特纳所说："我们能为人质所做的事情可能只有耐心等待了，我们最终遵循了这一道路。"[107]用希克的话说，政府剩下能做的就是"等待阿亚图拉"了。[108]但是据特纳说，这一点从来没有人公开说过，"因为我们都不愿承认美国被一群极端教士控制的神权政府所要挟。我们当然也不愿意在美国民众面前承认我们的无能"[109]。讽刺的是，这件事情在危机的最后 8 个月又回到了国务院的策略，它在 1980 年人质危机的早期阶段曾受到表扬。

事实上，马斯基并没有过问谈判，沃伦·克里斯托夫主要处理人质危机的日常事务。克里斯托夫在万斯离职后继续担任副国务卿，他对没有被提升到更好的职务感到非常失望。希克指出，1980 年夏天的几个月非常平静，没有特别的事情发生，除了 7 月 27 日巴列维在埃及逝世。有人认为巴列维从来都不是人质危机的主要问题，伊朗也对他的去世几乎没有什么反应，但这件事并没有推动重启谈判。但 9 月 9 日，伊朗人突然提出他们有意向解决人质危机，这让美国政府很吃惊。他们还降低了释放人质的条件，其中包括伊朗不再坚持美国为巴列维的错误行为道歉，以及对美国战后在伊朗政治上的作用进行国际调查，这两个条件在人质危机早期曾是双方达成协议的重要障碍。

卡特和他的顾问们一开始都非常失望，但现在开始慢慢相信谈判真的起作用了。毫无疑问，他们想起了 3 月份失败的法国渠道，当时谈判进行了那么久结果在最后关头失败了。但不同于以往的谈判，新渠道提供了一个与霍梅尼直接对话的机会，谈判的提议者是萨迪格·塔巴塔巴伊，他是霍梅尼的亲戚，霍梅尼授权塔巴塔巴伊以他的名义谈判。这是 1979 年 11 月以来美国人一直所期望的。之前巴尼萨德尔和格特卜赞德缺少霍梅尼的信任，塔巴塔巴伊则具有这一点优势。12 月 12 日，阿亚图拉的讲话印证了他的亲戚私下提出的谈判条件。

随后，克里斯托夫被派往德国波恩与塔巴塔巴伊直接谈判，他们与德国外交部部长汉斯－迪特里希·根舍一起于 9 月 16 日和 18 日进行了两次秘密会面。这时在克里斯托夫的指示下组建了一个"核心团队"，监督这次危机直到最终解决。但这只是结束的开始，而不是结束本身。9 月 22 日，伊拉克入侵伊朗。这件事看上去有两种效果：首先短期内它很有可能使谈判放慢脚步，因为伊朗人现在有更紧急的事情要应对。但是，它毫无疑问增加了霍梅尼释放美国人质的动力，因为伊朗需要美国取消对其施加的经济制裁以便来应对新的战争。事实上，谈判的步伐仍然很慢，因为伊朗议会的很多人决定在 11 月美国总统选举之前不解决这个问题。这些谈判再次失败后，阿尔及尔人作为调停者介入人质危机的谈判。当时卡特的政治顾问热烈地期望人质能够在大选之前回到美国，但这是不可能的。

为什么伊朗人最后决定释放人质？这个问题仍然是疑云重重。尽管塔巴塔巴伊渠道的确在伊拉克入侵伊朗前几周才开始，但如果将原因归结于伊朗和伊拉克战争的爆发也过于简单化了。也许是因为美国人质对霍梅尼在国内政治游戏中的可利用的价值下降了。除了霍梅尼需要解除制裁来武装伊朗对抗萨达姆的伊拉克外，那时一个新的伊朗政府出现了。1980 年 5 月 28 日，新议会开始工作，与温和派相比较，亲霍梅尼的势力明显占据上风。9 月初，建立亲霍梅尼政府的势头已初见端倪。9 月 10 日，也就是联邦德国斡旋下的塔巴塔巴伊倡议后不久，伊朗议会正式认可总理穆罕默德·阿里·拉贾伊领导下的内阁。

美国之晨

如果说释放人质的条件在 1980 年总统选举前两个月都已经达成，那么为什么人质释放一直拖到第二年 1 月呢？人质释放后的许多年里，关于谈判最后岁月的各种解释不断出现。尤其是，加里·希克在他的书《十月惊奇》里宣称，罗纳德·里根的代表与伊朗的极端主义者达成了协议，将人质释放时间拖延到 1980 年大选。[110] 据希克说，里根当时的竞选主管威廉·凯西曾接触过伊朗的两兄弟塞勒斯和詹姆希德·哈希米，这两个兄弟曾安排凯西与阿亚图拉霍梅尼的代表会面。威廉·凯西也是后来被揭露为伊朗门丑闻的主角之一。1980 年 7 月和 8 月，凯西当时和霍梅尼的代表在马德里秘密会面，10 月又在巴黎会面，卡特政府对此一无所知。希克说："这个交易让伊朗把美国人质扣在手中不要交给卡特政府，作为回报，伊朗将很快得到一些经过以色列转运过来的武器，另外承诺一旦里根政府上台，未来伊朗将会获得武器和政治利益。"[111]

关于这个推测的全面评论不是本书研究的范畴。《十月惊奇》的出版带来的政治风暴引来了国会的调查，但调查只是敷衍了事的过场，最终没有得出什么明确的结论。但是里根政府试图将人质释放拖延到 11 月大选，从后来发生的事来看是非常合理的。如斯坦菲尔德·特纳所说，很明显里根竞选团队与霍梅尼的支持者进行过某种接触。[112] 而且像凯西这样的人物煽动里根团队与伊朗接触也是合乎情理的。希克这部分的论述通过对细节进行的经验研究来支撑他的著作，也有一定的合理性。但是，试图影响人质释放时间的努力是否成功是问题的最大争论。这个推测的一个中心问题是，如果承认里根团队与霍梅尼的代表有联系，那么如何评估这一行动带来的影响是很困难的。这就产生了弗雷德·格林斯坦提出的"行为不可或缺"的问题，这在第三章提到过。有人认为一个给定的行为者进行了某种行为，但有可能这一行为不会对结果带来实质性影响。在这个例子中，很明显霍梅尼影响下的议会出于某种原因推迟释放人质，里根官员们的渠道只是第二位的动因。

可以肯定的是谈判最终使人质被释放，但过程却一波三折直到最后结束。协议直到罗纳德·里根就职典礼前两天达成，人质们在卡特正式离职前几个小时被释放，当时里根正在进行总统宣誓，时间如此安排别有用意。但这种"巧合"不能作为证据来证明《十月惊奇》的推测。当然，希克认识到这一点，也指出这正是凯西所坚持否认的事情。

当然，对于这件事情，还有其他合理的解释。释放人质的时间如此选择，可以简单理解为霍梅尼向一个困扰不断的总统打的最后一巴掌，当时卡特刚回到他的家乡佐治亚州，这也许是真正的动机。然而，除此之外，这件事还与1953年政变有关。根据易卜拉欣·雅兹迪的说法，霍梅尼很清楚地知道在1980年11月前释放人质有可能导致卡特连任，里根失败。相反，他知道如果不释放人质里根有可能会赢得大选。这在某种意义上说，美国大选的结果是掌握在他的手里。根据雅兹迪的说法，将人质攥在手里直到里根成为总统，霍梅尼是象征性地，或戏剧性地想显示，伊朗可以决定美利坚合众国的政治结果，就像当初美国在1953年所做的那样。[113]他这是在实施某种报复。还有观察家简单地将这件事情想象为卡特和霍梅尼之间某种程度的个人恩怨，如果这样的话，我们很可能已经迷失在很多观察家的观点里了。

当卡特飞回了佐治亚州的平原，人质释放的消息就传来了。吉米·卡特回到他的故乡后，情绪激动，几乎泪流满面地宣布：

> 几分钟前，当空军一号降落在华纳罗宾斯时，我第一时间收到了官方消息，载有 52 名美国人质的飞机离开了伊朗机场，每一位人质都还活着，他们都很好，他们自由了。[114]

最后，伊朗人质危机的国难终于结束了。

注释

[1] Sick, *All Fall Down*, p. 280.

[2] Thomas Schelling, *Arms and Influence* (New Haven, Connecticut: Yale University Press, 1996).

[3] Brzezinski, *Power and Principle*, p. 483.

[4] Cottam, *Iran and the United States*, p. 221.

[5] See Ross Smith, "A Comparative Case Analysis of Presidential Decision-making", p. 144.

[6] Vance, interview with the author.

[7] Turner, *Terrorism and Democracy*, pp. 29 – 30.

[8] Sick, *All Fall Down*, p. 255.

[9] For a more comprehensive account of these attempts, see Sick, *All Fall Down*.

[10] Turner, *Terrorism and Democracy*, p. 85.

[11] Ibid.; Sick, *All Fall Down*, pp. 291 – 292.

[12] The story of Jordan's visit to Cottam is told by Jordan in *Crisis*, pp. 114 – 116.

[13] Clarke Thomas, "Pitt Professor Tells of Role in Hostage Talks", *Pittsburgh Post-Gazette*, 25 July 1984, p. 7.

[14] Sick, *All Fall Down*, p. 297.

[15] Cater, *Keeping Faith*, p. 515.

[16] Ibid. , pp. 59 – 60.

[17] Turner, interview with the author.

[18] Brzezinski, "The Failed Mission", p. 30.

[19] Turner, interview with the author.

[20] Destler, Gelb and Lake, *Our Own Worst Enemy*, p. 223 and Sick, *All Fall Down*, pp. 341 – 343.

[21] Richard Gabriel, *Military Incompetence: Why the American Military Doesn't Win* (New York: Hill and Wang, 1985), p. 86.

[22] Ibid.

[23] Quoted in Martin and Walcott, *Best Laid Plans*, p. 39.

[24] Ibid. , pp. 40 – 41.

[25] The Special Operations Review Group's other members were Lieutenant Generals Samuel Wilson and Leroy Manor, and Major Generals James Smith, John Piotrowski and Alfred Gray. A declassified version of the report they produced was made public in August 1980. However, its terms of reference were sharply circumscribed in the sense that Holloway and his associates were not permitted to examine the reasoning and procedures adopted by the political decision-makers, such as Brzezinski, Brown or Carter hinself. As Turner put it, this was "like asking a doctor for a through diagnosis of a patient's health, but prohibiting mention of any one of several diseases that might becausing the patient's illness". See Turner, *Terrorism and Democracy*, p. 134.

[26] Brzezinski and Turner have been particularly active in this regard.

[27] Turner, interview with the author.

[28] Brzezinski, "The Failed Mission," p. 28.

[29] Turner, interview with the author. The favourable account of Perot's role can be found in Ken Follet's semi-fictional work, *On Wings of Eagles*. However, John Stempel-who worked in the US

Embassy in Tehran between 1978 and 1979 – has argued that Perot's role in the release of the employees was minimal and coincidental. See "Ross Who?", "This Week", ITV, broadcast in Britain on 9 July 1992.

[30] There was no shortage of ideas-many of them amusingly far-fetched and sometimes bizarre-coming from members of the general public as to how the hostages might be released. A selection of letters to the administration in this vein is gathered among Lloyd Cutler's papers in the Jimmy Carter Library in Atlanta.

[31] Turner, *Terrorism and Democracy*, p. 41.

[32] Turner, interview with the author.

[33] Stevenson, *90 Minutes At Entebbe*, p. 109.

[34] Martin and Walcott, *Best Laid Plans*, p. 13.

[35] Scott Armstrong, George Wilson and Bob Woodward, "Debate Rekindles On Failed Irain Raid", *Washington Post*, 25 April 1982, p. A 14. This would also undoubtedly have confused the hostages thenselves, but this must have been deemed a risk worth taking.

[36] Charlie Beckwith and Donald Knox, *Delta Force* (London: Harcourt Brace Jovanovich, 1983), p. 254.

[37] Quoted in "Israel Blames Poor Planning for Iran Raid Failure", *Los Angeles Times*, 27 April 1980, p. 20.

[38] Gabriel, *Military Incompetence*, p. 88.

[39] Turner, *Terrorism and Democracy*, p. 71.

[40] Gabriel, *Military Incompetence*, p. 39.

[41] Vandenbroucke, *Perilous Options*, p. 69.

[42] Turner, interview with the author.

[43] Sick, interview with the author.

[44] Turner, interview with the author.

[45] See Philip Keisling, "The Wrong Man and the Wrong Plan", *The Washington Monthly*, December 1983, pp. 51 – 58.

[46] Quoted in Steven Emerson, *Secret Warriors: Inside the Covert Military Operations of the Reagan Era* (New York: Putnam, 1988), p. 20; also in Vandenbroucke, *Perilous Options*, p. 127.

[47] Turner, *Terrorism and Democracy*, p. 87.

[48] Ibid. , p. 118; Turner, interview with the author.

[49] Special Operations Review Group, "Rescue Mission Report", p. 13.

[50] Turner, *Terrorism and Democracy*, p. 115.

[51] Special Operations Review Group, "Rescue Mission Report", p. 13.

[52] Turner, *Terrorism and Democracy*, pp. 38 – 39.

[53] Brzezinski, *Power and Principle*, p. 495.

[54] *Time*, 5 May 1980, p. 20.

[55] *Los Angeles Times*, "Israel Blames Poor Planning for Iran Raid Failure".

[56] Special Operations Review Group, "Rescue Mission Report", p. 13.

[57] Sick, *All Fall Down*, p. 337.

[58] See Amir Taheri, *Nest of Spies: America's Journey to Disaster in Iran* (London: Hutchison, 1988), p. 133.

[59] Beckwith and Knox, *Delta Force*, p. 241.

[60] Gabriel, *Military Incompetence*, p. 91.

[61] Carter, *Keeping Faith*, pp. 516 – 521.

[62] Vance, *Hard Choices*, p. 408.

[63] Brzezinski, *Power and Principle*, p. 487.

[64] Carter, *Keeping Faith*, p. 516.

[65] Jordan, *Crisis*, p. 233.

[66] Brzezinski, *Power and Principle*, pp. 492 – 493.

[67] Vance, *Hard Choices*, p. 409. See also Brzezinski, *Power and Principle*, p. 492 – 493; Turner, *Terrorism and Democracy*, p. 107.

[68] Carter, *Keeping Faith*, p. 517.

[69] Brzezinski, *Power and Principle*, p. 493.

[70] Vance, *Hard Choices*, p. 409.

[71] Vance, interview with the author.

[72] Carter, *Keeping Faith*, p. 517. The 15 April meeting is disposed of with particular brevity in Carter's book. He devotes only two sentences to it.

[73] Lloyd Cutler exit interview, Jimmy Carter Library, p. 19.

[74] See *Newsweek*, 12 May 1980, p. 36.

[75] Jordan, *Crisis*, p. 246.

[76] Vance, interview with the author.

[77] Ibid.

[78] Brzezinski, interview with the author.

[79] On this point, see also Michael Ledeen and William Lewis, *Debacle: The American Failure in Iran* (New York: Alfred Knopf, 1981), p. 66, and Brian Klunk, *Consensus and the American Mission* (Lanham, Massachusetts: University Press of America, 1986), p. 122.

[80] Vance, interview with the author.

[81] Quoted in Schemmer, "Presidential Courage – and the April 1980 Iranian Rescue Mission", p. 61; Carter, *Keeping Faith*, p. 517; Beckwith and Knox, *Delta Force*, p. 258.

[82] Irving Janis, *Groupthink: Psychological Studies of Policy Decisions and Fiascos* (London: Houghton Mifflin, 1982), p. 14.

[83] Brzezinski, *Power and Principle*, p. 495.

[84] Brzezinski, interview with the author. For a discussion of whether the failed mission represented a "repetition" of the Bey of Pigs affair, see Maxwell D. Taylor, "Analogies (II): Was Desert One Another Bay of Pigs?", *Washington Post*, 12 May 1980.

[85] See *Time*, 5 May 1980, p. 19; Jordan, *Crisis*, p. 256.

[86] Carter, *Keeping Faith*, p. 514.

[87] Brzezinski, interview with the author.

[88] Keisling, "The Wrong Man and the Wrong Plan", p. 52. Ironically, less than two weeks after the failure of the American rescue mission the British SAS successfully raided the Iranian embassy at Prince's Gate in London, which had also been seized by terrorists, and rescued a number of hostages. Although the operational circumstances were rather different, one wonders whether this event-had it occurred before the US attempt and not after-would have been used in some way as a historical analogy within the Carter administration. See "A Rescue That Worked", *The Economist*, 19

May 1980.

[89] Colin Powell with Joseph Persico, *My American Journey* (New York: Random House, 1995), p. 249.

[90] Luttwak, *The Pentagon and the Art of War*, p. 44.

[91] Quoted in Dial Torgerson, "US Blundered in Iran Mission, Israeli Military Experts Claim", *Los Angeles Times*, 2 May 1980, p. 6.

[92] Daniel Greenberg, "Mission Improbable", *Washington Post*, 29 April 1980.

[93] Susan Fiske and Shelley Taylor; *Social Cognition* (Reading, Massachusetts: Addison-Wellesly, 1984), p. 376.

[94] Turner, *Terrorism and Democracy*, p. 146.

[95] Ibid.

[96] Brzezinski, interview with the author.

[97] Martin and Walcott, *Best Laid Plans*, p. 29.

[98] Sick, *All Fall Down*, p. 357.

[99] Martin and Walcott, *Best Laid Plans*, p. 29.

[100] Ibid. , p. 30.

[101] Turner, *Terrorism and Democracy*, p. 146.

[102] Sick, *All Fall Down*, p. 357.

[103] Ibid. , p. 360.

[104] See "The Impossible Mission of Credible Sport", *Jane's Defence Weekly*, 5 March 1997. The existence of the plan was also broadcast by CNN after this article was published.

[105] Carter, *Keeping Faith*, p. 154.

[106] Turner, *Terrorism and Democracy*, p. 147.

[107] Ibid. , p. 154.

[108] Sick, *All Fall Down*, p. 360.

[109] Turner, *Terrorism and Democracy*, p. 148.

[110] Sick, *October Surprise*.

[111] Ibid. , p. 11.

[112] Turner, interview with the author.

[113] Interview with Ibrahim Yazdi, Iran Project, Antelope Productions.

[114] Quoted in Jordan, *Crisis*, p. 384.

第六章　人质与历史

正如我们所看到的，美国和伊朗的决策者从他们的自身经历吸取经验，并将其与现实状况进行类比，从而从这些事件中获取更有用的认知。恩德培行动是当时最近的政治和政策成功的典范，在卡特政府的政策讨论中发挥了重要作用，最终影响卡特做出军事救援的决定，而其他事件的类比在伊朗人质危机的不同阶段发挥了作用。吉米·卡特和他的顾问们很明显考虑了各种类似的情况，并通过它们来寻找事情发生的原因和有效模式。总统和他的顾问之前似乎已经做出了努力把潜在的先例汇集起来，并且搜索这些可用的经验教训，然后将其应用于当前的案例，但这些努力可能都是一种非正式的方式。根据布热津斯基的回忆，"在早些时候，我们简单收集了先前的案件，看看发生了什么事情，怎么处理，不管是我还是我的团队成员都曾告知过他（卡特）……我不知道他自己是否知道所有这些情况"[1]。正如卡特本人在 1980 年 4 月 21 日的新闻发布会上所说，我研究了我平生以来发生过的美国人质被劫持的所有事件……了解他们是如何做出反应的，以及成功的程度如何。换句话说，他分析了一些案例，希望找出这些案例成功或失败的原因，致力于归因理论的支持者所谓的"直觉科学"。此外，在伊朗方面，1953 年政变像幽灵一样在革命的伊朗街头飘荡，因为激进的学生们相信 CIA 的政变即将来临，他们要阻止这一切。

即使是美国的营救团队也敏锐地意识到周围的历史类比。令人吃惊的是，三角洲的成员们被一个为 CIA 工作的学者训练，让他们在一个被认为与德黑兰行动相关的历史先例的环境中训练。就像这个人回忆的，他与救援部队讨论的类比包括恩德培行动和摩加迪沙事件。在某种程度上，这个学者将"类比法植入认知系统"，但他在指导高层决策者认识哪一个类比更有用或更相关过程中并没有起到任何作用。[2]

从美国的角度来看，在决策者面对不相关联且高度不确定的外交情形时如何应对上，伊朗人质事件也为我们提供了一些有趣的见解来观察这个问题，它不仅仅是从历史分析中获得经验。情况的新颖性意味着唯一可用的类似情况与伊朗人质危机有着重要的不同，或是结构性的不同。此外，决策小组对很多的先例进行了不同方式的解读，因此不同的决策者提出了相互冲突的意见，尤其是在对待这些危机的应对方式是成功还是失败上分歧重重。对于冲突的双方，从类比中产生的回忆有时是不可靠或错误的。就像 1953 年伊朗国王在第一次逃离时并没有去美国，林登·约翰逊在 1968 年普韦布洛危机期间仍然卷入总统竞选一样。这是观念起了作用，而不是一些"客观的"现实。

直觉或常识暗示着两个经典"原型"的存在：历史思想家和非历史思想家，前者使用类比，后者不使用类比。而另一方面，心理认知学认为，所有的个人在某种意义上都是"历史的"。当决策者们以过去的经验和知识来进行政策制定时，角色和在一定范围内变化的程度变成了经验和知识。换句话说，所有这一切都具备了基本的人类类比的先决条件。很难想象卡特是这样一位"非历史的"总统，还有一群人比围绕在他身边的佐治亚州人更没有经验。卡特政府也有特别多的官员，他们既没有在联邦政府工作的经验，也不喜欢以历史的方式思考问题，或者两者兼而有之。卡特政府还有足够多的肯尼迪政府和约翰逊政府的老兵，他们的个人经历和历史回忆看上去与当前的事件有关。挖掘个人和机构的记忆，这似乎与眼前的情况有关。这表明，在面对伊朗人质危机的时候，没有一群决策者像他们这样无视过去的历史教训，不使用类比，先不管这些类比合适还是不合适。当然在任何政府中总有一些人从来不会在现实中使用类比，还有一些人倾向于减少这种方式的影响力。而且如果卡特政府的官员们在伊朗人质危机中使用了类比，那么我们可以更合理地认为，一个对历史经验更有了解的政府会想到许多类比，并被这些类比所影响。

在伊朗人质危机期间，历史类比是如此的广泛，但这并不意味着方式本身不重要，任何政府都有一些人具有一定历史经验可以来类比。如赛勒斯·万斯、兹比格涅夫·布热津斯基和戴维·琼斯，他们对之前的人质危机有着第一手经验，知道许多详细的内容，并习惯以类比的方式使用这些经验。那些对人质危机没有直接经验的人通常表现出较小的类比倾向。例如斯坦菲尔德·特纳回忆说："我不记得用过类比的方式来思考这个问题。我没有卷入过'普韦布洛号'事件或'马亚圭斯号'事件。"[3]因此，用类比的方式思考问题，对决策团队来说影响到部分人，而不是所有人。

如果伊朗人质危机表明个人因素不会抑制或诱导类比推理的使用，这会促使我们在先例的可获取性或是类比"供应"方面得出结论。在伊朗人质危机中，我们发现类比在史无前例的环境下使用得非常广泛，这是一个需求驱动而不是供应驱动的过程。虽然伊朗人质危机不像古巴导弹危机那样史无前例，尽管之前也有很多人质危机的例子，但很少会涉及美国大使馆或是德黑兰的地理战略要地，当地政府也从来不会宽容或支持美国海外使馆被攻占，像伊朗人质危机这样的例子是很少见的。在这样的条件下，人们似乎别无选择，只能寻找最接近的类比事件进行"匹配"。卡特的决策者们表现出人类固有的这些习惯，即借助过去的例子来理解和应对当前的危机，尽管过去似乎充其量只能对现在提供部分指导。

此外，在伊朗人质危机危机中出现的类比模式的讨论，与邝云峰对越南事件的观察相似。

> 在越南事件中，有人提出了类比的事例，但人们通常会怀疑它的有效性。批评之声很容易就指出了类比事例与越南事件的不同……有趣的是，这些批评和枚举的不同之处很少给人留下印象：类比的提议者要么搁置这些不同，要么只是敷衍，但他始终相信他的类比是有效的。[4]

尽管对于邝云峰的研究我们缺少某种文献记录，但在伊朗人质危机的例子中，相似的类比模式是显而易见的。由于阿亚图拉支持占领大使馆，2月份的类比并不适用，因此决策者开始讨论恩德培行动经验的可行性。将伊朗人质危机与恩德培行动进行类比可能是布热津斯基提出来的，但接着琼斯和布朗进一步列举了恩德培行动和德黑兰行动之间的差异。万斯用他自己经历的事件来进行类比，如安格斯·沃德事件和"普韦布洛号"事件，但布热津斯基和乔丹都指出这些事件与伊朗人质危机有所不同。我们还不知道在政策讨论中每个类比者是如何积极地反驳他们的批评者的论点，但似乎很清楚，那些提出类比事件的决策者在面对不同观点时仍然坚持他们的类比。

可以这样假设，当一个决策者被迫面对非常新颖和非常规的问题时，他们不得不采用创造的或完全假设的推理形式。如果不能在现有的知识结构中解决问题，人们也很有可能不会回望历史，因为一个有用的匹配很有可能不会产生。但在这种条件下，确切地讲对认知捷径的需求是最大的。面对这种认知问题，卡特政府的决策者们似乎已经利用了部分类比事件，在不同的阶段吸收不同类比事件的经验，像拼图一样将他们拼凑起来。

从认知上来说，关键的决策看上去是通过做两件事来回应他们面临的新情况：首先，无论是有意的还是无意的，他们都试图找出一个或多个类似的可操作的类比事例；其次，通过各种方式试图让当前的情形或目标与类比事例更接近一些，从而增加两者之间的认知匹配度。逻辑上来看，由于一个人对过去的看法是相对固定的，因此这件事可以从两个方面来做：通过简单地消除后者与前者之间的不同之处，使类比事件看起来更像目标情形。再或者人们可以使目标情形的结构看起来更像历史类比事件，从而影响目标情形本身，使其更能相互匹配。

新的情况首先需要政策制定者在使用类比时弱化目标事件与类比事件的差别。例如，在伊朗人质危机中，万斯使用"普韦布洛号"事件与之类比，并忽视两者之间大量的不同。首先，与朝鲜的情况比较来看，伊朗很长时间没有一个可以谈判的政治权威，也没有可以达成遣返人质协议的能力。由于如万斯评估的那样，人质在霍梅尼的国内政治斗争中充当着马前卒的作用，而且在这场斗争中没有一个玩家敢于显示出"亲美国"，因此看上去不可能有人敢去谈判直到斗争结束。在"普韦布洛号"事件中，是直接跟一个稳定的、已确立的政府谈判的。

使用"普韦布洛号"事件作为类比的基础也忽略了很多事实，如"普韦布洛号"的船员们在 1968 年被俘期间受到了虐待。如拉塞尔·布海特所说："朝鲜对待美国俘虏非常苛刻。'普韦布洛号'的军官和船员们被关在一个很破烂、四面通风、到处是寄生虫的小牢房里，定期被毒打，甚至被打死，如用飞脚猛踹肾脏、用枪托猛击头部和肩膀等，这都是家常便饭。"他们的身体状况也非常糟糕，受伤的美国人质一开始就被拒绝送医。[5] 使用"普韦布洛号"事件来类比没有考虑到约翰逊和卡特采取行动的不同政治环境。在应对"普韦布洛号"事件时，林登·约翰逊可以有很长一段时间来谈判；与 1980 年一样，1968 年也是总统选举年。但是 1968 年公众的注意力都被越南战争所吸引。因为这个原因，"普韦布洛号"人质危机事件从来都不是众多美国人心目中的首要问题，也从来没有像伊朗人质危机那样吸引公众的注意力。在"普韦布洛号"人质危机事件时，树上很少系有黄丝带。因此有人认为，1968 年仅仅等待直到人质对劫持者再无用处是一个在政治上有望实现的策略，但在 1980 年伊朗人质危机中也许不是那样。这就是乔丹和布热津斯基认为这个策略不能成立的原因之一。

伊朗人质危机与"普韦布洛号"人质危机最终的不同表现在后者的解决方式上。在普韦布洛危机中，为了使人质释放，美国同意签署了一份认罪书，签署者是美国的谈判代表吉尔伯特·伍德沃德将军，他在签署前对朝鲜的文件发了一份书面否认书。但是在很多批评家的眼里，美国政府牺牲了美国的国家荣誉来解决这次危机。有趣的是，当"普韦布洛号"的船长、曾经的人质劳埃德·布克被问及卡特政府在 1980 年伊朗人质危机时该怎么做时，他强调"美国将人质从朝鲜救出的方式是错误的。美国用这种方法将人质从伊朗救出也是不对的。世界其他国家和历史将会认为这是软弱的表现，这背叛了原则"。[6] 但是对于目的来说，更重要的是重复这个策略对布热津斯基来说是不能接受的，最重要的是这对吉米·卡特来说也不能接受。同样，使用恩德培作为类比事例首先掩盖了这样一个事实，即德黑兰大使馆只是一个大使馆，而最成功的救援行动是在机场里进行的。其次，德黑兰位于人口密集的城市中心，距离美军基地有数英里。正如特纳指出，恩德培也没有使用直升机，而这是伊朗营救行动的一个组成部分。[7]

简而言之，万斯和布热津斯基都被迫采用历史类比，其部分经验可以适用于这个案例，这种类比被认为是后见之明。然而，从认知的角度来看，这样的筛选操作实际上是一种诚实的尝试，希望来排除类比中似乎不太重要的东西，因为决策者在区分这些不同之处，以便知道哪些地方在本质上仅仅是描述性的（"肤浅的"），哪些是根本性的（或"结构"）。对于布热津斯基来说，恩德培事件和德黑兰危机之间的分歧最终是可以克服的，他从恩德培事件中得到了基本的"经验教训"，即在重大危机中有时需要冒险行动。同样，万斯认为，只要人质在伊朗危机中不受虐待，只要卡特准备把人的生命放在民族面子和威信之前，他从"普韦布洛号"事件那里吸取的基本教训是，耐心和坚强是解决人质危机的最佳途径。

其次，一些决策者的确曾试图通过增加目标情况与类比事例的相似性来影响这个目标情况。布热津斯基将伊朗人质危机与恩德培事件之间类比的最终"胜利"表明，尽管当前情况与之前的案例之间不能直接匹配，决策者可以尽力操作或调整当前情况，直到当前情况与用来类比的案例更加接近。换句话说，过去和现在的情况不一致，并不会自动导致类比被丢弃，因为当前的情况可以被操纵，直到其结构特征更接近于过去的情况，从而方便开展类比行动。

当政策制定者在进行这些心理操作时，他们会尽力保留用来类比的事例中可能存在的偶然关系，这种关系很可能也被认为存在目标情况中。例如，对于布热津斯基来说，认定恩德培突袭行动的特点是非常重要的，因为恩德培突袭取得了如此杰出的成就，然后将这些特征转移到了德黑兰的目标情况中。救援策划人员的中心任务是找到一些方法来克服在伊朗人质危机与恩德培事件之间的差异，因为只有这样做恩德培行动的成功才可能在伊朗人质危机中被复制。如果成功的政策结果的关键原因是被类比的历史事例，而不存在于目标情况，那么这就减少了再次重现同样结果的可能性。因此，类比辩论往往集中在讨论哪些因素是结构性和哪些因素是表面性的。换句话说，对于一个特定的结果来说，什么是根本性的因素？什么仅仅是背景细节？

类比的选择：可用性和代表性

卡特政府在使用类比时对案例的可用性和代表性进行选择尤其引人注目，这在第二章进行过讨论（伊朗方面的情形我们已经在第三章讨论过，所以在这里只限于讨论美国方面）。在这方面，有三点似乎是最相关的。第一，决策者提出了七个选择——让巴列维离开、谈判、海军封锁、空袭阿巴丹炼油厂、在伊朗海港布雷、占领伊朗油库和进行军事救援行动，现有的证据很清楚地显示，所有救援都在某种程度上被讨论，但是只有两个计划被认真考虑：谈判和救援行动。令人注目的是，这两个选项有类比的先例，之前曾被用来解救人质。例如，对伊朗进行海上封锁并不是超出了人们的想象，但这是美国发送的决心在必要时使用更大军事力量的信号，这可能会加速释放人质。卡特很可能会想起，肯尼迪曾经使用过这种方式推动苏联从古巴撤走导弹。但在参与者的知识里，人质危机从来没有用这种方式成功解决过。人质被成功解救依靠的是耐心的等待，如"普韦布洛号"事件和安格斯·沃德事件，或者军事解救，如"马亚圭斯号"事件、恩德培事件和摩加迪沙行动。因此，对于这些选项，可用的历史类比为他们提供了某种程度的合理性和可预测性。其他选项很难想象可以作为解决问题的办法，因此缺乏合理性。不同的是，非类比选项就像瞎猜一样，因为接下来的事情会大大增加而不是减少局势的不确定性。人类的决策者们看上去很自然地倾向于采用过去成功过的策略，而不是在那种环境下从来没有试过的策略。

第二，与 2 月份的事件进行类比似乎一开始对所有的决策者都产生了影响。可能除了万斯，没有一个主要参与者预计到大使馆会被占领很长时间。对外来的观察者来说，卡特政府的决策者们后知后觉，缺乏相对的忧患意识，却总是自鸣得意。为什么决策者会接受将 2 月份的事件与当前的伊朗人质危机进行类比呢？为什么他们没有想到其他可以比较的历史事件，与 2 月份事件类比相比较，或许这些类比会提供一个相反的预测呢？一种可能的解释是与类比事件的可用性和表征性启发有关。1979 年 2 月份发生的事情是可用的类比，很显然是最近的类比，决策者很快就想到了这件事。在二月事件和十一月事件之间也有很强的"契合"：它们涉及同一个使馆，同一个城市，而且至少刚开始时似乎涉及同一类革命组织，所以表征性启发可能在这里发挥了作用。假如是这样的话，如果人们意识到两种启发在当前事件中起作用，那么就很容易理解1979年2月的事件会进入这些聪慧的决策者的脑海里。

第三，德黑兰的救援行动是在一个有利于这种行动的政治气氛下进行的，这一点对卡尼曼和特维斯基的理论主张和实证工作提供了有力的证据和支持。恩德培行动是一次成功的以色列袭击行动，它离发起德黑兰行动不到三年，因此可能有效吸引了决策者将它作为认知参考点。德黑兰发生的袭击事件是在恩德培和摩加迪沙的两次非常成功的任务之后，后两次行动形成的政治和军事氛围对这次行动的展开提供了支持。然而，问题在于这两次行动对于人多的案例并不具有代表性。令人痛苦的事实是，从统计学的角度来看，军事行动有很高的失败概率。亚伯拉罕·里比科夫指出，"以色列袭击恩德培机场，以最小的伤亡代价救出所有人质和营救团队，这是非常罕见的成功案例"[8]。正如亚历山大·斯科特所说："在第二次世界大战的欧洲战区，突击队、英国情报部门和美国战略情报局的平均四分之三的行动无论从什么标准来看都是'失败的'，德黑兰行动可以被礼貌地称之为灾难。"[9]

尽管没有胜算德黑兰行动仍然继续的事实支持了卡尼曼和特维斯基的论点，即胜利的可能性很少通过数学统计来预测。回想一下加里·希克在第四章引用的观点，与恩德培行动进行类比是一个"非常明显的事情"，它是"一场非常有名的行动……因此很容易让人想起它"[10]。相反，1970年越南的山西行动虽然比较典型并具有代表性，但不为人们所熟知，文献资料也很少提及，所以它们很少被用来作为行动的参考事件。正如斯科特所说："对于恩德培行动、拯救墨索里尼或者攻击伊本·埃马尔，都会像迪耶普突袭那样有两三次失败。[11]但是像汽车碰撞或恐怖袭击一样，只有成功才最受关注。"

令人惊讶的是，在撰写本文时没有太多的证据证明 1977 年著名的德国摩加迪沙救援行动被伊朗人质解救行动的策划者明确提出作为类比案例。[12]不过，有充分的证据表明，卡特非常了解这一行动，特别协调委员会的许多成员知道这一行动，这一行动特别是对卡特产生了影响。正如特纳指出的那样，在摩加迪沙成功突袭的第二天，卡特对德国的行动印象深刻，他向哈罗德·布朗发了一份备忘录，他问道："我们有和德国人一样的能力吗？"正如第五章所指出的那样，摩加迪沙行动是三角洲部队发展的主要动力，甚至是伊朗人质解救行动的训练模板。[13]

正如启发式方法可以解释为什么恩德培行动如此有吸引力，这也可以解释为什么"普韦布洛号"事件和沃德事件对大多数决策者来说没有吸引力。我们认为，"普韦布洛号"事件从未被乔丹等人完全接受的一个原因可能是基于其国内的政治意义。当然对此也有一个认知性的解释。相比之下，恩德培行动和摩加迪沙行动具有较强的可类比性，而"普韦布洛号"事件和沃德事件则不是。就像之前提到的，由于越南战争普韦布洛危机的救援行动在 1968 年没有得到美国大众媒体的关注，因此它的结构特征和细节没有引起卡特政府决策者们的关注，而恩德培行动在美国受到广泛欢迎并被誉为英雄式的成功。当然，万斯直接参与了普韦布洛危机的某些方面，但卡特政府高层其余的决策者没有参与，只有克里斯托夫和布朗 1968 年一直在政府工作。因此大多数的其他决策者只是从报纸上了解到人质事件。例如，虽然汉密尔顿·乔丹知道普韦布洛危机，他回忆说危机持续了大约一年，但他对当时的政治环境了解得不多。尤其是他声称林登·约翰逊在普韦布洛危机时并没有涉及连任问题，而实际上他涉及了。[14] 如果恩德培行动是"一个显而易见的事情"，那么可以说"普韦布洛号"事件和安格斯·沃德事件就是"非显而易见的事情"。这两起人质事件也都不是最近的事件，因此大多数决策者没有记起这些事件就不足为奇了。布热津斯基在谈到与安格斯·沃德事件的类比时说，他怀疑卡特在提醒他注意之前是否会意识到这一点。[15] 但是，我们知道他确实知道恩德培事件和摩加迪沙事件。

什么方法可以解释和不能解释

总结我们迄今为止的研究结果，我们认为，类比推理首先给出谈判和营救两种选择，而类比思维影响到许多细节问题，特别是三角洲部队在 1979 年 11 月以前训练的方式以摩加迪沙事件为类比案例；营救人员进出伊朗的方式以恩德培行动和佩罗的例子为类比案例；策划者对突袭大使馆的自信以 1974 年大使馆的演习为类比案例；对人质所在位置可靠情报的担心以越南山西事件为类比案例；优先保证保密和出其不意以及使用"速战速决"的武力营救以恩德培行动为类比案例；最后卡特总统选择不干涉他的军事指挥官暂停行动以猪湾事件为类比案例。

然而，类比推理不能解释什么呢？公平地说，谈判战略所使用的详细的细节并不能用"普韦布洛号"事件和安格斯·沃德事件来解释或预测。当这些类比看起来影响到万斯和卡特的谈判决定时，他们似乎并没有影响到谈判所采取的确切形式。尽管他们似乎影响了一些细节，比如在尝试新的选择前万斯准备对伊朗人忍耐多久。简而言之，卡特政府确实尽其所能地与霍梅尼接触，开辟一个直接的谈判渠道，而不是被这种或那种类比的细节所束缚。

如果类比理论能够解释伊朗决策的方方面面，那的确是让人很吃惊，因为在复杂的决策情况下个人使用不同形式的推理。有时候，卡特似乎或多或少有一些假定的推理，而没有提到任何明显的历史先例或相似的案例。1979 年 11 月 6 日，国家安全委员会和特别协调委员会开会讨论了一系列的选择，他们排除了一些军事选择，因为有些不太可能导致人质被释放，可能会导致一些人质死亡，或把苏联带入冲突，或会导致以上三种情况。但是，这样的预测是基于什么原因呢？如何评估可能性的程度？决策者们似乎完全以假设的方式来判断，因为据我们所知，没有人用历史类比来得出这些结论。

伊朗案例研究似乎出现了另一种趋势：随着时间的推移，类似的发生率似乎有所下降。当大量的类比案例如二月事件、恩德培行动、"普韦布洛号"事件、佩罗行动等涌现在早期会议上时，在救援任务失败后没有多少证据表明，那些负责恢复谈判渠道的人利用任何历史类比决定如何推进谈判。尽管当采用塔巴塔巴伊渠道与霍梅尼联系时，对法国渠道"失败"的记忆很可能使决策者们对此表示怀疑。这可能是一个文本信息和数据收集方式的一个伪现象。出于可以理解的原因，营救行动之前包括营救行动本身，向研究者提供了一个很有吸引力的话题，所做的研究也相对较多，但 1980 年 4 月到 1981 年 1 月这段时间并不是，因此我们对第一阶段的了解要多于第二阶段。

因此，类比推理在决策者早期决策过程中的重要阶段占据主导地位，从其他案例找的证据为这一点提供了支持。欧内斯特·梅和菲利普·泽利科发现，在古巴导弹危机期间，国家安全委员会执委会使用的各种历史类比，大部分是在早期阶段使用的。[16] 在古巴导弹危机初期就听到了慕尼黑事件、珍珠港事件、苏伊士运河事件和第一次世界大战等各种类比事件，但随着时间的推移，这些比较的频率似乎已经消失。这种趋势发生的原因可能是因为在危机的早期阶段信息水平特别低，决策又很有压力，因此认知的捷径首先是类比。可以想象，当决策者获得当前案件更多更可靠的信息时，这种捷径的认知需求可能会下降。我们对这一点还不够了解，因而不能肯定这种模式是否确实存在，但从伊朗人质危机和古巴导弹危机中所发现的结果至少是暗示了这一点。

目前我们认为，类比是我们理解周围世界的一种认知工具，从这个角度看卡特政府的决策者们利用了历史比较，而且真的认为这可以帮助处理他们面临的问题。但是，善于思考的读者会注意到，这个主要的假设可能存在缺陷，也可能是完全错误的。历史类比很有可能通常仅被用作通过某种方式已经达成的政策的事后理由，它建立在常识性预期的基础上。邝云峰在的著作《战争的类比》一书中有说服力地提出，林登·约翰逊和他的顾问们使用的类比是作为事前而不是事后的政策工具。但是，可以说是没有先验的理由认为这一发现在这里也适用于，所以我们将在下一节中讨论这个问题。在面对这个问题时，通过将伊朗决策与其他案例如古巴导弹危机进行比较有助于证明这个论点。由于我们现在对那件事知道得如此之多，因此它提供了一个相当可靠的比较点。

仅仅是事后理由？

怀疑论者经常认为，历史类比纯粹是说服人的工具，是玩弄权术的人战胜他人的工具，而不是用来了解新事件和新情况。例如，在伊朗人质危机中，每个决策者都有可能在根本想不到任何类比之前就对情况进行了界定并有首选的应对之策，只是利用历史来支撑他的政策偏好并将他的观点兜售给其他决策者。例如，赛勒斯·万斯可能已经认定，采取谈判政策是让人质获得释放的战略，经过推理他认为这样最符合国务院的利益，他也可能在决策前进行过各种类比来寻找可以支撑其观点的案例。泰勒和洛克在其最近的研究中指出，1991 年 1 月，国会关于是否授权在海湾战争中使用武力的辩论表明，"类比是使国会议员们的政策选择合法化，而不是驱使他们做出选择……国会议员们用类比来作为事后理由解释其政策选择，而不是帮助他们确定政策"[17]。而且他们认为这可能是类比通常所扮演的角色。

简而言之，泰勒和洛克发现，国会议员们在选择慕尼黑和越南事件作为类比案例时，意识形态比议员们的年龄或经历更重要。但是，为了辨析不同的"经历"概念，他们被迫使用对外交决策研究的学者来说相当严格的概念。例如，他们的分析假定，那些曾在越南战争期间政治卷入的人，或者参加过战斗的人，应该用越南战争进行类比，而那些在二战期间或之后政治参与的人应该用二战来类比。这忽略了一个事实，即许多个人随后可能会受到重要事件的影响，而不仅仅是最初的事件。这还忽略了一个事实：同一时代的不同成员往往从同一事件中吸取了截然不同的教训，所以人们不应该指望两个不同的人碰巧是同样的年龄就重要的政治问题达成一致。[18]学者罗伯特·

杰维斯长期以来一直坚持这个观点。意识形态与类比的选择密切相关的事实对于政治认知的学者来说不足为奇，因为许多心理学家认为类比在信仰的形成中起着关键作用。正如在第二章中所讨论的，模式是经历了多次同类问题后才形成的，然后才带来世界观的构建，例如，在万斯的例子里，越南战争对信仰体系的发展产生了重要的影响，它强调和解和外交妥协作为解决争端的手段。[19]

泰勒和洛克的关注点是一个很有思想和值得称赞的努力，试图来应对一个困难的问题，但最终他们发现的是，那些在信仰上相互认同的人比同龄人之间更有可能使用相同的类比，这也许并不让人意外。这也许表明，这个领域只有深入使用个案阐释的研究方法和对案例累积进行比较才能产生有意义的结果。泰勒和洛克也注意到他们的发现并不一定适用于美国的行政部门。国会议员可能会以事后的方式使用类比，这是因为"看台"的诱惑，在选民关心的问题上保持象征性的姿态。

但是事后的解释有一个直观的诉求，因为对美国和欧洲的政府及其官员的怀疑态度目前处于历史最高水平。而且，如果这个观点正确的话，这种观点将削弱目前这个研究过程中的一种重要假设。在这里我们认为类比的使用是出于说服性目的或作为官僚武器，但是假设行为类比主义首先使用相同的类比作为认知工具来了解当时的情形，或者提出一种政策来应对它，或者两者兼而有之。这种观点可以称为事前的观点，而此时可以将怀疑论者的方式贴上事后观点的标签。[20]简单地说，事前的观点意味着类比既是理解的来源，也是设计来战胜同事的很有说服力的工具，并不排除类比是用于说服的目的。另外，事后的估计认为这一切都是他们使用的目的。

那么，哪个观点是正确的呢？初步的研究发现，如同政治学中最有趣的问题一样，参照任何的实证准则最终也不能解决这些争论，它反对严格的或直接的测试。尽管如此，我们可以通过制定一些标准来间接地进行检验，这些标准可以用来判断类比是否被用作事前的理解和说服的来源，或者仅仅是事后的解释。通过仔细考虑每一个竞争性解释的含义，人们可以对所有解释最可能描绘现实准确图景的条件得出一个假设。

在这方面，有三个标准似乎特别有用。首先，如果类比仅仅是为了对于一个预选的策略战胜同事的正当理由，那为什么类比决策者从他或她的个人经验中吸取经验就没有道理了。我们期望事后辩解者能够从最广泛的经验中找到最有说服力的类比，没有道理将类比局限于个人的经历和背景。其次，如果类比是处理结构不确定性的认知机制，将不熟悉的事情变成熟悉的，那么我们期望决策者在做这件事情的时候从最熟悉的案例中吸取经验；当然，最熟悉的是个人经历，这些事情形成了他们的政治信仰。再次，如果政策决策者的确以这种方式限制自己的话，那么相信类比的可能性真的就相应增加了。

再次审视人质危机的案例研究，我们可以很容易地观察到，决策者所使用的类比的确与他们的个人经历相关。布热津斯基使用恩德培行动进行类比与他在该行动前曾与西蒙·佩雷斯和以色列人会面有关；万斯使用越南山西事件和"普韦布洛号"事件进行类比是因为他密切参与了这两个在美国政治史上有着重要意义的事件；琼斯使用"马亚圭斯号"事件进行类比是因为他在福特时期参与策划了这个行动。可能很难说这些决策者并不真正相信这样的类比。越南事件对赛勒斯·万斯的影响尤为惊人，在采访中他表示，他仍然认为讨论这场战争既困难又痛苦。[21]

在美国外交政策的其他例子中，我们也可以得出同样的看法。古巴导弹危机为我们提供了一个突出的例子，这个事件很容易被用来作为一个比较的案例。事实证明，在 1962 年 10 月危机期间，罗伯特·肯尼迪（总统约翰·肯尼迪的弟弟，时任司法部部长）在执行委员会的审议过程中曾多次使用珍珠港事件进行类比，讨论是否应该对古巴发动外科手术式的空袭，总统也一再使用第一次世界大战进行类比。[22] 对于这一点，我们应该如何认识它的意义呢？罗伯特·肯尼迪在想到这些类比前或者向他的兄弟和同事建议前，是不是不希望美国对古巴进行空袭呢？也许是司法部部长已经认定，他出于意识形态的原因反对用这种方式撤出导弹，然后到处寻找一些替代性方案来让鹰派人员相信不要采取空袭。很显然，如果成功的话，这将可以实现他所期望的目标，同时也可以通过"鸽派式"的商谈来避免疏远强硬派。或者也许他决定反对进行空袭，是因为空袭可能起不起作用，还会有冲突升级的风险。然后，他从历史书上找到了合理的理由，他认为这些理由可以说服那些迷信军事实力的人。在这两种例子中，将珍珠港事件进行类比将构成事后的理由，而不是理解当前情况的事前来源，目的在于说服执委会的其他成员。

不得不承认，弄清楚确定程度非常困难，可用的证据显示，罗伯特·肯尼迪真的相信他在古巴导弹危机中使用的类比案例，因为这是与他的亲身经历比较后得出的结论。珍珠港事件确实是罗伯特·肯尼迪早年生活中相当重要的一件事。正如阿瑟·施莱辛格所指出的那样，年轻的肯尼迪在学校时经常给父母写信，讲到了很多这方面的内容：

珍珠港事件时，罗伯特·肯尼迪刚刚十六岁，他在朴次茅斯的一所中学读三年级。这所学校离纽波特海军基地仅仅几英里，对战争反应得非常快。总部当时进行了灯火管制。"我们不得不在地下室坐了20分钟。"当航空母舰冲进纳拉甘西特湾时，男孩们看着飞机在遥远的天空练习俯冲轰炸。[23]

现在很多中年的美国人能记得，在古巴导弹危机期间学校也处于紧急状态，罗伯特·肯尼迪很明显记得年轻时期在珍珠港事件期间经历的相同的事情。因此，我们有充分的理由相信，这种鲜活的事件提供的认知可能性导致肯尼迪将古巴导弹危机与珍珠港事件进行类比，而不仅仅是为主张封锁策略寻求一个有说服力的论据。在这个例子中，事后观点在解释类比的偶然影响时在理论上遇到难题。因为罗伯特·肯尼迪偏好封锁策略而不是空袭，这如果不是来自珍珠港的类比又是来自哪里呢？这个观点在争论中也是有漏洞的，等于没有提出任何建议。也许罗伯特·肯尼迪从一开始就是"鸽派"，仅仅出于这个原因不想采用空袭的策略。然而这个论点在仔细研究的时候也是有问题的。一开始，他曾认真考虑过其他历史事例的相关性如"沉没缅因州号"事件，从一开始他的行为非常像一个"鹰派"人物。最后其他的政策决策者中没有人真正质疑过肯尼迪类比的是珍珠港事件。当然有人认为这是非常错误的，甚至是愚蠢的，但是没有人怀疑司法部部长的诚意。

据说在古巴导弹危机期间，影响肯尼迪类比思维的另一件事是第一次世界大战。约翰·肯尼迪私下在与他的顾问团进行内部讨论时提到过。如果这是一个事后的辩解，那这个类比又试图说服谁呢？毕竟，肯尼迪是总统。他可以一如既往地行事，找一个不太具体的原因不发动空袭就可以了。有证据显示他将这个类比的谈话局限在一小撮心腹的圈子里，对于这个小圈子他似乎表达过他对古巴导弹危机的真实感受。

当然，从某种意义上讲，总统从芭芭拉·图赫曼的研究中选举类比事例，他似乎已经做了事后辩解派声称的政策制定者应当做的事情：他似乎从历史书中攫取了一个论点。然而，正如他兄弟的情况一样，约翰·肯尼迪所使用的类比似乎与他以前的个人经历密切相关。泰德·索伦森指出：

> 我最早与肯尼迪交往时一个最喜欢的词是"失算"。早在他读过芭芭拉·图赫曼的书《八月炮火》（他曾向他的同事推荐过这本书）前，他还是哈佛大学的学生，曾修过一门关于第一次世界大战起源的课程。他说，他开始意识到"一个还没有卷入的国家进入战争是多么快呀，也就短短几天之内"。在导弹危机之后，肯尼迪曾提到1914年两位德国领导人关于第一次世界大战是如何开始的谈话，其中一个人说："所有这些事都是怎么发生的？"另一个回答说："啊，如果我们知道就好了"。当一个美国人问另一个人这些都是如何发生的时候，约翰·肯尼迪并不希望现在发生类似的，甚至更灾难性的事情。[24]

更明显的是，总统并没有试图说服别人使用这种类比。据我们所知，他在任何执行委员会的会议上都没有提到这一点。那么它怎么能构成事后辩解呢？如果他没有真正相信这个类比，那为什么还要用呢？

除了个人经验和类比事件的选择有关外，第二种考虑似乎在思考事前与事后问题上非常有用，这种考虑与类比的说服力有关。有理由认为，如果类比仅仅以事后辩解的方式来使用，而且有既定的观众，那我们不会期望政策制定者会采用明显不具有说服力的类比。由于政策决策者有大量的历史事件可以来类比，如果解释是准确的，那么人们会期待决策者倾向于去选择既定的观众可能喜欢的类比。例如，如果一个人正在一个到处都是"总统支持者"的房间说话，他不会支持一个意味着与政治痛苦联系在一起的类比。"总统支持者"就是总统的顾问，他们的主要利益在于关照总统的利益，在第一个任期保证他的连任。在这种情况下，在其他地方寻找另外一个类比是明智的，而且新的类比意味着相同的政策选择，但对总统的政治前景来说风险更小一些。相反，如果一个人坚持一个难以推销的类比，这可能表明他真的相信这个类比，并诚实地用它来理解一个不熟悉的情况。

再来看看人质危机的决策过程，类比事件的倡导者的确坚持使用被证明不受欢迎的类比，甚至他们很清楚他们选定的类比事件对既定的观众没有说服力。最值得注意的是，赛勒斯·万斯竭尽全力地使用"普韦布洛号"事件进行类比来劝说他的同事们使用谈判战略，即使很明显普韦布洛式的政策与官方的利益以及他试图说服的人的意识形态和世界观相冲突时，他仍然坚持。如果类比只是说服的工具，那万斯为什么选择一种显然不能有效地发挥这种功能的工具呢？

万斯可能无法成功地将"普韦布洛号"事件的类比兜售给卡特总统和佐治亚州总统的支持者如鲍威尔和乔丹，因为"普韦布洛号"事件类比意味着即使谈判结合耐心和坚定的决心可以让美国人质被释放，但这种政策的成功很可能会有选举失败的政治代价。对于万斯来说，这个代价是可以接受的，因为他不打算在卡特第二任期担任国务卿。然而，这对于总统是不可接受的，因为1979年年底即将进入选举年，这对于那些首要责任在于确保卡特连任的其他佐治亚州人来说也是不可接受的。鉴于他们价值观的不同，万斯与总统支持者之间的冲突可能是不可避免的。另外，布热津斯基许下了政治和政策成功的诺言，他相信经过精心策划、克服恩德培行动和德黑兰行动之间不同的困难，恩德培式的情景再现显然是可能的。

再回到古巴导弹危机的例子中。罗伯特·肯尼迪在执行委员会会议上和与总统的私下协商中不断提到与珍珠港事件的类比，与外交政策的重量级人物以及前国务卿迪安·艾奇逊在这个问题上进行辩论。如果他的目的只是为了战胜其他政策制定者，而不是让他们明白他的类比在复杂情况下更有优势的话，那他为什么坚持使用他的类比，而这些类比被执行委员会的成员们认为是毫无意义的、他为什么不去找找其他更有说服力的类比事件？

如果历史类比仅仅用来作为事后解释的话，那么类比的结构特征将影响后续的政策行为是没有理由的。换句话说，如果类比是简单的说服工具，那么一旦政策在原则上被接受，它的后续细节如何执行等应当受到类比事件的影响就没有道理了。在类比中，没有必要放弃比较，但类比不应该影响政策的细节。另一方面，如果这个类比是一个鼓舞人心的理解和指导的来源，那么我们应该期望决策者在设计政策的细节时使用类比，而不仅仅是实现他们的整体愿望。

类比影响所采用策略的具体细节的程度是比较难以准确评

估的，但在伊朗人质危机中，"普韦布洛号"事件和恩德培行动主要的类比在被采用后，似乎影响了卡特政策随后的一些细节。在早期阶段，国务院对伊朗危机的反应至少还可以说与约翰逊政府处理"普韦布洛号"事件相似。因为国务卿的催促下，卡特采取了类似于1968年所采用的逐级反应战略，并采用类似的措施加强美国的谈判策略。"普韦布洛号"事件似乎以某种特定的方式来影响伊朗政策的特点，建议耐心和顽固的谈判最终会带来成功，且不会带来人员伤亡。而且人质被释放可能需要好几个月甚至一年的时间，这就意味着在考虑更迫切的行动之外需要有一个时间期限。

同样，恩德培行动似乎在很多方面影响了伊朗人质的营救行动。总的来说，这意味着大胆而精心策划的行动可以带来政治和政策上的成功。但具体来讲它似乎对营救行动保密问题的考虑产生了决定性影响，从而导致了一系列的结果，甚至可能影响到卡特政府成员们在营救行动准备阶段进行的掩人耳目的手段。例如，布热津斯基访问西蒙·佩雷斯时，佩雷斯采取的转移注意力的策略，这个策略成功地骗过了波兰裔美国人（布热津斯基），后来被布热津斯基、鲍威尔和卡特用来在救援任务前与美国媒体打交道，有人可能会猜测这种行为是否部分来自于恩德培的经验教训。

很显然，支持一种特定解释所需条件越多，这种解释就越有可能是正确可能性是正确的。反之，另一种解释就是不正确的。从伊朗案例研究中得到的证据可能有利于上述原因的事前解释，但有一个更深层次的原因坚持这个视角。我们的分析是从这样的假设出发的：类比倾向于只在某些案例中和某些情况下使用。这本身也支持了事前观点，因为类比几乎在所有的政策环境下都可能用作争论的工具，所以如果事后方法的支持者是正确的，那么我们就应该看到它们会在所有的政策环境中被使用。然后在众多政策决策情况的例子中，人们采用了更普遍的信念或标准来应对发生的事情，而不是用历史类比来定义一种情况，并对其做出反应。事后观点很难解释为什么类比在这些情况下被认为是无用的，而认知的视角可以追溯到既定的决策者工作的不同情境条件。再者，当我们不能直接证明在伊朗案例中使用的类比真的被用于了解现实时，各种证据之间的平衡支持了他们的观点。

注释

［1］ Zbigniew Brzezinski, interview with the author.

［2］ Anonymous source, conversation with the author, 6 June 1996.

［3］ Stansfield Turner, interview with the author.

［4］ Khong, *Analogies at War*, pp. 219 – 220.

［5］ Russell Buhite, *Lives At Risk*, p. 143.

［6］ Quoted in "Bucher Compares *Pueblo*, Iran Plights", *Los Angeles Times*, 8 May 1980, Part Ⅱ, p. 4.

［7］ Turner, interview with the author.

［8］ Abraham Ribicoff, "Lessons and Conclusions", in Christopher (ed.), *American Hostages in Iran*, p. 386.

［9］ Alexander Scott, "The Lessons of the Iranian Raid for American Military Policy", *Armed Forces Journal International*, June 1980, p. 26.

［10］ Sick, interview with the author.

［11］ Scott, "The Lessons of the Iranian Raid", p. 73.

［12］ In interviews with the author, Vance, Brzezinski, Turner and Sick all failed to mention the Mogadishu raid.

［13］Turner, *Terrorism and Democracy*, p. 47.

［14］Jordan, *Crisis*, p. 37.

［15］Brzezinski, interview with the ahthor.

［16］Ernest May and Philip Zelikow (eds.) , *The Kennedy Tapes*: *Inside the White House During the Cuban Missile Crisis* (London: The Belknap Press, 1997) , pp. 699 – 700.

［17］Andrew Taylor and John Rourke, "Historical Analogies in the Congressional Foreign Policy Process" , *Journal of Politics*, 57: 460 – 468, 1995, p. 466.

［18］On this point, see Khong, *Analogies at War*, p. 33.

［19］This of course raises the question of why study analogies at all, if generalized beliefs determine behaviour. This question will be addressed in chapter 7.

［20］These terms are borrowed from the discipline of economics, where they are used to describe different conceptualizations of public and private expenditure and savings.

［21］Cyrus Vance, interview with the author.

［22］See Richard Neustadt and Ernest May, *Thinking in Tine*, pp. 1 – 16.

［23］Arthur Schlesinger, *Robert Kennedy and His Times* (Boston, Massachusetts: Houghton Mifflin, 1978) , p. 40.

［24］Taken from Theodore Sorensen, *Kennedy* (New York: Harper and Row, 1965) , p. 513. The same story was recounted by Robert Kennedy is one of his oral history interviews for the John F. Kennedy Library. See Edwin O. Guthman and Jeffrey Shulman (eds.) , *Robert Kennedy*: *In His Own Words* (New York: Bantam Books, 1988) , p. 168.

第七章　其他解释：伊朗决策的
非类比记述

在考察决策者们如何使用历史类比的问题后，我们现在需要把注意力放在其他更具体的批评上，这些批评可能会反对前面几章中提出的论点。第三章至第五章中分析的一个明显的潜在问题是我们可能在这里分析的案例研究中误传了事件，这样做可能会漏掉关键变量来解释所做出的决定。其他的解释当然是可能的，因为最终形成的决定是被记述了下来。事实上，在现有文献中，人质危机已经从各种理论角度进行了研究，其中绝大多数是从"非类比"的角度对人质危机的决策进行研究。很多研究很狭隘地去试图解释营救行动的决策，现在将解释伊朗决策的许多方面与我们在这里提到的问题进行比较是合乎情理的。这样做，有助于将类比的观点与文献中提出的其他解释关联起来，我们认为，前者与后者之间并不一定是不相容的。这里考察的所有理论原因不应当被认为是竞争性的解释。当我们对各种理论缘由进行研究时，这种观点的意义就变得很明显。

显然，任何分析师在研究国际关系时认为个人层面的原因起到中心作用，都会冒一定的风险：原因可能在其他方面。"更高层次"的分析可以解释他或她正在试图决策的原因。因此，了解每个决策者在特定情况下推理过程的细节，实际上不能为我们解释为什么这样决定提供理论价值，但他们自己看起来对这些问题很感兴趣。同样地，在前面的分析中，我们也可能忽略了其他个人层面的因素，它们同样解释的是更多的变量而不是所选择的变量。因此，我们应当逐级分析，从结构性解释开始，结束于个人层面的研究。

外部因素和国际体系

传统的国际关系理论家会产生的第一个也是最直接的观点是，结构性的、系统性的或外部的压力可能迫使卡特总统那样行事，或者至少可能成为决策的关键因素。有人认为，在一个特殊的"客观"情况下，任何行政当局都会像卡特政府一样做出这种决策。这种反事实很难反驳。用这个让人质疑的反事实来解释人质危机的决策基于一个事实，这个事实就是历史上的美国总统在面对与当前讨论的事件相似的人质危机时会有不同的反应。白宫里的官员们对这种情况会有不同的看法，在处理这个问题时会被明显不同的政策考虑所驱使。举一个特别引人注目的例子，1975 年在"马亚圭斯号"事件期间，杰拉尔德·福特总统在面对美国人被扣为人质时，与卡特的反应方式截然不同。一位总统认为这种情况主要是对美国的信誉和在世界上的"颜面"造成了威胁，另一位则认为这主要是对人的生命造成了威胁。其中一位总统几乎立即使用武力，另一位则在选择替代的军事方案前进行了几个月谈判。福特的行为和推理与林登·约翰逊在"普韦布洛号"危机期间的表现也明显不同。

结构性的解释可以解释决策者给予中东地区的重要性。但是我们在第三章中已经讲到，这种解释很难适用于伊朗人质危机案件。国际体系中的权力分配很难预测伊朗人质危机的结果。正如罗斯·麦克德莫特所说，美国不愿意或不能够使用其巨大的核武器和常规武器，结构现实主义很难解释为什么会出现这种情况。[1]简而言之，实际权力并没有转化为可用的权力，伊朗长期把持人质的能力很难与结构理论保持一致，因为如果权力能决定结果，那么为什么伊朗在与美国斗争中长期占据上风呢？

近年来肯尼斯·华尔兹的新现实主义已经成为体系论中最受欢迎的版本。但是作者自己承认，理论不能解释人质劫持者背后的霍梅尼为什么决定将政治权重在几天后变成了一场危机，也不能解释为什么卡特决定授权执行营救任务。华尔兹认为国际关系理论和外交政策理论存在明显的不同；他认为外部因素往往只是为决策提供了背景，他认为，我们需要单元层次理论来解释在任何特定情况下做出的独特的政策选择。[2]这个区别对于华尔兹来说是很重要的，这使得他能够将单元层次的因素排除在分析之外，从而保留了新现实主义的主要特征——简约性。但这种区别的有效性已经越来越受到他的朋友和敌人的怀疑。柯林·埃尔曼虽然并没有试图发展一个新的理论，但他认为一个新现实主义的外交理论政策原则上是完全可能的。艾利森和泽利康从反现实主义的立场出发，也反驳了这种区分，并指出华尔兹经常用其理论来解释外交政策的选择。[3]

目前对于人质危机还没有发表新现实主义角度的分析，也没有人试图从结构主义理论的角度来解释它。我们如何构建这种解释呢？当然这种构建有最终建成一个稻草人的危险，但是如果能够衍生出一个可行的替代解释方案，那么冒这个风险是值得的。这样一个系统性的解释最终可能会是这样的。根据绝大多数观察家的观点，整个人质危机期间国际体系是两极格局。我们可以进一步提出，在一个两极体系中存在一种内在的结构动力，使一个超级大国的进步或收获必然导致另一个超级大国的反作用。这种式微的权力试图重新恢复现状，而这种努力是一种系统性的必然要求，即不管涉及的国家的内部特征如何，它都会发生。例如，在古巴导弹危机期间，这适用于美国的外交政策，有人认为美国必须在某种程度上对苏联在古巴部署核导弹做出反应，因为这是以牺牲一个大国来支持另一个大国，从而改变了大国的战略均势。

将这种框架应用于人质危机并非那么明确，因为冲突中只有一方是超级大国。但我们认为，害怕苏联干预，或者说害怕在世界战略要地建立一个新的苏联基地，是阻止美国果断采取行动的原因。因此，有人解释与伊朗进行谈判的决定，并不是与"普韦布洛号"事件和安格斯·沃德事件进行类比的结果，也不是卡特的自我道德信仰体系的结果，而是美国害怕激怒苏联或是给苏联提供对伊朗采取行动的借口所产生的结果。

当这个观点被如此简单地提出来时，它看起来很有吸引力。此外，也有一些经验证据表明，在人质危机发生之前，尤其是在伊朗国王倒台的最后几天，卡特政府内部关于如何支持巴列维政权的激烈辩论时，卡特总统尤为担心会为苏联提供这样一个借口。他在回忆录中写道，如果巴列维政权倒台，"我担心苏联领导人可能会禁不住进入伊朗，重复他们在本世纪已经做了三次的事情"[4]。这一担忧似乎已经成为人质危机的一部分。在救援行动执行前举行的一次关键会议上，卡特告诉赛勒斯·万斯："我一直担心的是，这场危机可能会导致我们与苏联的直接对抗。"[5] 根据兹比格涅夫·布热津斯基的观点，苏联进入阿富汗使美国不太可能对伊朗采取军事行动。布热津斯基指出，"在苏联入侵阿富汗之前，军事行动的趋势越来越严重。苏联对阿富汗的侵略遏制了这一趋势，我们的战略日益变为通过行使军事克制来挽救人质的生命、提升我们的国家利益"[6]。在

1979 年 12 月的事件之后，万斯在某种程度上也很担心，希望政府不要做任何可能"把伊朗逼入苏联怀抱"的事情。[7]

然而，这种方法至少有三个主要的困难。第一，尽管对 1979 年 11 月之后苏联可能做的事情的担忧仍然存在，但几乎可以肯定的是，至少在卡特和万斯的心目中，人质的安全返回成为美国伊朗政策背后的核心动机。尽管如上所述，卡特确实把与苏联的冲突描述为他"最大的忧虑"，但他其他许多讲话表明，人质的生命是他的首要关切。他坚持拒绝选择他认为会危及这一目标的方案。[8]第二，系统论的观点也很难对营救行动进行解释，这是本书讨论的核心难题之一。毕竟，如果对苏联介入的忧虑确实是主要的关切，那么军事行动会为苏联干预提供十足的借口，这一点是卡特政府最希望避免的。正如万斯在反对这一行动时所说，即使成功，（这一行动）也可能把伊朗推到苏联手中。万斯说道，"我们不得不担忧无论营救任务成功或是失败的后果"，"苏联会做出什么反应？……我们称之为营救任务，但它将被其他人理解为军事行动"。[9]第三，这个系统论的特定解释最重要的问题是不同决策者观察或感知的结构性情况不同，第二点也强调了这一点。对于在决策上起着至关重要作用的系统性的力量或客观的"结构"，这种影响应该或多或少是明确的；换句话说，决策者们应倾向于以类似的方式看待局势的本质。然而，有证据表明，万斯和布热津斯基针对美国各种行为对苏联行为的可能性影响的看法尤为不同。虽然大家都认为把苏联赶出伊朗是可取的，但是他们对这样做的有效方式持不同意见。虽然万斯将其作为反对营救行动的论据，但他认为伊朗转向苏联的可能性很小。万斯指出，霍梅尼不喜欢苏联，就像他不喜欢美国一样，相比于这种可能性，布热津斯基似乎更倾向于考虑这种可能性的结果。[10] 最终，个人的看法比结构性需求更为重要，因为没有人能够认同这些需求是什么。

也许更有希望作为外部类型的解释是，罗伯特·杰维斯对这种理论的重新表述，尤其是他对多米诺骨牌效应理论的论述。[11] 杰维斯认为，国家在最近遭遇国内外损失时，特别容易采取好战的外交政策行为。换句话说，强大的国家在遭遇某种失败或损失之后试图恢复其国际声誉和威望，他认为这可以至少部分地解释福特的马亚圭斯营救行动或里根的格林纳达行动，前者是对西贡沦陷的反应，后者是对伊朗人质危机的反应。[12] 这种方法明显应用到了伊朗营救行动中。近年来，美国遭受了许多重大损失，如伊朗这个附庸国的丧失、入侵阿富汗和人质被劫持，这些都使美国在国际上显得软弱无力。根据这个理论，最近的这些损失使得美国越来越可能以一种好战的方式行事，以重建其在世界上的声望和威望。

而且这种做法乍一看似乎有很多值得推荐的地方。总的来说，正如第五章简要提出的那样，入侵阿富汗可能已经使顾问团的平衡倾向于支持布热津斯基的世界观而远离万斯的观点。这一点无疑使卡特在处理与苏联关系时有"变得强硬"的压力，也可能导致他对伊朗采取"强硬行动"。换句话说，这个外部事件可能对难以观察的决策环境有微妙的影响。尽管如此，追溯特定外交政策损失与做出营救任务的决定之间的因果关系是很困难的。例如，从入侵阿富汗到展开营救行动有 4 个月的时间间隔，大使馆被占领与营救任务之间的间隔为 6 个月，巴列维政权倒台与营救任务之间的间隔为 15 个月。这些时间的滞后也许会使人怀疑这种效应的重要性，尽管在杰维斯的理论中并没有不允许这种延迟。

伊朗人质营救行动中一个更严重的问题是，救援方案是五选一。这就是为什么外部压力如重建美国声誉的需要，迫使卡特政府选择了营救行动而不是海军封锁或空袭。毕竟，后者通过向伊朗发出明确的信息，以更有说服力的方式强化了美国的威望。当然，对此也有人说这次营救行动之所以被选中是因为这是最不暴力的选择，因为卡特是一位主张人道主义的理想主义者。但是，一旦有人这样做，他就引入非外部因素支持一个相当不完备的解释。

对于整个伊朗人质危机，多米诺骨牌效应的理论解释是不适用的，同样在解释营救行动上也是有问题的。一个问题是，它不能解释为什么决定花这样长时间去谈判，因为根据这一理论，对损失的反应将是好战，而不是耐心去尝试建立对话。另一个值得注意的问题在前面已经提到：在这种情况下，不能假定一个单一的行动者。一些顾问把美国的威望放在第一位，使他们特别容易受到上述讨论的动机的影响，但对于大多数人来说，人质的生命是至高无上的。此外，这个政府的成员有很多人主张采取强有力的军事方法解决问题，还有很多人认为美国在世界上的声望优先于其他目标。布热津斯基认为，苏联进入阿富汗显然是对美国威望的一个打击，因此在伊朗问题上更要小心行事。他认为，在阿富汗事件之后，政府早期考虑的一些最具惩罚性的措施变得不适当，因为这些措施"很可能会将伊朗推到苏联的手中"。[13]吉米·卡特也拒绝仅仅根据美国的声誉和威望判断伊朗人质危机的状况，因此拒绝了最有强有力的军事解决方案，如炸毁伊朗的港口或轰炸哈格岛，这两者无疑会向霍梅尼传递出强烈的意图信息。布热津斯基认为营救行动仅仅是为了重建美国威望的这个观点是值得质疑的，苏联入侵阿富汗后他关于各种军事选择的观点表明，多米诺骨牌效应理论的论证过于简单化，因为它只注重一个外部因素——国际声誉，而排除了其他因素的影响。它也忽略了类比推理的效果，因为如果一个国家以前遭受了损失将有可能采取不成功的军事措施，有人称之为"不成功的好战"，我们期望这个国家在不久的将来会避免交战。在美国，最明显的例子就是越南，这显然使得美国决策者在考虑使用武力时比以前更加慎重。[14]

对外部变量所起作用的不同理解是可能的，这一事实可能突出了整个系统层次解释的不确定性。当一个版本的系统理论可能表明苏联入侵阿富汗可能使美国对伊朗人质危机的反应出现非军事化的效果时，另一个版本则认为这使得军事反应更为可能。当然，上述两种理论中的一种可能是正确的，另一种则是不正确的。但两者都不能解释为什么一开始决定谈判，而后来又变成采取军事营救行动。第一种说法可以解释为什么使用非强制措施而不是采取军事营救行动的决定，而第二种说法则相反。此外，这两种理论都强调客观的结构和情况，而不是经常以相互竞争的方式来看待这些情况。这种解释的真正问题不在于它们指出存在一个有压力和制约因素的国际体系。这个体系是客观"存在"的。困难在于，他们经常不重视对这些因素的解释方式，而且它们经常被决策者用不同的方式来解释。系统变量也通常不能预测决策的内容。它们构成推动决策过程的一般动力，其确切影响很难衡量，但根据它们鼓励决策者所选的政策来看，这些变量不是一些具体的因素。然而，这种语境下的力量产生了做出决定的需要，因此除了如类似类推法预测决策的内容外，我们要考虑它们的一般性影响。

伊朗国内政治

在人质危机中，第二种解释更加强调詹姆斯·罗西瑙所称的伊朗决策的"社会"来源。[15]这种方法打开了这个国家的黑匣子，而这个黑匣子被系统层次理论者有意关闭了，这种方法尤其强调在霍梅尼和卡特的决定中国内政治所起到的部分作用。正如我们已经看到的那样，人们普遍认为，美国人质对霍梅尼来说是有用的，因为它是伊朗革命之后压制其他激进集团吸引力的国内手段。虽然这一解释不能解释学生最初占领大使馆的原因，但大多数评论员同意，阿亚图拉在这一行动发生后的行为很可能是出于这种考虑。

乔·哈根在全面回顾国内政治力量对外交政策决策的影响时指出，霍梅尼很有可能需要利用大使馆被占事件，更广泛地采用反西方的言辞，以便建立一个占主导地位的或者说胜利的政策联盟。因此，他将自己的意志强加给当时的局势，即强硬派和温和派的派系斗争，当时伊朗国内的权力是分散而不是集中的。他认为，这种情况的特征是急于寻求政治生存和政策合法化的需要。[16]"政治气氛动荡通常阻止了与反对派讨价还价的可能性，因为反对派是不被信任的，不太可能通过相互妥协来实现和解。"[17]哈根指出，"外交政策是团结公众和诋毁国内对手的一个相对可行的手段"。关于为什么伊朗会挑战一个更强大的对手，从而忽视体系的压力，哈根的含蓄分析也提供了一个令人信服的解释。虽然他没有特别就霍梅尼提出这一点，但他指出，持续的政治动员努力可能"导致对外国威胁的过度反应和/或国家能力的过度扩展"[18]。可以说，伊朗的政策不是源于其在国际体系中的地位，而是出于国内的需要，后者决定了一种与前者所建议的完全不同的行动。

在美国方面，也有一些证据表明，国内政治动机在决策中发挥了作用。在制定美国外交政策时，任何总统都不能忽视国内政治因素的影响，如公众舆论、自己的支持率、大众媒体施加的压力、国会议员的意见和行动，或整个国内社会的发展。特别值得注意的是，吉米·卡特将于 1980 年 11 月面临总统选举。人质营救行动只发生在这次选举前 7 个月的事实，对许多观察家来说似乎意义重大。卡特面临的挑战不仅来自共和党候选人罗纳德·里根，还来自他所在的民主党总统初选中的参议员泰德·肯尼迪。人们也不能忽视来自大众媒体，特别是来自电视的巨大压力。在哥伦比亚广播公司，沃尔特·克朗凯特在人质危机期间一直对卡特施加压力，要求他确保人质从德黑兰安全返回。克朗凯特每天晚上都会通过宣布美国人被拘留的天数来结束节目，并且至少有一位决策者承认，这个简单的行动确实对他产生了一些影响。[19] 在美国广播公司，泰德·科佩尔开设了一档晚间节目，向美国人民介绍德黑兰的最新情况，这个节目和其他电视节目对人质家属的情感访谈进一步加大了卡特的压力。尽管当时国会许多人担心向卡特施加压力会被视为强烈地反对总统，但卡特在国会的确面临着越来越大的压力，不得不去做点什么。然而，对于那些 1980 年总统候选人提名的人来说，卡特对伊朗人质危机的应对是一个几乎不可抗拒的话题。一些人吸取了慕尼黑的教训，指控总统在张伯伦式的"姑息"一个独裁者。例如，前得克萨斯州州长约翰·康纳利在人质被扣押后不久就说，"如果绥靖是一种艺术形式，那么本届政府将是我们时代的伦勃朗"。他认为，美国"不能忍受被人踢来踢去"。[20]

正如第一章所指出的那样，当人质最初被劫持时，卡特的支持率从原来的 30% 左右上升到了 60%，这是"团结在国旗下"效应产生的结果。但是随着危机从 12 月到次年 1 月，选民们显然开始质疑总统掌控危机的能力。1980 年 4 月，卡特的支持率已降至 40%，而且还在下降，只有 30% 的人赞同他的总体外交政策。因此，任何一位总统都会想要做些什么来阻挡潮流，扭转自己的选举命运，这是相当合理的。伊朗人质营救行动也是在这些数字所暗示的政治数学的推动下发生的。甚至有人说，由于这些强大的国内压力，即使恩德培行动从未发生过，营救任务也会进行。[21]

在随后的几年中，卡特和他的主要顾问都在访谈和回忆录中指出，这种考虑对实施救援任务的决定没有任何影响。例如，布热津斯基所指出，"我们从来没有明确地讨论过我们在伊朗可能要做的事情和国内政治之间的关系；总统和他的政治顾问也从来没有和我讨论过我们关于伊朗的一个或另一个选择是否会产生更好或更坏的国内政治影响"。[22] 同样，斯坦菲尔德·特纳说，卡特的"政治地位……从未在特别协调委员会上讨论过。我们的建议是基于我们认为对国家最有利的东西，而无论其国内政治影响如何"[23]。这位前总统随后表示，"如果我们能在 1980 年 4 月救出人质，我毫不怀疑我会成为英雄，我们的国家会感到欣慰，我会再次当选总统"[24]。然而，他始终否认，正是这种心理状况导致他发起了这次任务。例如，在营救行动失败后不久举行的记者招待会上，卡特声称，"（对于我参与连任选举来说）扣押人质的政治含义不是什么问题……我认为这与继续努力释放人质的政治前景成功与否没有任何关系"[25]。同样，前特别顾问劳埃德·卡特勒认为，卡特实际上愿意付出巨大的政治代价来解救人质：

> 我认为，他是一位很值得称赞的总统，没有做其他总统很可能做过的事情，即采取非常极端的措施、保持坚定的立场，宣战，并立即进行海上封锁等诸如此类的事情。这些可能会让他赢得 1980 年的总统大选。我毫不怀疑那曾是我们想做的反应……这本来可以更加吸引公众的关注，从而让他在 1980 年总统选举中获胜。但他并没有这么做。他的确没有做。他也知道不这样做他就会受到政治惩罚。[26]

布热津斯基同意这一评价。他在 1982 年接受采访时说："如果在伊朗人质危机时，他不是关注人质的生命，而是愿意将这件事定性为事关国家荣誉和国家安全的大事……在某个时刻，把德黑兰炸成地狱，让人质被杀，我认为他仍将是总统。"然而，这不是卡特曾准备考虑的事情，尽管他非常清楚，如果不这样做，他很可能会在连任选举中败选。布热津斯基声称，在外交政策上"他不够政治化"。[27]特纳也做出了类似的结论，他指出，"虽然总统和他的政治顾问们一定非常清楚这场危机对吉米·卡特连任前景的影响，但我从来没有看到他把这种考虑放在符合人质最大利益之上的任何迹象"[28]。

这些参与者坚持认为，决定营救任务时机的是伊朗的天气和时间，加上卡特的耐心耗尽。总统的军事顾问指出，不断的拖延将减少伊朗黑夜的掩护，从而将已经在敌对地区进行的为期两天的行动变成了为期三天的行动。这反过来增加了被察觉的风险。这一点与过分强调行动的保密性保持了一致，之前已经讨论过。

然而，尽管总统及其顾问有各种解释和否认，但仍不可避免地让人疑惑。声称各种替代方案的国内影响对卡特政府的决策没有任何影响显然是不现实的，而且人们总是选择不相信决策者的话。毕竟，在外交政策背景下讨论国内政治有一定的社会禁忌，人们期望国内政治在合适的地方被讨论，而不是国家安全委员会或特别协调委员会。为了为国内动机理论提供实证证据，斯科特·西格蒙德·加特纳分析了卡特的民意调查评级趋势。加特纳认为，决策团体中的"总统支持者"，如乔迪·鲍威尔、汉密尔顿·乔丹和沃尔特·蒙代尔，在1980年初在政府中处于政治优势地位。加特纳发现，"通过观察总统支持者的主导指标的变化速度，我们能够解释使用武力作为国内政治决定的时机。到3月底，总统的支持率骤然下跌"[29]。

加特纳认为，鲍威尔和乔丹越来越担心卡特支持率的下降是合理的。然而，像往常一样，这些数据本身并不能说明问题。不可否认的事实是，卡特支持率下降的速度在3月底明显加快，这就是为什么4月份开始人质营救行动的原因，这是可以推断出来的，这一点也是加特纳意识到的一个问题。[30]然而，比卡特政府官员们的坚持更有说服力的是，这些危险的考虑在1980年3月和4月决策时并不重要，而是基于这样一个简单的事实，即国内政治的考虑并不能解释为什么在1980年初期营救行动对决策者来说是如此吸引人。卡特政府为什么没有考虑其他的军事选择，这些军事选择会让总统"看起来更强硬"，而且可能会让人相信人质在总统选举前会回家。即使有人承认，国内政治可能导致救援任务发生，但从我们自己的角度来看，这一立场还有许多问题。应该指出的是，加特纳的论点实际上只是关于时机的问题。他没有解释所选政策的内容。因此，虽然各种国内压力可能鼓励卡特以某种方式行事，但他们显然没有促成的具体决定。与外部因素的观点一样，问题在于国内解释通常是非内容性预测；在这种情况下，国内政治争论与决策者讨论的五种选择相一致，未能说明为什么政治考虑会迫使某一种选择而不是其他选择。

即使有人赞同卡特为了营救他的选举人而试图营救人质的说法，我们仍然无法解释为什么卡特身边的人会认为营救行动最有可能达到目的。国内政治的理由也不能解释，诉诸武力会增加卡特连任的机会，那为什么卡特在决定营救行动前等了那么久。另外，类比推理提供了一种可以说明这两种现象的解释，这种解释不用诉诸动机推理，这些推理几乎不可能找到支持性的证据。而且，类比推理的解释实际上可以包含国内政治的因素。恩德培事件的类比就有一个国内政治因素：一场营救行动不仅可以解救人质，而且还可以巩固策划和下令营救行动的政治家的国内政治地位。另一方面，"普韦布洛号"事件的类比则暗示着政治代价，所以类比的使用与其国内政治影响之间显然存在某种联系。关于类比与国内政治之间的关系，我们将在结论部分讨论。但就目前而言，要注意到国内考虑很可能是对所发生情况的补充性而不是竞争性的解释。人们可能应该将这些国内压力视为改变决策环境的几个背景变量之一，也许其改变了两种选择——谈判和营救这两种已经被认为是"可行"的选择之间的少量平衡，从而帮助布热津斯基和恩德培的形象战胜万斯和他的普韦布洛形象。

官僚政治

格雷厄姆·阿利森的官僚政治理论最初是在他突破性的成

果《决策的本质》中提出的，后来又在与莫顿·霍尔珀林和菲利普·泽利科的合作中改进，他的观点在关于外交政策决策的文献中被广泛地讨论和评论。[31] 然而，这种方法不太适用于1979 年的伊朗决策。整个理论框架最初是为了解释美国的决策，它的关键在于发达的制度和官僚忠诚的存在。例如，对于阿利森的模式二（组织过程）在解释政治决策时，国家机构必须完善并长期存在标准的操作程序。模式三（政府政治）同样要求并假定已建立的组织能够动员其成员进入他们自己有限的思维模式。J. S. 米格德尔怀疑能否将这种模式应用于第三世界国家，因为第三世界国家往往缺乏这种发达的官僚结构。[32] 然而，抛开这个大问题不谈，似乎很明显，1979 年伊朗的革命环境并不适用于阿利森模式的基本先决条件，这两个模式都要求伊朗国家内部稳定，但这显然是伊朗所缺乏的。就 1979 年 11月在伊朗存在的任何权力制度而言，它都是易变的和偶然的，并且起源于一个人最初脆弱的权威。

对于 1979 年的伊朗决策，如果人们不指望官僚政治模式能告诉我们一些有意义的东西，那么美国方面的情况看起来就更有希望能解释这一切。史蒂夫·史密斯提供了一个关于决定进行营救行动的报告，该报告遵循阿利森模式，将主要参与者的政策偏好首先归因于官僚主义。尽管他承认对该观点是否适用于本案有一些疑问，但史密斯认为，唐·普莱斯的相当老生常谈的名言——"你的立场取决于你的位置"[33]——能够合理地解释政策辩论中不同参与者的观点。例如，他认为，"那些被列为'鹰派'的人所采取的立场可以提前预测。有证据显示，布朗、布热津斯基、琼斯和特纳这四个人提出政策的一致性反映了他们在官僚体系中的立场"[34]。另一方面，总统支持者如蒙代尔、鲍威尔和乔丹所采取的政策立场表明，"他们首先关心的是危机对卡特总统连任的影响"，并且他们倾向于提倡他们所认为符合总统国内政治利益的任何东西。[35] 最后，史密斯认为，"官僚角色决定政策立场的证据在'鸽派'官员中表现得最为明显，如国务卿赛勒斯·万斯和副国务卿沃伦·克里斯托夫"[36]。

然而，史密斯小心地避免过分使用严格的官僚政治模式，但他认识到政策偏好是官僚主义立场和信念相互作用的结果。显然，当将更尖锐的解释应用于整个危机时，结果好坏参半。[37] 乍一看官僚主义的立场与美国决策者对人质问题的政策偏好之间似乎存在相关性，特别是当人们审视紧急营救的预备行动时。然而，虽然"相关不一定是因果关系"是个不可否认的事实，但对于哈罗德·布朗和戴维·琼斯，当有人审视他们在危机的前几个月里的立场时，这种明显的相关性也消失了。作为国防部部长和参谋长联席会议主席，这两人正是官僚政治模式预测将倡导军事措施的两人，然而，他们在一开始就强烈要求排除这些选择。按照官僚政治模式来说明他的政策偏好，布朗应该不会怀疑这种情况下的军事选择可能成功的前景，正如他在早期会议上所指出的，这"不是恩德培"。类似的观点适用于琼斯，如果不知道他曾经在四年前策划了一个类似的行动并且这个行动被许多人认为是巨大失败的话，很难解释他为什么对继续进行营救行动持犹豫态度。

此外，万斯提倡克制，布热津斯基主张使用武力，这似乎与他们的官僚主义角色有着微弱的联系。例如，反事实推理表明，赛勒斯·万斯在这场危机中所处的立场未必取决于他在什么职位上。让我们想象一下，当吉米·卡特 1977 年上任时，万斯被任命为国防部部长，而不是国务卿。因为万斯曾是约翰逊时期的国防部副部长，如果休伯特·汉弗莱赢得 1968 年的总统大选，万斯可能会获得五角大楼的最高职位，这并非完全不可能。如果官僚政治理论家对政策偏好来源的判断是正确的，那么万斯如果被选为国防部部长，想必是 1980 年营救行动的热心支持者，而不是一个不可救药的坚定反对者。但很难想象万斯在这个官僚体系中的位置变化，改变了他对其所关心的问题的态度，最后竟然会辞职。万斯借鉴了他本人在"普韦布洛号"事件和越南事件中的个人经历，认为这是影响他在人质问题上立场的决定性因素。[38] 同样，人们能否真的想象到，国务卿布热津斯基面对挑衅时主张谈判和克制？正如史密斯对布热津斯基评价的那样，"无论他在卡特政府中担任什么职务，他都会采取类似的主张，这是值得商榷的"。[39]

如果官僚主义立场确实决定了一个人在某一问题上的立场，那么历史类比和一般的认知应当被视为效果而不是原因。在人质危机期间，万斯的亲谈判立场可能是由他领导国务院，并有意或无意地捍卫自己的官僚主义领地的事实所决定的。在这种情况下，人们会期望他四处寻找某种类推或其他支持国务院在这个问题上的立场，这可能有助于使其他决策者意识到采用非好战的方法解决问题的愿望。决策者们知道，在重大危机期间将自己组织的狭隘利益置于"国家利益"之上，将会降低他们在其同事眼中的合法性。因此，必须找到其他理由来支持同样的结论，如通过一些更受社会尊敬的途径来达到这一目的。

可以想象，有人可能会认为万斯和布热津斯基都在以这种方式使用他们的类比。然而，除了我们已经对这种可能性提出的怀疑之外，与其他案例的比较研究发现"你的立场"和行事风格之间的关系并非如此，人们可以很容易地举出许多角色扮演者没有按格言（"你的立场取决于你的位置"）所说的方式发挥作用。例如，海湾战争前的参谋长联席会议主席科林·鲍威尔反对使用军事力量，并认为应给经济制裁更多的时间；作为国防部部长，罗伯特·麦克纳马拉反对在古巴导弹危机期间的外科手术式空袭，并在他身处五角大楼的最后几年里反对轰炸北越；担任国务卿的迪安·拉斯克却一直支持采取轰炸行动；作为国务卿，亨利·基辛格支持马亚圭斯营救行动；詹姆斯·贝克作为国务卿支持美国军事介入海湾；1984 年贝鲁特爆炸案发生后，美国国务卿舒尔茨主张军事报复，国防部部长温伯格则加以反对；1988 年，国务卿舒尔茨支持对巴拿马的曼努埃尔·诺列加采取军事行动，而国防部部长卡洛奇和参谋长联席会议主席威廉·克洛则反对。决定论的研究方法一次又一次地没有成功预测到参与者的立场。

最近，出现了更多系统性的证据，这些证据似乎是对这一方法的最后一击。与大多数倾向于关注官僚政治方法的理论缺陷的批评人士不同，爱德华·罗兹试图用实证来检验"你的立场"，并且发现研究结果并不支持这一论点。然而，让人感兴趣的是他选择的研究案例：罗兹考察了海军采购和预算问题，这两个问题正是批评者和拥护者都期望该模型最起效的领域，考察发现在涉及这些问题的决策者中，狭隘的自我利益和政策偏好之间的关系很小。[40] 他的结论是，其他因素尤其是决策者的信仰体系可能比官僚立场更重要，这与史蒂芬·克拉斯纳和罗伯特·阿尔特在《决策的本质》发表后不久所做的理论批评相一致。他表示："这起案例的调查结果给了我们相当大的理由去怀疑任何关于官僚政治对塑造国家行为至关重要的普遍说法。"[41]

重新审视伊朗人质危机会发现，来自个人的经历在决策中所起的作用远大于"纯粹的"组织或官僚政治视角所暗示的作用。此外，一旦人们卸下了关于立场决定政策态度的假设包袱，官僚政治框架就失去了解释和预测的价值，人们被迫更多地依赖这里所强调的那种个人认知水平的变量。与理性行为者模型不同的是，官僚政治的视角至少为我们提供了一个理论，说明为什么特定行为者会坚持他们的政策立场，以及谁可能会坚持何种立场。然而，正如罗伯特·阿克塞尔罗德所指出的那样，这两种观点有一个共同的缺点，因为他们都没有明确说明"选择的后果是如何被评估的"。[42]当然，类比推理模型正是通过将感知到的可能性与过去的经验联系起来，提供了这样一个解释。

如果说在伊朗人质危机上鸽派和鹰派的立场主要归因于官僚主义立场是值得商榷的，那么人们需要注意到这一方法中似乎确实有值得可用的地方。可以说，官僚政治模式中有一个因素比其他因素更好地说明了问题，即总统支持者始终关心总统的利益。证据确实有力地表明，汉密尔顿·乔丹和鲍威尔在整个危机期间都以官僚政治模式所预测的方式行事，从某种意义上来说，他们似乎一贯把白宫的利益和关切放在首位。

在卡特执政期间，乔丹似乎总是从这样的角度来看待他的角色。例如，他在外交政策会议上指出，"当万斯、布热津斯基和总统在谈论如何改变世界时，我会试图向他们提出政治异议、问题和关切"，当然，这也是当万斯建议在人质问题上"等待"时他所做的事情。[43]因此，这种官僚主义的立场可能在形成外交政策决策方面发挥着更重要的作用，因为它涉及工作性质和角色定位。当然，如何去维护总统的利益是由总统的支持者来决定的，官场职位在决定（政策）偏好方面的预见性可能不会像最初出现时所暗示的那样大。然而，作为总统的支持者，他们似乎对是否接受其他人的观点有着很大影响。在这一点上还有更多需要说明的地方，我们将在结论中进一步阐述。

群体思维的受害者？

有证据显示，卡特的决策者们在决定启动人质营救行动的过程中，很可能成了"群体思维"的牺牲品。欧文·贾尼斯（这一理论的创始人）、史蒂夫·史密斯和贝蒂·乔伊都认为，这与群体思维的方法可能有一定的相关性。[44] 简单地说，这种方法表明，我们可以将大多数决策过程分为两类：警惕决策（与理性行为者模型相当接近）和群体思维。后者指的是一些群体出现的一种倾向，即在未充分考虑现有的全部备选方案或其含义的情况下，就过早达成共识。根据贾尼斯的说法，当固执己见的领导者、保持一致的压力和排除外部建议的压力结合在一起，以确保选项没有得到充分或理性的评估时，群体思维效应通常就会出现。他认为，一些帮助识别群体思维的征兆通常出现在群体思维综合征的案例中，主要包括排斥异议、监督决策过程的"心灵守卫"的出现、对群体固有道德的信念，以及对群体无懈可击的信念。[45]

据史蒂夫·史密斯称，有大量的初步证据显示，采取军事营救人质行动的决定，至少部分源于群体思维。首先，他认为"那些做出决定的人并没有对成功的可能性进行批判性的评估。这次任务风险很大，因为那些做决定想要进行营救的人没有注意计划中的明显缺失"[46]。有证据表明，做决策的卡特团队有一种刀枪不入的错觉，导致它认为自己天生是道德的，压制内部的异议，去冒这个鲁莽的风险。史密斯还发现，针对多数人而言，异议人士被排除在该组织之外，并出现贾尼斯所谓的"自封的心灵守卫"以支持推进军事救援的决定。关于排除不同意见的建议，史密斯指出，这一决定最初是在赛勒斯·万斯在佛罗里达度假时做出的，因为万斯坚决反对发动军事营救行动。他由此推断，卡特利用万斯的缺席作为一种机会来推进行动，从而使军事营救行动没有人能公开反对。虽然万斯回来后有机会对这个决定表示怀疑，但没有人支持他。而且，一旦国务卿提出辞职，其他团队成员就很容易把他看作"反正都要辞职的人"，从而使其异议的实质合理化和淡化。正如詹尼斯在营救行动失败后不久发表的一篇文章中所指出的，"人们不禁要怀疑赛勒斯·万斯被对待的方式是否就是群体思维的一个症状"[47]。史密斯还暗示，斯坦菲尔德·特纳是通过压制1980年3月中央情报局一份声名狼藉的报告（在第一章中提到的）来扮演一名"心灵守卫"的角色，这个报告表明如果任务继续下去，60%的人质将会丧失生命。史密斯指出，"特纳没有在任何会议上提出这份报告的记录"。[48]

对伊朗人质危机来说，群体思维案例中最有力的部分无疑是将万斯排除在外，而将万斯排除在外的意向让人联想到林登·约翰逊在越南问题上对待万斯的前老板罗伯特·麦克纳马拉的方式。正如贝蒂·乔伊所指出的那样，与伊朗案例中的集体思维非常一致的是，"对待万斯的观点是通过贬低万斯来实现的，大多数其他观察人士都认为万斯在坚持自己认为正确的立场方面非常成熟。[49]然而，在这个时候，乔丹认为他是一个可怜的人——孤独的、被孤立的，他的眼神在乞求支持。总统认为他过度情绪化"。另一方面，布热津斯基认为万斯"精神受到了创伤"。因此，一方面有意识地利用他事实上的缺席，另一方面可能是无意识地试图淡化他的建议，两个方面的结合削弱了万斯的政治声音。

其他决策者"反对"万斯是毫无疑问的。但万斯被故意排除在外的原因更容易被解释，因为其他人认为卡特这样对待万斯并不是"险恶的"。例如，詹姆斯·大卫·巴伯暗示，万斯于4月11日即卡特决定启动营救行动的那一天离开，这是巧合。就在前一天，"卡特在日记中指出，伊朗恐怖分子威胁说，如果伊拉克（在他们看来是美国的傀儡）袭击伊朗，那么伊朗恐怖分子就会杀死人质"[50]。巴伯认为，无论是真实的还是想象的，正是这种威胁导致了卡特在万斯缺席的情况下做出决定，而不是试图把一个主要的反对者排除在外。也有人会提出意见反驳，认为这是卡特在既成事实之后对其行为合理化的一种解释。一个总统在他的国务卿不在的情况下做出如此重要的决定，这无疑是令人吃惊的，这使万斯除了辞职别无选择。然而，贾尼斯的各种方法论和理论长期以来都一直被人批判，因此群体思维在伊朗人质危机上的适用性也会存在很多问题。问题之一就是卡特的决策者花了五个半月才做出了启动营救行动的决定，群体思维通常与"仓促"决策有关。由于决策者在决定采取营救行动之前考虑了很长时间，因此很难让人相信他们在本案例中很早就达成了共识。

这种闪烁其词的观点也是没有说服力的，因为证据确实显示即使经过几个月的考虑，营救行动还是不够深思熟虑。另一个可能更重要的问题是，决策者对营救行动进行自我审查的证据，或者有任何人担任"心灵守卫"的证据都是有漏洞的。有人认为特纳可能会隐瞒他们本应该知道的信息，这一说法是不对的，因为中央情报局受到水门事件的影响在卡特时代没有发挥积极作用。因此，特纳不太可能去扮演贾尼斯所预测的"心灵守卫"的角色，去积极对抗持不同政见者、捍卫营救行动的智慧。根据贾尼斯的说法，这一角色的典型形式是"对任何开始表达偏离该团体主导信仰的观点的成员施加社会压力，以确保他不会破坏整个团体的共识"。[51]但是，如果特纳向其他人施加压力，要求他们支持营救行动，那肯定比这要微妙得多。

正如史密斯所说，1980年3月中央情报局的报告据称对营救行动持反对意见，因而没有被公开讨论，斯坦菲尔德·特纳很有可能在中间扮演了一种微妙的角色。然而，近年来，特纳一直为自己在扣押这份报告中扮演的角色进行辩护，解释他决定不引起其他决策者注意的合理性，这似乎排除了他有意或无意地阻止中央情报局内一位持怀疑态度的下属的意见被听到的可能性。正如在第一章中指出的，特纳在1994年的一次采访中说，这份仍在保密的报告审查了"社会科学理论"，该理论在应用于人质任务的案例中表明，营救伊朗人质的行动很有可能失败。特纳回忆说，报告的结论是"这不是你应该做出的决定"，他说，因此他认为这份报告没有多大的意义。[52]特纳补充说，"解密这份报告，整个事情就清楚了"，他也赞同这样做。[53]同样，特纳当时的副手弗兰克·卡卢奇说，他对一些认为有潜在伤亡的报告有着模糊的印象，当时很多人对此表示怀疑。[54]

就像贾尼斯一样，史密斯和格拉德在这个例子中看到了群体思维的证据，但菲利普·泰特洛克和罗斯·麦克德莫特几乎甚至完全看不到。泰特洛克和他的同事们的一项研究发现，在这个案例中，群体思维的证据不足。[55]泰特洛克和他的同事们使用了集体动力学理论的研究方法，旨在通过超越案例研究方法对群体特征的性质进行主体间评估，他们得出结论：伊朗人质危机的决策案例更接近警惕决策，而不是群体思维。对贾尼斯来说，在群体思维的情况下，"成员们"为争取一致而做出的努力优先于对其他可选行为的实际评估，麦克德莫特认为，"卡特政府显然没有这样做，万斯、布热津斯基和其他人等在观点上的巨大分歧就是明证"[56]。她把这归因于两人不同的世界观和个性。人们总是可以对他们得出结论的原因提出质疑，当然这不是必然的，麦克德莫特的观点可能没有什么实际意义，因为到 1980 年 3 月卡特除了万斯之外的顾问们已经达成了一致。特洛克和麦克德莫特有关卡特政府内部分裂的观点确实表明，伊朗人质危机中是否存在群体思维的问题并不像一开始表现的那样。在群体思考能够被可靠地诊断之前，还不清楚该现象还有多少条件或症状。在这个案例中，这是一个特殊的问题，因为证据表明存在群体思维的一些迹象如排除异议，而其他症状似乎并不存在，如出现"心灵守卫"、固执己见的领导者。

史密斯所暗示的错误很难说是由群体思维的过程引发的，还是仅仅是个人层面的心理错觉的结果。根据霍洛韦报告的调查结果，史密斯非常令人信服地表明，卡特和他的同伴在营救行动上有着强烈的一厢情愿的想法。但是，一厢情愿的想法也可以是通过类比引发的，因此问题变成了这是由群体思维过程还是个人层面的心理错觉过程引发的？在伊朗人质危机的案例中，我们认为这是由"另一个恩德培"的心理形象引发的决策。

毫无疑问，这两者在某种程度上都是存在的。然而，我们不一定要把群体思维和类比推理视为相互对立的解释形式；类比推理是一种旨在解释政策内容的理论，而群体思维是一种关于决策过程的理论。因此，当一种理论很强势的时候，另一种理论就表现得很薄弱。但是总的来说，类比推理在这里对我们来说可能更有用，因为政策的内容才是我们感兴趣的。群体思维几乎解释不了为什么选择一个选项而不是另一个选项，而是审查了给定选项之后决策过程发生了什么事情。此外，与类比推理观点相比，这一解释与国内政治的解释存在类似的问题。它很可能只能解释决策的一个方面（即使非常重要），那就是不幸发起了营救行动的决定。

理性的决定？

另一种（显然是对立的）方法是由国际关系的许多分析家所支持的较为传统的理性行为者模型。在人质事件中，这种模式的支持者可能会争辩说，决定谈判和随后的营救行动是"理性的"，即决策者考虑到了所有可行的方案，并充分和全面地权衡了其优劣。这种办法可能会指出，谈判最初之所以被选择，是因为谈判是唯一有可能释放人质的备选办法，或者是因为它以最小的代价实现了所寻求的利益。营救行动是唯一可能导致释放人质的另一种选择，只有当这个行动在实际可行的时候，以及当合理的"成本效益"分析表明它比继续谈判有更多的机会获得人质的释放时，才会被选择。当阿亚图拉决定支持学生的行动以及占领大使馆时，人们也可以很容易对伊朗方面做出类似的解释。

这种解释包含了许多不可否认的事实，但它掩盖了决策者在当时的环境下如何产生的许多竞争性的看法，以及他们是如何进行政策偏好的取舍。重点集中在这两种选择是一个主观的过程，在这个过程中谈判和营救行动成为唯一两个看上去可以让人质被释放的方案。知觉过程经常被包括进理性选择的观点里面。但这种方法不能解释的是为什么决策制定者认为这两种选择是可行的方案，以及与之相关的代价比其他备选方案更低些。如上所述，在这方面还值得关注的是，这两种方案也是唯一可在历史上找到类比案例的选择。理性行为的方法不能回答所达成决策的内容由什么决定的问题，实际上仅为我们提供了一个所发生事件的表面解释，而不是我们一直寻找的分析和阐释。简单来说，这种方法不是现在提出的认知模式的一个真正的备选方法，因为它关系到不同决策现象。当前者给定行为者的偏好时，后者试图去揭露这些偏好的缘由。讨论是否袭击大使馆，或者谈判，接着推进营救行动是否是理性的问题，看上去像是一个哲学死胡同，因为支持理性或有限理性的争论会制造一个合乎逻辑的案例。

个　性

作为一个"竞争"类的解释，人们可能会问个人层面的变量是否可以对达成的决定进行解释，或是更好的解释。关于个人层面的传统解释形式集中在人格特征上。[57] 在伊朗人质危机上，贝蒂·格拉德提出，吉米·卡特的个性中有"自我防御"的特点，从而促使他做出进行军事解救人质行动的决定。虽然格拉德也看到了卡特身上的积极因素，但她认为卡特夸大了当时的形势。他"自我陶醉、扩张主义者的个性结构"让他过于沉迷于伊朗人质危机，到最后弄巧成拙。她认为，卡特发动人质解救行动大部分原因在于他是一个"冒险家"，最后玩火自焚。[58]她认为，卡特扩张主义个性加上无限的自信导致采取冒险行动，而这是其他人所不敢做的事。卡特还表现出了一种"弄巧成拙的自我中心主义"。[59]史密斯将这种失败归因于没有充分考虑营救行动中群体思维所固有的不足，格拉德认为这一失败更多地源于卡特自身。她总结说："他为营救行动而设立的程序，几乎使行动中的弱点不会被发现，某些本能被发现的问题也没有得到纠正，而且在没有完全了解可能带来的风险的情况下就做出了决定……卡特的个人利益和独特的风格以及个性导致了这些结果。"[60]

格拉德的分析没有停在个体层面，她看到了外界因素以及国内政治和选民动态的影响，此外还包括群体层面所起的作用。她认为执行营救行动的这一决定从根源来看与卡特的个性密切相关，不同的个性导致不同的政策选择，而且不同的个体对国内外的限制因素会做出不同的反应。如果卡特的性格不是这样，那么他将会做出其他决定，对已经存在的外部环境和国内的制约因素做出另一种反应。詹姆斯·大卫·巴伯进行了同样的分析，却得出了一个完全不同的结论。他认为，卡特在应对人质危机问题上的处理是成功的，还将这归功于总统的人格魅力。他说："我认为卡特总统的个性遭到伊朗人质危机的重大考验……不想胡佛、约翰逊和尼克松，这位总统并没有依靠一些灾难性的政策路线和，并坚持到底。他头脑清醒，思维开放灵活，同时积极地在困境中寻求出路。"虽然巴伯承认卡特犯了错误，但他声称卡特作为总统有着最好的个性：他"积极乐观"，在总统办公室里努力工作并且很享受这一切。[61]

巴伯和格拉德在卡特人格的本质特征问题上出现分歧，说明了这些解释不可避免地暗示了实施营救行动存在着问题。卡特是一个很复杂的人，找出他个性中的多方面特征是相对容易的，这些特征看上去可以解释为什么会出现这种政策结果。另一个困难与早前的群体思维有关，个性解释可以最好的阐释政策过程，而不是政策内容，他们解释的是"怎么样"，不能解释"是什么"。当某些因素很显然在决策中扮演某种角色时，很难说人们如何从特定的个性转变为特定的政策决定。但相对容易发现的是，从事件中吸取的经验和所提出的政策立场之间的相关性。当然问题并不是说从人格上解释必然不对，但他们的确很少阐释这个我们一直探寻的谜底。

信仰体系法

比简单的人格观点可能更有说服力的是，简单的信仰系统方法可以解释总统在人质危机期间做出的决定，因此，人们可能不必分析历史上的类比事例来对事件做出合理的理论解释。[62]正如第一章所表明的，吉米·卡特的道德理想主义信仰体系被证明是他决定启动救援计划的一个因素，如果早期不停止计划肯定会导致更多的人员伤亡。因此卡特在危机早期的行为，特别是决定谈判解决问题上，与其道德信仰是完全一致的。此外，即使没有"普韦布洛号"事件和恩德培事件的先例，万斯也会反对营救的立场，布热津斯基则会支持营救行动，因为他们的世界观或者说是信仰体系驱使着他们这样做。在以色列总理佩雷斯的家里，布热津斯基提出，以色列要"袭击机场航站楼"在恩德培事件发生前就已经非常明显了。他的"强硬派"世界观成功地预测了他会采取这种立场。我们知道万斯反对通过任何军事力量来解决危机。他的"鸽派"世界观也准确地预见了他的立场。许多人质危机的决策者也描述过万斯的反对立场；正如他们中的一些人在采访中指出的那样，万斯强烈反对使用武力，通过这一点可以简单而准确地预料到他会反对军事营救行动，因为这一行动这至少意味着要冒生命的危险。就像布热津斯基所说："万斯态度的关键点在于，无论我们是否会成功，他都反对军事营救……他依旧坚持反对使用武力解决危机。这激怒了卡特总统。"[63]

这些说法无疑是正确的。事实上，"普韦布洛号"事件和恩德培事件强化了布热津斯基和万斯各自持有的观点，原因很简单，类比和信仰体系变量的解释可能是高度互补的，解释形式也是相互关联的。我们最初在第二章讨论的模式及其与历史类比的关系，在这儿将再次被提及，对于许多认知心理学家而言，类比以及他们从中得到的经验构成了更广义的信仰和意识形态的基本"构建模块"。例如，罗伯特·保罗·艾柏生曾指出，他所说的"情景"和"分类"之间应该是有区别的。前者指的是可以获取特定经验的一系列事件，而后者则是指通过诸多类似经历所得出的一般教训。例如万斯对"普韦布洛号"事件和安格斯·沃德事件的认知可能会以"情景"的形式储存下来，他从中得到的教训即在应对人质危机上持谈判和等待的态度，则以分类的形式保留了下来。[64]在这个定义中，类比可以被看作一种情景性的脚本形式，而信仰则代表了分类形式的变量。当一些心理学家指出的那样，从一个或者两个案例中进行类比式推理，从大量案例中衍生出的普遍规则构成了一个新的"模式"。[65]

为什么不通过对万斯和布热津斯基的意识形态和世界观进行简单分析，并将其作为我们分析问题的首要变量呢？这种分析有它的优势，似乎也足以解释卡特政府的情况。这种方法对于实现某些有限的目的是足够的。然而，正如我们所看到的那样，这种分析方法很难同卡特总统决定动用武力来解救人质的做法达成一致。此外，虽然信仰体系这个变量可以预测，甚至准确的预测，万斯会反对使用武力，而布热津斯基会支持武力解决，但这也是它唯一能告诉我们的事情了。他们利用的类比可以提供一些细节来解释他们如何定义人质危机的性质、他们会支持哪种决策来回应、他们需要准备多久才能达到预期效果等。我们很清楚布热津斯基是一个强硬的人，这表明了他可能会提倡某种军事方案解决问题，但它并未清楚地指出，布热津斯基在卡特政府所讨论的一系列军事计划中到底会支持哪种方案。但恩德培行动的类比显然可以表明他的立场。从万斯这方面看，众所周知，这位国务卿向来反对武力解决国际争端，所以它必然会反对暴力解救人质。但是，这并没有告知人们他将以何种方式回应、要等多久才能救出被扣人质等问题。我们正是需要通过细节来了解为什么决策者会这样说和这样做，在这种情况下，类比推理法是具有一定道理的。简而言之，类比和经验是信仰体系的构成部分，它们提供了情景的定义、详细的政策和对事件在实际发生前的预判。

之后的进一步研究表明，人类不应该仅仅把类比和信仰体系看作相互对立的解释形式，更应看到二者是紧密联系的理解政策思维的方式。因为类比在模式形成中起着关键作用，是信仰体系的构成要素。然而，过去的经验在信仰体系中似乎有着特殊的作用，对决策者的推理产生了独特的影响。实际上，类比的作用是提供了一些细节，这些细节是所有意识形态分析所忽视的。与此同时，这些意识形态视角的分析决定了政策制定者在某个特定案例中回应模式的广泛分类，如"使用武力"还是"采取怀柔政策"，这就是它们所能做的。同时，类比推理可能决定了决策者最终选择的详细政策。因此，如果一个人想要解释政治思维和最终的决策，那么研究类比推理则尤为重要。当然，也有人认为类比只是起到填补"世界观所遗漏的细节"的作用。然而，在此我的结论是，类比是信仰体系，即用事件形成广义上的一般规则，如"同敌人谈判"或"进行武力外交"，但这些事件是不会被遗忘的。相反，这些具体的经验或类比往往会随着一般的规则而让人想起它，在决策者眼中相似的情境使它们得以重新发挥作用。

预期理论

作为最后一种解释，让我们来看看心理学术语"预期理论"在伊朗人质危机中的运用，这与本书中谈到的分析存在一定的关系。实际上，预期理论是在 20 世纪 70 年代由卡尼曼和特佛斯基提出的，该理论认为一个问题的提出和认知的方式能够对各种选择产生决定性影响。[66] 正如该理论的提出者所讲的那样，"预期理论在选择过程中区分了两个阶段：一个是早期校订阶段，另一个是后续评估阶段。前者包括了对所提供的前景的初步分析；后者则是对校订的前景进行评估，并选择最具价值的预判"。[67] 该理论围绕着一种二分法展开，即风险不可接受和风险可接受，并指出个体在面对受益时将会规避风险，但在面临损失时则会接受存在的风险。正如罗伯特·杰维斯所言："相比受益，损失对人类的意义更大。比如，丢 10 美元比得到 10 美元更令人心烦，比期待受益更让人沮丧，损失则会激活、鼓励和驱使参与者产生更大的风险，而这些风险通常是错误的，并造成更大的损失。"[68]

在伊朗人质危机上，罗斯·麦克德莫特把预期理论运用到营救行动的决策上。她认为，在 1980 年 3 月的时候卡特实际上就已经陷入一种损失的困境，正是这种处境引发了他接受风险的决定。他的个人声望一直在下降，在同参议员爱德华和肯尼迪两位进行的总统初选中失利，而同伊朗进行的谈判在 4 月份也似乎被搁置。她说，"在实施营救行动时，卡特准备赌一把，让事情回归常态，随着人质安全返回、国家威望和国际荣誉将得以恢复和个人政治地位将提高。从预期理论上讲，卡特一直在亏损"[69]。

在主要的外交案例中，预期理论显然很难被测试，原因在于决策者是否相信自己在损失还是受益完全是一个主观的过程。正如麦克德莫特所说，在任何既定的案例中，我们肯定不知道是损失还是受益，但必须从可用的信息中推断出这一点。我们必须从有限的案例信息中推断，决策者是如何看待各种选择的风险。麦克德莫特提出，在伊朗人质危机中，我们可以判断出损失和收益，因为很明显在 1980 年 3 月卡特明白自己处于不利的状态，所以做出了营救行动这个最危险的选择。然而，杰克·莱维对其有效性提出了质疑。因为在他看来"卡特高估了营救行动的成功概率，他知道营救行动对即将到来的大选和美国的世界形象将产生影响，会有许多不可预测的后果，营救行动比保持人质危机自然发展的风险要高"[70]。换句话说，从格莱德的角度分析，卡特的个性特征使他在人质危机中成为"风险接受者"，而不是他所面临的具体情况所导致的。[71]

有人可能对预期理论提出质疑，事实上理论本身是否适用于政治决策仍有待讨论。尽管这似乎只是一种常识，即领导人在遭受重大损失时更可能不计后果地采取行动，但真正的困难可能恰恰相反。换句话说，在一个复杂的、真实的世界里决策，感知到损失并不一定会去冒风险。如果我们将这一理论应用到古巴导弹危机中，人们可以推断出，直到 1962 年 10 月约翰·肯尼迪无论是在国内还是在国际上都处于亏损状态。在即将到来的国会选举中，以肯尼斯·基廷为代表的共和党人就导弹问题向其发出质疑，肯尼迪在与赫鲁晓夫的抗衡中呈现出"软弱"之态，他需要一场政治上的胜利。导弹的发现在国际社会产生了重要影响，根据他的顾问团所说，甚至会改变整个超级军事大国间的权力平衡。然而，在现有的选择中，肯尼迪做出了最不冒险的决定，即海上封锁。最危险的选择是空袭，但如果空袭成功的话带来的回报也将是最大的。如果成功，导弹将从古巴运出，让批评肯尼迪的共和党人闭嘴，但如果计划失败，将会造成第三次世界大战。这至少表明，在政治决策中，规避风险等同于损失、接受风险等同于受益的观点过于简单。正如史密斯等人所指出的那样，"更多的因素如在文化领域可感知的愿望可以消除两种标准的偏好，即以积极的态度规避风险和消极的态度探寻风险"[72]。而认知心理学的一些研究表明，预期理论需要进一步修改。[73] 认知和文化因素或许是肯尼迪拒绝空袭的部分原因，因为罗伯特·肯尼迪认为这不符合"美国的传统"，他在这里想到了"珍珠港空袭"的类比案例。但古巴的情况看上去阐释了决策过程的复杂性和反对将理论构建简单化。

　　然而，麦克德莫特的理论有一部分在逻辑上同其他部分是分离的。尽管卡尼曼和特佛斯基在 1979 年的文章中没有提到类似的推理，但麦克德莫特指出了许多卡特政府决策者们使用过的一些历史类比，并认为这些问题对不同的顾问所提出的解决方案产生了至关重要的影响。比如，她指出万斯将伊朗人质危机上与"普韦布洛号"事件和安格斯·沃德事件进行了大量类比，而对于布热津斯基来说，恩德培行动和猪湾事件对他更有吸引力。在决定进行军事营救之前，还有许多历史类比事件没有被讨论，但他们的确对决策者产生了影响，如"马亚圭斯号"事件、越南山西行动、佩罗特行动、1979 年二月事件以及1953 年政变的类比等，麦克德莫特对于这些问题的讨论与本书的许多内容是相似的。麦克德莫特极具说服力地展示了不同的参与者提供的相互竞争的类比，她认为恩德培事件对决策者产生了独有的影响。从这一点来看，麦克德莫特的观点不是一个竞争性的解释，而是一个可兼容的、具有亲和力的解释。它还表明，恩德培事件本身和营救计划策划者力图克服恩德培事件和伊朗人质危机之间不同的信念，足以解释为什么会展开伊朗人质营救行动。也许我们并不真的需要去搞清楚以个既定的决策者如何认识"现状"，或去推测个人在一种特殊环境下到底是会受益还是遭受损失，尤其是当预期理论似乎在某些政治决策案例中起作用而在其他案例中不起作用的时候。[74] 我们也需要一些解释，来阐明为什么卡特和布热津斯基高估了营救行动成功的可能性，同时低估了行动所涉及的风险。我们认为，恩德培事件和摩加迪沙事件是最近发生，但从统计学上看却不具有代表性，它们也许可以解释这些误差。

类比 vs. 其他解释

值得回味的是，在这里提到的大多数现存的理论都试图对人质解救行动做出解释。那么，在这之前的近 6 个月里，他们在多大程度上能够解释决策，还不太清楚。我们显然需要一个解释来说明，为什么要在最初选择谈判，以及为什么像万斯这类具有关键性的决策者在采取军事行动之前等待了这么久。我们还需要一个解释，为什么营救行动相比于谈判被视为唯一真正可选的方案，而后者在许多决策者看来已经是无路可走了。换句话说，为了理清楚"为什么选择 X 而不是 Y"，我们需要一个理论来解释和预测政策内容，而不是仅仅是用卡特政府改变决策的压力和环境来解释。

同样地，决策者在决策中也会遇到一些类比推理无法解决的问题。对伊朗人质危机的其他解释，可以帮助我们搞清楚相比于其他理论构建类比推理处于一种什么位置。同时，它也使我们知道这种视角的解释能做什么，不能做什么。之所以把前面的解释看作"竞争对手"，部分原因在于每个人的目标都是一个细微不同的因变量。在实践中，我们可以将这一概念分解为至少四个独立但相关的变量，即背景、过程、时机和内容。如果我们的兴趣点在于对决策的解释，而非政策的内容，那么解释构建和国内政治说明似乎提供了一个很好的解释。国内政治似乎对营救行动的时机可以做很好的解释，而类比推理、个性、官僚政治以及群体思维的研究视角在解释这些方面则存在着一定困难。另外，如果我们对决策的过程感兴趣，而非政策内容，那么群体思维和个性理论则更具说服力。然而，如果我们对为什么选 Y 不选 X 感兴趣，那类比推理和信仰体系的认知解释则似乎再恰当不过。简而言之，理论框架选择的恰当与否，似乎主要是取决于个人对上述四个变量的兴趣所在。这也意味着类比推理法不一定与其他理论解释不相容。

在分析美国外交政策的过程中，伊朗人质危机引发的理论解释可能是除了古巴导弹危机外比其他任何案例都要多的。这些理论解释显著的特点是，其中几个理论同时包括了不同分析水平的解释，有些分析可能是竞争性的。贝提·格莱德认为，结构、国内和个人层面的因素都积极地推动了开展营救行动；史蒂夫·史密斯举了一个例子，指出了群体思维和官僚政治在解释这一决定时的相关性；斯科特·加特纳接受了史密斯的观点，史密斯认为卡特总统的支持者（换句话说是官僚阶层的力量）在形成国内或社会层面的观点上起了作用。从整体上看，这不仅体现了案件本身的复杂性，而且还体现了不同解释的真实性和吸引力，以及它们对伊朗问题决策进行解释的不同特点的对比能力。最后结论部分对这个主题进行了延展。由于决策内容和决策背景之间很明显存在联系，因此，在这一点上需要多说一些。

注释

[1] McDermott, "Prospect Theroy in International Relations", p. 238.

[2] Kenneth Waltz, *Theory of International Politics* (Reading, Massachusetts: Addison-Wesley, 1979), especially pp. 102 – 128.

[3] Colin Elman, "Horses For Courses: Why Not Neorealist Theories of Foreign Policy?", *Security Studies*, 6: 7 – 53, 1996; Allison and Zelikow, *Essence of Decision*, pp. 404 – 405.

[4] Carter, *Keeping Faith*, p. 449.

[5] Jordan, *Crisis*, p. 237.

[6] Brzezinski, *Power and Principle*, p. 485.

[7] Vance, *Hard Choices*, p. 398.

[8] See for instance Carter, *Keeping Faith*, pp. 468 – 489 and 490.

[9] Jordan, *Crisis*, p. 236.

[10] Vance, ibid.

[11] Jervis, *System Effects*, pp. 266 – 269.

[12] Ibid. , p. 268.

[13] Brzezinski, *Power and Principle*, p. 492.

[14] The *Pueblo* hostage crisis provides a case in point. Unlike Carter Johnson appears to have deliberately the 1968 affair, fearful of escalating the situation militarily and of creating " another Vietnam " in Korea. The swift use of military force in the *Mayaguez* example, in turn, seems to have been influenced by a desire not to repeat the errors which Ford and Kissinger thought Johnson had made in 1968.

[15] Rosenau, " Pre-Theories and Theories of Foreign Policy ", pp. 115 – 169.

[16] Joe Hagan, " Domestic Political Explanation in the Analysis of Foreign Policy ", in Laura Neack, Jeanne Hey and Patrick Haney (eds.), *Foreign Policy Analysis: Continuity and Change in its Second Generation* (Englewood Cliffs, New Jersey: Prentice Hall, 1995), especially pp. 124, 126 and 133.

[17] Ibid. , p. 130.

[18] Ibid. , p. 134 – 135.

[19] Zbigniew Brzezinski, interview with the author.

[20] Quoted in *Newsweek*, 19 November 1979, p. 10. Connally was at the time one of the contenders for the 1980 Republican presidential nomination.

[21] I am grateful to Phil Williams for pointing out this possibility to me.

[22] Brzezinski, *Power and Principle*, p. 490.

[23] Turner, *Terrorism and Democracy*, p. 82.

[24] Quoted in Rosenbaum and Ugrinsky, *Jimmy Carter*, p. 468. Interestingly, Hamilton Jordan disagrees with this assessment, arguing that the challenge from Ted Kennedy and the state of the economy would still have led to Carter's defeat, even if the rescue mission had been a great success. See Rosenbaum and Ugrinsky, p. 238.

[25] Quoted in Charles Cogan, " Not to Offend: Observations on Iran, the Hostages and the Hostage Rescue Mission-Ten Years Later ", *Comparative Strategy*, 9: 415 – 432, 1990, p. 427.

[26] Lloyd Cutler, Miller Center Interviews, Carter Presidency Project, vol. XVIII, 23 October 1982, pp. 22 – 23, Jimmy Carter Library.

[27] Interview with Zbigniew Brzezinski, Miller Center Interviews, Carter Presidency Project, vol. XV, 18 February 1982, p. 90, Jimmy Carter Library.

[28] Turner, *Terrorism and Democracy*, p. 82.

[29] Gartner, "Predicting the Timing", p. 377.

[30] Ibid. , p. 383.

[31] Allison and Zelikow, *Essence of Decision* and Graham Allison and Morton Halperin, "Bureaucratic Politics: A Paradigm and Some Policy Implications", *World Politics*, 24: 40 – 79, 1972. The criticisms of Allison's approach are too well known to require further elaboration here, but see, for instance, Stephen Krasner, "Are Bureaucracies Important ? (Or Allison Wonderland)", *Foreign Policy*, 7: 159 – 179, 1972; Robert Art, "Bureaucratic Politics and American Foreign Policy: A Critique", *Policy Sciences*, 4: 467 – 490, 1972; Desmond Ball, "The Blind Men and the Elephant: A Critique of Bureaucratic Politics", *Australian Outlook*, 28: 71 – 92, 1974; Amos Perlmutter, "The Presidential Center and Foreign Policy: A Critique of the Revisionist and Bureaucratic Political Orientations", *World Politics*, 27: 87 – 106, 1974; Lawrence Freedman, "Logic, Politics and Foreign Policy Processes: A Critique of Bureaucratic Politics Model", *International Affairs*, 52: 434 – 449, 1976; Dan Caldwell, "Bureaucratic Foreign Policy-Making", *American Behavioral Scientist*, 21: 87 – 110, 1977; James Nathan and James Oliver, "Bureaucratic Politics: Academic Windfalls and Intellectual Pitfalls", *Journal of Political and Military Sociology*, 6: 81 – 91, 1987; David Welch, "The Organizational Process and Bureaucratic Politics Paradigms", *International Security*, 17: 112 – 146, 1992; Jonathan Bendor and Thomas Hammond, "Rethinking Allison's Models", *American Politics Science Review*, 86: 301 – 322, 1992; and Edward Rhodes, "Do Bureaucratic Politics Matter ? Some Disconfirming Findings from the Case of the US Navy", *World Politics*, 47: 1 – 41, 1994. For summary of some of the classic criticisms that have been directed at Allison's approach, see Steve

Smith, "Allison and the Cuban Missile Crisis: A Review of the Bureaucratic Politics Model of Foreign Policy Decision-Making", *Millenium*, 9: 21 – 40, 1974.

[32] J. S. Migdal, "External Structure and Internal Behavior: Explaining Foreign Policies of Third World State", *International Relations*, 4: 510 – 526, 1974.

[33] Smith, "Policy Preferences and Bureaucratic Position".

[34] Ibid. , p. 16.

[35] Ibid. , p. 17.

[36] Ibid. , p. 18.

[37] For an in-depth examination of these issues, see Smith, "Policy Preferences and Bureaucratic Position", and Hollis and Smith, "Roles and Reasons". Both articles adopt a "soft" version of the bureaucratic politics approach, in which individual actors matter but where government role is a key factor in the shaping of policy attitudes.

[38] Cyrus Vance, interview with the author.

[39] Smith, "Policy Preferences and Bureaucratic Position", p. 23; see also Hollis and Smith, "Roles and Reasons", *passim*.

[40] See for instance Jervis, *Perception and Misperception in International Politics*, p. 26. Analysts other than Allison have also posited that we are most likely to see bureaucratic politics at play on these kinds of issues; see, for example, Jerel Rosati, "Developing a Systematic Decision-Making Framework", *World Politics*, 33: 234 – 251, 1981.

[41] Rhodes, "Do Bureaucratic Politics Matter?", p. 40.

[42] Axelrod, "Argumentation in Foreign Policy Settings", p. 728.

[43] The quote is from Hamilton Jordan, Miller Center Interview, Jimmy Carter Library, p. 53.

[44] See Janis, *Groupthink*, pp. 180 – 182; Smith, "Groupthink and the Hostage Rescue Mission"; Glad, "Personally, Political and Group Process Variables", especially pp. 49 – 53.

[45] These features are alluded to at various points in Janis's book, but see for instance *Groupthink*, pp. 174 – 175.

[46] Smith, ibid. , p. 118.

[47] See Irving Janis, "In Rescue Planning, How Did Carter Handle Stress?", *New York Times*, 18 May 1980.

[48] Smith, "Group Think", p. 122.

[49] Glad, "Personality", p. 51.

[50] Barber, *The Presidential Character*, p. 455.

[51] Janis, *Groupthink*, p. 40.

[52] Stansfield Turner, interview with the author. It is not yet known to which "social scientific theory" the report referred, but it sounds very much like a rational choice model. Some contemporaneous press reports around the same time mentioned mathematical predictions based on Martin Shubik's *The War Game*, so this may be the source used in the report.

[53] Ibid.

[54] Carlucci, ibid.

[55] Philip Tetlock, Randall Peterson, Charles McGuire, Shi-jie Chang and Peter Feld, "Assessing Political Group Dynamics: A Test of the Groupthink Model", *Journal of Personality and Social Psychology*, 63: 403 – 425, 1992.

[56] McDermott, "Prospect Theory in International Relations", p. 252, fn. 4.

[57] For a classic example, see Alexander George and Juliette George, *Woodrow Wilson and Colonel House: A Personality Study* (New York: Dover, 1964).

[58] Glad, "Personality, Political and Group Process Variables", p. 54.

[59] Ibid. , p. 55.

[60] Ibid. , p. 58.

[61] Barber, *The Presidential Character*, pp. 456 – 457. Barber's objectivity in so describing Jimmy Carter might be called into question, since as a presidential candidate the latter had publicly praised and admired Barber's book.

[62] For prominent efforts to use belief system explanations to account for foreign policy behavior, see for instance, Holsti, "The Belief System

and National Images"; George, "The Operational Code"; and Stephen Walker, "The Interface Between Belief and Behaviour: Henry Kissinger's Operational Code and the Vietnam War", *Journal of Conflict Resolution*, 21: 129 – 168, 1977.

[63] Zbigniew Brzezinski, interview with the author.

[64] Robert Abelson, "Script Processing in Attitude Formation and Decision-Making", in John Carroll and John Payne (eds.), *Cognition and Social Behavior* (Hillsdale, New Jersey: Lawrence Erlbaum, 1976); Larson, *Origins of Containment*, pp. 50 – 57.

[65] On this point, see also Khong, *Analogies at War*, pp. 25 – 26.

[66] Daniel Kahneman and Amos Tversky, "Prospect Theory: An Analysis of Decision Under Risk", *Econometrica*, 47: 263 – 291, 1979.

[67] Ibid. , p. 274.

[68] Robert Jervis, "Political Implications of Loss Aversion", *Political Psychology*, 13: 187 – 204, 1992, p. 187.

[69] McDermott, "Prospect Theory in International Relations", pp. 241 – 242.

[70] Jack Levy, "Prospect Theory and International Relations: Theoretical Applications and Analytical Problems", *Political Psychology*, 13: 283 – 310, 1992, p. 302; see also Eldar Shafir, "Prospect Theory and Political Analysis: A Psychological Perspective", *Political Psychology*, 13: 311 – 322, 1992, pp. 315 – 316.

[71] Glad, "Personality, Political and Group Process Variables", p. 55.

[72] See Mary Smyth et al. , Cognition in Action (Hillsdale, New Jersey: Lawrence Erlbaum, 1994), p. 379.

[73] See for example S. L. Schneider, "Framing and Conflict Aspiration Level Contingency, the Status Quo and Current Theories of Risky Choice", *Journal of Experimental Psychology: Learning, Memory and Cognition*, 18: 1040 – 1057, 1992; J. G. March and Z. Shapiro, "Variable Risk Preferences and the Focus of Attention", *Psychological Review*, 99: 172 – 183, 1992.

[74] For assessments of the strengths and shortcoming of prospect theory generally, see Jerivs, "Political Implications of Loss Aversion", Levy, "Prospect Theory and International Relations" and Shafir, "Prospect Theory and Political Analysis". The McDermott, Jervis, Levy and Shafir articles are all part of a special edition of *Political Psychology* devoted to prospect theory.

结 论

政治论证，是一种劝说艺术，在制定外交政策方面也起着至关重要的作用。正如罗伯特·阿克塞尔罗德所说的那样，"当权力被分享和问题如此复杂以至参与者不确定自己最初的立场是否是最好的时候，论证是政策过程的重要组成部分"[1]。然后，伊朗人质危机的例子是否告诉我们类比可以说服他人呢？这个问题实际上包含了两个问题：一般来说类比有多大的说服力？是什么决定了某个特定类比的说服力？通常来说，由于类比在理解中扮演着如此重要的角色，因此可以认为类比和隐喻对论证说服力产生了重大影响，而且这种说服力根植于类比。由于这些类比支配着我们学习的方式和理解我们周围世界的方式，如果我们能让其他人接受我们的类比，那么我们已经快要说服他们相信世界实际上就像我们看到的那样。所以，类比似乎对自我的说服以及说服他人都是至关重要的。

我们可以很容易地观察到政治科学本身的类比推理和隐喻推理且有很强的说服力。例如，安东尼·唐斯的"民主经济理论"的普遍吸引力和成功，或许并不在于其概述现实经验的能力，而且它做得并不完美。其作用在很大程度上在于它有效使用政治和经济之间的类比，它巧妙地将政党竞争理论与预先存在的图式和市场经济应该如何运作的自由形象联系起来。[2]同样，美国在国际体系中的霸权正在削弱的命题，部分来自19世纪末20世纪初英国的衰落与美国当前相对经济衰退之间的类比[3]，而预测选举和党派制度即将进行的共和党调整是基于民主党在新政时代的历史经验和基于规则的观察，即通常每五十年左右进行一次调整。[4]

然而，除了他们在政治学研究中的应用之外，在说服决策者以特定方式观察世界的过程中，这种类比工具在本质上具有说服力吗？当然，作为一个准确的比较和预测手段，给定类比的说服力当然不能被视为优点，尽管评估这些很显然是一个主观过程。然而，前面的分析表明，当类比事件一眼看上去与现实很"匹配"的时候，类比往往是最具说服力并被认为是政策蓝图，因为目前的情况可以合理地映射到过去的事件上或与它进行比较的情节。最明显的是，两种情况之间可能重叠的程度越大，即相关性，将他们进行类比的可能性就越大。此外，当它所吸取经验的事件既可用又具有代表性时，类比的吸引力可能会大大增加。

然而，类比的说服力并不仅仅依赖于其认知吸引力，还取决于它与信仰体系、政治优先性以及类比者们的官僚政治利益。从这个案例研究中可以得出一个主要结论，即类比推理的过程和应用历史教训的过程被政治因素及其要求所扭曲。即使一个类比事件似乎与案件相符，如果它暗示的是一个与选举或组织利益相冲突的行动方针，那么它可能被证明是令人难以接受的，并且最终不能被特定的团体接受。看上去，卡特政府内没有人认真质疑过，在伊朗人质危机期间普韦布洛策略最终会让人质被释放，但几位主要顾问质疑其适用性，原因与其认知诉求或与该案件的相关性无关。赛勒斯·万斯无法完全说服他的同事认同"普韦布洛号"事件类比的价值，因为这种比较表明，政策的成功只能以政治失败和屈辱为代价。

本书的其余部分试图阐明类比推理、国内政治和官僚政治之间的关系。这种三角关系之前很少被深入研究过，所以我们的观点必然具有一定的局限性和推测性。尽管如此，在这里我们认为，历史类比在群体背景下证明具有"说服力"的程度，受到国内政治和官僚主义等因素的影响，尤其是当它离开决策者的头脑并成为社会过程的一部分的时候。正如布莱恩·雷普利所指出的那样，像历史类比这样的认知因素需要置于"背景"中[5]，对结构、状态和官僚层面的因素进行分析可以提供一种背景，而没有必要以一种确定性的方式来使用。很显然，类比不是在真空中进行，并没有游离于它们被提出来的国内外环境，在现存的很多文献中留下了类比推理的观察。

简而言之，这里提出的论点表明，官僚角色至少在两个方面改变了个人偏好并对认知产生了影响。首先，官僚利益扮演的角色并不明确，他们的利益可能影响或决定参与者对他人论点的接受程度。虽然类比本质上是一种认知操作，但我们认为，决策者接受类比的程度受到类比被提出的背景的重要影响。在伊朗人质危机案例中，角色变量不是很关键但仍很重要，有时候它可以解释在群体背景下对哪些认知给予了有声的表达。这一观点使前面的分析变得更加重要，因为它为迄今为止仍是个人层面的解释增加了一种社会动态的分析。

类比推理、国内政治和官僚政治

我们在第七章中指出，外交政策类比有时具有部分国内政治的内容。事实上，有时它们可能几乎完全是"政治"的，因为映射到目标上的基础事件或情况可能来自国内政治领域，并且形成外交战略吸取经验教训的基础。例如，克林顿总统的前顾问迪克·莫里斯曾暗示说，克林顿于 1994 年决定介入海地，因为这让他想起 1979 年他担任阿肯色州州长时所面临的情况。莫里斯讲到他与总统之间打过电话，克林顿在这个电话中询问莫里斯关于如何最好地处理海地局势的建议，这占用了莫里斯很多时间。莫里斯认为，总统在讨论中列举了所有的理想主义或人道主义的理由，这些理由被用来作为对海地进行军事干预的借口，但莫里斯认为这只是一个遮蔽克林顿真实推理的烟幕弹：

> 我知道真正的动机。它被一起埋葬在我们的过去。1979 年，一位年轻、急于求成的州长比尔·克林顿答应了总统吉米·卡特的紧急要求，即阿肯色州同意从佛罗里达州带走一些古巴难民并将他们安置在查菲堡。卡特不能失去佛罗里达。他需要把古巴人赶走。但随后卡特违背了对克林顿的承诺，即在 1980 年大选前将他们赶出阿肯色州。克林顿在后来一次晚餐时告诉我，"他（卡特）把我（的竞选）搞砸了"……克林顿将他的失败部分归咎于难民问题。[6]

莫里斯指出，克林顿曾经对海地问题进行了类比推理，他将"1979 年的阿肯色州"与他在 1994 年面对的全国政治局势进行了类比推理。有争议的是，记者克里斯托弗·希钦斯称，1992 年比尔·克林顿亲自参加了处死死囚犯的行动，以免使自己受到另一个"威利霍顿式"的指控，在新罕布什尔州初选期间他专程回到阿肯色州。[7] 在 1988 年的总统选举中，迈克尔·杜卡基斯的竞选活动部分受到共和党竞选广告的攻击，广告声称他对犯罪行为态度软弱。威利霍顿是一名被定罪的凶手，他在马萨诸塞州监犯下强奸案，这个案件被用来攻击曾经当过马萨诸塞州州长的杜卡基斯，并造成严重影响。据希钦斯称，克林顿显然担心 1992 年同样的问题可能会被用来对付他，这也是他希望被看到参加一名被定罪的凶手被处决的原因。这里的观点实质上是克林顿的行为源于类比推理。

当然，这两个主张事实上可能没有任何实质依据。在这个历史关头，这两个主张都只是种说法，尽管它们似乎与克林顿决策风格的其他论述相一致。然而，不管它们的真实价值如何，需要指出的关键点是，使用一种服务于国内政治目的并具有纯粹政治内容的类比是完全可能的。与我们之前考察的个案更有关系、更典型的是，那些类比既有政策内容又有政治内容。例如，恩德培事件的类比表明，执行良好的突袭也可能是好政治，而"普韦布洛号"事件的类比意味着让人质回到安全和健康的状态会产生政治代价。当然，最终最具诱惑力和说服力的类比看起来就是那些能够带来成功结果的类比。

寻求简洁的解释可能会容易退化为还原论。我们在第二章中注意到，在决策环境中进行类比的一些研究，从在实验室进行的实验性研究中得到了灵感。我们建议可以从这些研究人员获得的结果进行推断，因为在不确定条件下进行政治决策显然经常引发类比推理的使用。尽管如此，应该指出的是，大部分文献可能会从许多混合因素中提取太多的政治元素，这可能来自这样一个事实，即大多数（如果不是全部的话）的实验通常没有利用政治类比发生的背景。情况应该是这样的，但这并不令人意外，因为第二章提到的研究显然不是为了达到这个目的。然而，"使用这些文献作为推测的一个潜在问题是，迄今为止在认知心理学家进行的绝大多数研究中，实验对象在类比的结果中没有既得利益。这些实验对象在阅读了各种用类比帮助他们解决问题的故事之后，他们面临着某种问题"。[8]在所使用的类比中，受试者通常没有任何利害关系，因此接受类比实际上是一个中立的过程，在这里受试者简单选取了与当前问题和过去的解决方案最"适配"的类比。

在这种政策制定的背景下，或者在既定的官僚利益和观念受到威胁的任何政治背景下，很显然不会有这样的条件产生。有一个事实很容易被忽视，即决策过程只是部分地理解世界本质的准科学尝试。这也是一场争夺权力的斗争，一种争夺资源的过程，这个过程既具有内在的满足感，又对实现的未来目标和理想的最终状态具有工具性的作用。政策的制定是很自我的政治家们生存、推动职业发展、赢得选举胜利和保卫官僚政治的事业。相应地，如果外交政策决策的学者们的研究是要对政策制定过程进行忠实地描述，那么他们必须重新引入这些政治因素。

那这对决策者有什么影响呢？正如许多评论家指出的那样，从单个案例推理是危险的。但我们至少可以根据前几章所提供的材料得出初步结论。显然，在伊朗人质危机的案例中，一些关键决策者使用了一两种类比，这些类比通常是从他们自己的经验中推导出来的，并且他们提出了与这些类比相一致的政策。然而，正是这些类比进入了一个集体讨论的环节，也就是说，当它们被放在桌子上进行讨论和解释时，官僚政治和国内政治因素似乎发挥了重要作用。而且，伊朗案例中的主要例子是汉密尔顿·乔丹对万斯使用"普韦布洛号"事件类比的反应。根据布热津斯基的说法，乔丹说过，如果卡特政府决定采取类似于"普韦布洛号"事件中的策略，那么"你就别指望第二个任期了"。[9]总统支持者似乎从来没有真正接受过"普韦布洛号"事件的类比，因为他们不准备像类比事件那样去等待。当危机蔓延到一定程度，挑战到那些最关心总统政治前景的人的特权时，"推动另一个普韦布洛"成为不可接受的策略。

不同的背景和信仰，以及在某种程度上与特定政府角色相关的目标和目的，使决策者倾向于表现出不同的价值等级，对特定类比的接受将部分取决于决策者最珍贵的目标和价值。类比化对于自我的说服可能是至关重要的，但是当类比意味着与政治优先权相冲突的政策方向时会发生什么呢？或者与上级提出的类比有争议的时候会发生什么呢？即使一个类比似乎与案件相符，如果它意味着与选举政治相冲突时，那么这个类比将可能被证明是不适合的，并且最终不能被某些观众接受，正如赛勒斯·万斯的代价一样。值得注意的是，当卡特和他的团队在对原则和政治利益进行权衡时，万斯有能力遵循他的原则，他不受选举的影响，并且无论结果如何都打算在1980年总统竞选后离任。

在伊朗人质危机上，总统支持者们的态度符合本书第七章"你的立场取决于你的位置"的名言，但是外交政策专业人士比如国务卿和国防部部长以及国家安全顾问的职位，通常不是这样确定的。为什么这句话会成为事实呢？在这一点上，我们的答案是推测性的，但是要断言"你的立场"的效用取决于行为者的类型，这在逻辑上意味着作为总统支持者和外交政策专家之间是有区别的。那么他们有什么区别呢？

"你的立场"的概念在不同政府角色中的应用，可能没有办法在一些关键方面区分各种角色：不同职位涉及不同程度的角色复杂性和模糊性，从而为个性提供空间或机会，并将根据其角色而有所不同。担任复杂角色的个人可能没有单一的利益，使得根据行为者的职位来预测其偏好或行为变得很难。另外，那些处于受限环境的人可以将一些单一的目标或利益作为目标，一旦知道决策者的职位，分析人员更容易预测其行为。通过对国务卿和国家安全顾问的要求，以及白宫新闻秘书通常面临的要求进行比较，可以很好地说明简单角色和复杂角色之间的区别。

角色复杂性和政策行为

正如布鲁斯·比德尔所指出的那样，"角色因其复杂性而多样化"，这种角色既包括涉及简单而明确定义的任务的职位，也包括具有多项任务和竞争目标的职位。[10]随着外交政策层级的提高，复杂程度往往会增加，因为很多高层的决策者扮演好几个角色，他们非常忙碌，经常与时间赛跑。国务卿的工作是一个关于角色复杂性的个案研究，因为它实际上不是一个角色，而是许多角色。赛勒斯·万斯曾说过，国务卿是总统的顾问、是国会里政府外交政策的主要捍卫者、国家海外利益的主要代表，还是总统在国际事务上的首席发言人，是主要部门和庞大官僚机构的负责人。除此之外，他还有责任会见来访的贵宾。[11]

尽管国务卿的工作让人身体疲惫和面临强大的心理压力，但国务卿工作的角色复杂性在某种意义上是力量的源泉，因为他既是一个强有力的组织的负责人，为国家提供有关外交政策的"专业"建议，又是总统亲密的政治顾问。在这种情况下，这个职位上的人被允许提供技术建议和政治建议。尽管国务卿所有的工作在某种程度上都必须做好，但各方面工作的优先性主要取决于国务卿本人。这种角色的复杂性可能很难用"你的立场"来解释，这使得预测这个职位上的政治优先性变得困难。赛勒斯·万斯显然不觉得他的角色是向卡特总统提供政治建议。事实上，他似乎认为，他的工作是坚持反对那些强调这种考虑的人，并坚持原则性的政策目标。另一方面，詹姆斯·贝克似乎更加关注外交政策，他以前曾担任白宫参谋长。贝克说，"就其本质来说"，"国务卿的工作是政治性的"。尽管贝克强调他并不是仅仅从这个方面来推理，但他指出，作为国务卿，他总是在思考一个特定的政策如何在国内外"发挥作用"。[12]

国家安全事务助理的角色同样复杂。正如科林·鲍威尔所说的那样，他或她必须同时扮演"法官、交通警察、懒惰的官员、仲裁员、消防员、牧师、精神病医生的角色，可能偶尔还会打人"。[13]国家安全顾问还是一个相对较新的职位，"角色不明确，界限不明确，因此他的行为在单一行政部门内部也有很大差异。[14]这个角色经常由总统和角色占有者来界定，因为这个角色本身含糊不清和角色具有复杂性，这种结构性冲突迫使角色仲裁外交政策的过程，但也诱使他为自己争权夺利。德斯特勒在1980年写道，"关于国家安全事务助理应该做什么，不应该做什么，是存在一定的共识的"，许多人认为他应该专注于某些类型的行为并避免其他行为。然而，后来的事件表明，这种共识如此薄弱以至于很容易偏离它。正如德斯特勒所承认的那样，国家安全事务助理在一些主管部门担任"第二国务卿"的角色。[15]有一种观点认为，国家安全事务助理他或她应该是"一个诚实的经纪人"或协调人，但"人们可以从最近的实践中推断出国家安全事务助理实际上是一种替代角色。这种角色是一名随心所欲的高级助手和临时操作员，在国务卿不方便的时候能够灵活地为总统服务"。[16]一方面，这个角色具有一定的局限性，这一点主要表现在麦克乔治·邦迪、沃尔特·罗斯托和布伦特·斯考克罗夫特身上，另一方面这个角色正在积极超越第一种类型，并让位于第二种类型，后者通常以亨利·基辛格和兹比格涅夫·布热津斯基为代表。

我们观察到，自从德斯特勒的观点提出来后，国家安全事务助理的作用更为多元化，如像麦克法兰和波因德克斯特在伊朗门事件期间扮演的角色，他们有效地行使了本属于其他部门的政策职能。正如科林·鲍威尔所说的那样，在伊朗门事件期间，国家安全委员会"填补了权力真空，成为自己的国防部、国务院和 CIA，发动小规模战争、进行自己的秘密外交、执行秘密行动"。[17]最后一点尤其重要，因为在 20 世纪 80 年代初德斯特勒曾强调，关于国家安全行动应该做什么和不该做什么的共识中，秘密行动是绝对"不应该做的事情"之一。[18]

正如角色复杂性既增强了个人行为的范围，并使这些行为不太可预测，角色简单化或特定化似乎起到了相反的效果。传统上，总统支持者由于在外交政策等级中处于相对较低的地位，因此他们在外交政策背景下脱离其角色的能力有限。但角色变量的强度可能随着职位描述的特殊性或清晰度而增加，总统支持者的角色定义如此清晰，即"关注总统的利益"，该角色的行为具有可预测性。虽然最近的事件已经引起许多政策行为者的角色混乱，但总统支持者的工作依然清晰明确，而且担任这个职位的人在看待外交政策时，仍倾向于评估这些政策会对总统的政治前途产生怎样的影响。正如里根政府的白宫办公厅副主任迈克尔·迪弗所说："我不是在搞哲学，但我有一个标准，即它是否符合总统的最佳利益？我并没有将罗纳德·里根与美国混为一谈，但我常常认为，对一个人有好处的事可能对另一个人也有好处。"[19]白宫的人不会支持某个组织的高层，他们唯一的客户或利益是总统和他的政治健康。虽然，在某些情况下由总统支持者决定怎样才最符合总统的最佳利益，但他或她的首要关注点仍将是服务总统的利益，这基本上就是事实。

也许这种角色特征的差异可以解释"你的立场"的不同表现。在卡特时代，鹰派人物布热津斯基和鸽派人物万斯之间的哲学理念分歧很大。但在许多方面，外交政策专业人士和白宫政治顾问之间的分歧同样重要。我们可能会记得，史蒂夫·史密斯曾指出，卡特的政治顾问在人质危机期间一直担任要职，这看起来是为了在即将到来的1980年总统大选中将总统连任的机会最大化。我们在这里认为，卡特总统的支持者是出于国内政治的原因不接受国务卿万斯的鸽派观点。国务卿和国家安全事务助理是外交政策的专业人士，总统的支持者往往看不到他们提出的行动所带来的地缘政治后果。此外，这一趋势似乎并不是卡特政府独有的。里根的前国务卿亚历山大·黑格曾抱怨说，1981年解除苏联粮食禁运的问题被总统的政治顾问几乎完全看作一个国内问题，[20]还有例如布热津斯基抱怨副总统沃尔特·蒙代尔仅仅从国内的分歧角度来看待外交政策。[21]

不幸的是，如此多的注意力集中在从"你的立场"，解释国家行为，因为心理学家一直认为角色表现是一个相当复杂的问题。而很少有注意力关注黑帮的"地盘争夺战"会对决策产生怎样的影响。同样，在官僚体系中，角色的复杂性和地位在这里似乎也有影响。那些定位高度明确且不含糊的角色几乎没有空间来超越他们的角色，而且这一行为不违背人们对该职位的一致期望。另一方面，复杂职位涉及多种角色的人享有更多的回旋空间。这意味着，角色可能不是通过塑造决策者的核心信念或论点来影响决策，而是通过影响其行为的间接途径，而这个途径通常会影响决策。

角色的特殊性和"说出来"的意愿

现代政府在很大程度上依赖于不同组织的任务和职能的区分。很自然地，在这些职位上的人通常将自己看作他们地盘的保护者，尽管他们可能不一定会成为他们组织利益的代言人。由于那些担任其他角色的人不知道自己部门的信息和专业知识，因此他们很容易被认为应该听从"专家"的意见，相应的，他们很难在自己的领域之外提供建议。结果官僚环境中的许多决策者成为自己地盘的热心守护者，而且大多数决策者对其他人的草率要求很敏感。正如丹·奎尔说的那样，大的决策需要跨部门合作，"结果就像凑地盘一样，因个别部长，部门间变得更加界限分明"。[22]

对角色的期望在每个管理部门都会发生某种程度的变化。尽管如此，有些角色承载着某些期望，这种期望带有主体间性，这是因为参与者倾向于认同各种行为间界限的存在。就某些职位而言，官僚的作用可能是最有社会约束力的，它限制人们在团队背景下"说出你的想法"。正如布莱恩·雷普利所说，有证据表明，角色的主要影响并不是神奇地改变决策者的核心信念，而是塑造和约束决策者自己对他应该做什么的看法，以及他在这方面对同事的期望。他指出，"官僚作用的概念可以延伸到对阿里森称之为官僚主义的'作风'和'达标'的理解，而评判则建立在其职业生涯及其长期预期的基础之上。被充分理解的角色限制了总统的支持者给予建议的内容和风格"。[23]根据这个观点，有不成文的规则或趋向约束被接受了的行为，而角色通过影响那些听到的和没有听到的争论来左右决策。总统很少听到政策制定者能够提供全面建议，他们只会听到与某个特定角色相一致的建议，因为决策者会因为自己的职位限制不愿意提供某种类型的建议，有时甚至不会提供建议。

对某些职位来说，与其角色相关的不成文规则非常模糊而灵活，因此个人行为的范围很大。对于相对较新的职位尤其如此，正如詹姆斯·罗西瑙所说，"在系统中的位置越高，个人自由裁量的余地越大"。[24]在高层职位中，"个体角色的定义是可以变化的，这种变化甚至在相对宽泛的范围内受到鼓励。"[25]另外，一些角色在适用于他们的不成文规则中非常具体，并且存在协商一致的规范和默认理解，这些规范很大程度上限制了个性化的范围。丹尼尔·莱文森指出，在这类角色中，"角色需求通常被从狭义上来界定，而社会控制的机制如此强大，因此对于一个特定的职位只有一种角色业绩存在"[26]。当我们对待后一种形式的角色分类时，我们期望观察到那些扮演这些角色的人的行为规律。角色的影响力将在这个明确指定的范围内发挥最大作用，因为在这方面决策者受限于他们能够说的和所做的事情。比如说，他们很可能会感受到大声说出某种东西的冲动，但是由于害怕"超越"他们的角色或者踩到别人的脚趾上，所以他们会决定不去那样做。同样的，那些处于另一端的人可能在其行为上较少表现出规律性，使其行为很难被预测，因此分析师必须更加关注个人认知特征，以解释他或她的"立场"。

然而，正如已经指出的那样，主要的外交政策专业人员执行复杂的角色，涉及多种有时是相互竞争的利益，但这并非所有参与者都适用。例如，按照惯例，中央情报局局长一般只局限于提供相对中立的情报信息，而不是明确的政策建议。罗伯特·麦克法兰指出"中央情报局局长不应该扮演政策角色，他的工作是对世界各地的情况进行客观分析"[27]。斯坦菲尔德·特纳看上去也赞同这一观点，他表示，"我对总统的责任是提供他做出决定所需的信息，而不是成为具体政策的倡导者。国防情报局的主要贡献是它在总统会议中的无偏见和无私的立场。没有这一点，它只会带来更多的争议"[28]。在伊朗人质危机期间和之前，特纳都感受到他的角色的制约，因而不向总统提供直接的政策建议。"一旦情报局局长开始推荐政策，他很难做到不让他的情报来支持这项政策。然而，国防情报局倡导创造了一个心理过滤器，往往会减少不支持他的政策选择的情报。"[29]

在外交政策问题上，总统支持者的表现同样受到明显限制，尽管这里的限制似乎主要是非正式的、不成文的，而不是正式的、合法的。不过，总统的白宫办公厅主任或新闻秘书可能有强烈的想法去执行外交政策。正如朱迪·鲍威尔指出的那样，"新闻秘书……也是人类。你的裁决可能是肤浅的，他们也可能是。有时候，他们可能与专家们一样好，他们有时会因对细节感兴趣而错过大问题"[30]。然而，在很多决策者看来，新闻秘书的角色很少被认为有资格提供外交政策建议，他们通常也会克制不那么做。[31]有回忆录记载总统的支持者们揭露，这些人在处理外交政策问题时通常感到不安。这种不安毫无疑问与他们缺乏这方面的专业知识有关，但正如鲍威尔所说，在一些外交政策问题上，总统的支持者们认为他们与专家一样可以提供合格的建议，即使他们觉得没有办法直接表达这一点。约翰逊政府的新闻部部长乔治·里迪和比尔·莫耶斯对越南都有非常强烈的感情，但只有里迪试图直接向总统传达这些信息。相比之下，莫耶斯的做法更加微妙。正如大卫·哈伯斯坦所报道的那样，后者的技巧不是去试图直接说服总统，而是鼓励那些占据高位且其外交政策更易被接受的人为他讲话，或者鼓励那些怀疑约翰逊越南政策的智者支持他的观点。莫耶斯对越南表达了自己的疑虑，主要是通过鼓励其他怀疑者说话，并试图让怀疑者彼此接触，[32]克拉克·克利福德说，他这样做是因为他"觉得他不能在政策制定方面发挥开放作用，因为他担任新闻秘书的工作限制了他去积极参与制定政策"。[33]

由于角色因素，很多重要的思想多久没有在政策论坛上发声呢？衡量这一点显然是困难的，或者说如果他们发声后会产生什么影响。尽管如此，我们确实知道，有时候角色意识可以产生一些具体的政策效应。有时候没人会为一个重要的观点说话，尽管有些专家也考虑到这一点，有证据表明决策团体内部的规范确实会在某些时候对决策产生积极影响。那么在伊朗人质危机中是否存在这种影响的证据呢？

沃伦·克里斯托夫说有，虽然他没有提供这方面的具体例子。吉米·卡特在处理人质危机时主要通过诸如国家安全委员会等正式机构，但克里斯托夫认为这产生了一些不幸的副作用：

国家安全委员会的正规结构倾向于让每个内阁秘书担任其部门发言人的角色。在一些问题上（例如制裁，签证取消），这有时可能导致谈判或企图达成妥协。划片的方法几乎不可避免地导致每个参与者保护他的专业领地。有些参与者往往不愿意在自己的领域外表达自己的观点，而在自己的领域以外寻求问题有时候会被一堆官僚行话回答说没有时间去了解。[34]

政府成员因其角色和专业知识时常感觉受到限制，斯坦菲尔德·特纳也曾建议不要得罪别人。正如前面提到的，卡特政府的特别协调委员会曾考虑将"中途岛号"航空母舰置于伊朗的海岸线上。特纳认为，这样做会向劫持人质者发出威胁性信息，而且如果总统认为这是必要的，那么航空母舰"将在短时间内发起攻击"。[35]该航空母舰目前在印度洋，原定在肯尼亚蒙巴萨码头停靠，但在当天举行的国家安全委员会会议上，卡特总统决定允许"中途岛号"航空母舰继续其原定行程。特纳是一位对海军问题并不陌生的前海军上将，他说："我想说话，但我被两个相互矛盾的原则所淹没。"一方面，他认为让"中途岛号"航空母舰靠近波斯湾是没有坏处的，并且可能会带来一些积极的好处。"作为一名职业军官，我希望总统得到这个建议。"但让特纳保持沉默的是他对国防情报局角色的理解。他认为，"提出这样的问题对我来说不合适"。"我对总统的责任是提供他做出决定所需的信息，而不是任何具体政策的指导者。此外，作为一名军官，我明白这个问题属于国防部部长和参谋长联席会议主席，而不是国防情报局……尽管我有很专业的观点，但我没有说出来。"事实上，没有其他人为特纳的观点讲话。[36]但有一个政府成员"走出了"他的角色限制范围。白宫办公厅主任汉密尔顿·乔丹在法国的对接谈判中承担了直接的外交政策角色。但是，应该指出的是，他是在紧急情况下、总统的明确指示和万斯的默许下这样做的。通常情况下，一个政治情报人员不可能以如此明显的方式闯入被视为国务卿的"地盘"，乔丹在他的回忆录中清楚地表达他这样做时的不安。

所有这些与类比推理有什么关系？官僚主义力量的主要作用似乎是它们的影响力，尤其是影响到一个给定的类比对一些特定职位的人的说服。正如一个类比如果与国内政治的需求相冲突，那它不太可能从总统的支持者那里得到认同，因此仅仅服务于这种政治必要性的类比似乎不可能吸引那些占据专业政策角色的人，如参谋长联席会议主席。换句话说，如何让一个类比说服其他决策者，原因不仅是目前案例的发展程度，而且是这个类比可以吸取的经验教训和观念与决策者团队的现有信仰体系和官僚政治的优先性是否一致。因此，在不同层次的分析中，认知偏好理论必须始终与情境一起考虑，而在这种情境中认知结构正在被应用。

伊朗人质危机就是类比

自人质危机结束以来的这些年里，整个事件本身就被后来的美国政府官员用作历史比喻。例如，在 1983 年入侵格林纳达之前，里根政府成员从伊朗突袭中吸取教训，如营救部队力量太小，尤其是突袭时直升机数量不够，因此在下一次需要出现时应该动用更大的力量。当年政府入侵该岛时，袭击行动包括了（但显然不限于）美国学生的营救行动，政府出动了大量军队。在格林纳达入侵背后的决策研究中，加里·威廉姆斯注意到，伊朗在 1980 年对罗纳德·里根作为总统候选人产生了影响。威廉姆斯认为，里根在竞选总统期间被迫再次考虑伊朗人质事件的事实，使得"这个事件作为一个类比基础是可用的：对于大多数决策者来说，这是一个戏剧性的事件、最近的失败和第一手资料。伊朗人质危机对美国的国内政治带来灾难性影响，此外伊朗代表着美国的耻辱、无奈和在世界舞台上颜面无

存。把美国人扣为人质是里根最关心的问题".[37]

美国驻格林纳达大使担心，他所面临的局势可能会成为"另一个伊朗",[38]国务卿乔治·舒尔茨和他的助手托尼·莫特利认为，"对于劫持人质的人来说，格林纳达的条件已经成熟。而我们都对1979年11月4日德黑兰事件有着痛心的记忆，大使馆66名美国人被扣押了一年多"[39]。此外，舒尔茨和国防部前部长卡斯帕·温伯格后来在他们的回忆录中写道：由于德黑兰突袭的"教训"，格林纳达事件中美国动用了更强大的军力。[40]虽然两人在这个问题上经常有不同意见，但他们都主张采用伊朗人质危机的类比来出动大规模军力进行营救行动。"军队建议出动双倍兵力"，似乎都源于这个类比事件。虽然许多分析师怀疑这次行动，但政府声称入侵格林纳达只是一项营救行动，其军事行动确实包含了营救部分。因此有理由认为，决策者在策划营救行动时使用伊朗人质危机的类比。毕竟，政策制定者从前政府的失败中吸取的教训可以帮助他们获得强大的既得政治利益。

由于沃伦·克里斯托夫有释放人质的谈判经验，而且在克林顿总统时期担任国务卿，因此很难想象他不会拿德黑兰的经验作为类比。事实上，到目前为止我们至少知道他这样做了的一个例子。在1995年试图结束波斯尼亚战争的外交倡议中，克里斯托夫在决定给美国首席谈判代表理查德·霍尔布鲁克多少空间去处理巴尔干局势时，或多或少从伊朗人质危机中吸取了教训。克里斯托夫回忆说：

> 为了最大限度地提高美国谈判的灵活性，我认为必须允许霍尔布鲁克和他的团队制定协议的具体细节。我记得，

15 年前在阿尔及尔释放伊朗扣押的美国人质的努力中，当时卡特总统和国务卿埃尔蒙德·马斯基允许我灵活地与他们讨价还价。从这个经验中，我知道波斯尼亚的这种自由度是多么的重要。[41]

正如安格斯·沃德事件、"普韦布洛号"事件、"马亚圭斯号"事件、摩加迪沙事件、恩德培事件和其他各种人质危机会影响伊朗人质危机的决策者们一样，伊朗事件本身也是一个可映射到新的形势的案件。由于我们不能预知未来，我们唯一的认知指导就是相信未来可能会像过去一样，事情的结果会像以前一样。当然，这样的假设本质上是有缺陷的，其中存在着困境。

政策影响和未来研究

　　谨慎的人不会在没有根据的情况下轻易地说，他预见未来将发生什么事，而是应该反思曾经发生过的事情，因为世界上发生的每一件事随时都会与古代发生的事情有真正的相似性。
　　　　——尼科罗·马基雅维利：《论李维》第三卷，第 43 章

这项研究提出，决策者使用类比来实现真正的认知目的，并且研究了这些方式在多大程度上影响了伊朗人质危机期间的关键决策。然而，似乎有理由去质问类比如何作为一个工具去理解复杂的现实世界。马基雅维利是否正确？在大多数情况下，类比是否对政策制定者提供了一个有用的指导？或者它们在本质上是否代表了导致感知错误的危险性和误导性手段？决策者

是否应该依赖他们？

有人可能会得出这样的结论：类比确实具有误导性和必要性。首先，我们从前面的案例研究中看到，类比会导致误解、过度反应甚至政策的灾难。这是因为政治努力的偶然性使他或她努力理解有瑕疵和不可靠的现实，同时类比迫使分析人员让世界变得有序，试图通过辨别因果模式来预测它。然而，如果分析表明类比推理本身存在危险，并且类比能否被接受部分取决于价值观、官僚作用和国内政治压力，那么它也阐明了从过去吸取教训的内在必要性。类比推理的矛盾之处在于，这种推理在政治上是至关重要的，并且在本质上是危险的。由于人类只具有有限的认知能力，因此政策制定者需要应对结构不确定性的手段，特别是在国际政治领域，国内政治领域也是如此。各国必须预测经济市场可能的变化以便使政策更为有效。

学习，最好将其看作一个过程。在这个过程中类比既是政策产出的原因，又是政策的结果。在这方面，我们可以追溯可能存在的"类比树"，即类比导致政策输出，然后判断输出的结果是失败或成功，接着这导致在另一个相关的政策境遇下引入一个类比，从而另一个政策再输出。例如，从恩德培行动到德黑兰，再到格林纳达事件，这些事件上采用的策略和人们吸取的教训可以出现在一个表面上类似的情况中，但在新形势下同样的策略无法重复相同的结果，而反面教训将会在下一次被吸取。

然而，我们在事后追溯这些模式的能力不应该忽视这样一个事实，即从事件中学习很难成为理解社会和政治世界的机制，它有内在缺陷性。事实上，从这些模式中可以得出的"教训"是，类比很少为未来提供可靠的指导。正如保罗·萨巴捷所指出的，在这样一个世界里学习是很困难的：除其他外，"对手们正竭尽所能去混淆局势，阻碍人们去学习，甚至个人和组织的竞争性盟友的动机也是值得怀疑的。"[42]

即使这些政治抑制因素不存在，对于直观的科学家来说，学习仍然非常困难，因为他或她必须在提到的结构不确定性的情况下去工作。在复杂多变的环境中，因果模式难以准确识别。例如，决策者将什么视为因果关系，有时可能会带来一种结果，这种结果被政治科学家称为虚假关联的东西。准确的类比也与政策评估紧密相关，因此它具有众所周知的困难性。[43]评估是有必要的，它可以帮助有效地吸取教训，但评估的复杂性在美国的联邦体系中表现得尤其明显，在美国为解决单一问题的不同方案都在同时运行。例如，美国毒品政策就是这种情况。正如伊莲·夏普所指出的那样：

> 几乎美国的每一个辖区都是各种与毒品有关的"方案"集散地，其中包括学校的预防方案、一个或多个机构的执法努力、全国媒体禁止毒品运动、公共资助药物治疗以及私人戒毒治疗计划等。将毒品使用或贩运发生的总体变化归因于这些变化中的任何一个都是不可能的，因为每一个方案的影响不是绝对的。[44]

对反犯罪措施的评估似乎也面临类似的障碍，它构成了决策者难以测量因变量的不幸案例之一，更不用说确定各种独立变量的相关权重。艾滋病政策在这方面甚至更加棘手，因为确定该疾病传播的程度非常复杂，原因在于人们对公民权利和获得数据的用途的担忧。

在实践中，区分结构共同性和表面共同性也是非常困难的，这使得基于判断的类比成为一项危险的活动。当国内政策制定者考察其他国家的成功政策并将其带回国时，他们正在进入由外交政策决策者组成的认知世界，因为他们通常对被借用的社会制度和文化知之甚少。因此我们几乎总会不可避免地被类比误导；然而，我们又不得不以历史和经验为指导。

正如单一的类比推理是危险的，因此将伊朗人质危机作为一个单独的案例来研究是不明智的。研究发现类比推理在伊朗人质危机决策的各个阶段发挥了重要作用，这是可能存在的。然而，我们在最后得出结论，认为情况多样化引起的新颖性和结构不确定性等因素是决策者进行类推的原因，在得出这个结论之前显然需要做进一步的研究。在自然主义政治背景下，可用性和代表性启发式法所扮演的角色也需要做更多的研究，这在本研究和其他研究中已经提出，但需要在更广泛范围的案例和证据中进一步调查和验证。

本书中提到的下一步的类似研究将对 n 个案例进行更大的比较研究。在这里我们分析了政策决策者为了他们的目的做了什么类比，或者没有做什么类比，下一步的研究将比这里做的分析更严格。除了试图验证这里提出的结论外，未来的研究通过仔细分析类比是否扮演了重要角色的情况，可能会致力于拓展我们的理解，如从空间而不是时间的范畴选取的类比在哪里或什么时候被决策者使用。我们还需要更明确地描述使用类比的政策制定过程阶段，因为类比推理似乎很明显在新情境下的早期阶段更常用，到了后面的阶段就不常用了。此外，我们需要对个人决策者在国内政策情况下利用类比的情况进行研究。虽然，在这一点上，有人已经做了初步的尝试，但深入研究这个问题在未来需要进行我们在前面提到的比较研究。[45]

注释

[1] See Axelrod, "Argumentation in Foreign Policy Settings"; Paul Anderson, "Justifications and Precedents as Constraints in Foreign Policy Decision-Making", *American Journal of Political Science*, 25: 738 – 761, 1981.

[2] This demonstrates the use of metaphor "to make the familiar unfamiliar", whereas in policy-making analogies and metaphors almost always serve the opposite purpose.

[3] See Robert Gilpin, *War and Change in World Politics* (New York: Cambridge University Press, 1981); Paul Kennedy, *The Rise and Fall of the Great Powers* (New York: Random House, 1987); see also Joseph Nye, "The Analogy of National Decline: A Misleading Metaphor", *Current*, June 1990, pp. 10 – 17.

[4] Kevin Phillips, *The Emerging Republican Majority* (New Rochelle, New York: Arlington House, 1969).

[5] Brian Ripley, "Culture, Cognition and Bureaucratic Politics", in Neack et al. , *Foreign Policy Analysis: Continuity and Change in its Second Generation.*

[6] Dick Morris, *Behind the Oval Office: Winning the Presidency in the Nineties* (New York: Random House, 1997), p. 5.

[7] Christopher Hitchens, *No One Left To Lie To: The Triangulation of William Jefferson Clinton* (London: Verso, 1999).

[8] For some representative example, see Gick and Holyoak, "Analogical Problem-Solving"; Gentner and Toupin, "Systematicity and Surface Similarity in the Development of Analogy"; Halpern et al. , "Analogies as an Aid to Understanding and Memory".

[9] Brzezinski, interview with the author.

[10] Bruce Biddle, *Role Theory: Expectations, Identities and Behavior* (New York: Academic Press, 1979), p. 73. On role complexity, see also

Vertzberger, *The World in their Minds*, pp. 226 – 228, 251 – 252, 263 – 264 and James Naylor et al. , *A Theory of Behavior in Organizations* (New York: Academic Press, 1980), pp. 142 – 156.

[11] Vance, *Hard Choices*, pp. 13 – 15.

[12] James Baker, *The Politics of Diplomacy: Revolution, War and Peace, 1989 – 1922* (New York: G. P. Putnam's, 1995), pp. 38 – 39.

[13] Colin Powell, *My American Journey*, p. 352.

[14] Consider the roles of Richard Allen and William Clark in the Reagan administration, for instance, when compared with those of Robert McFarlane and John Poindexter.

[15] I. M. Destler, "National Security Management: What Presidents Have Wrught", *Political Science Quarterly*, 95: 573 – 588, 1980 – 1981, p. 576.

[16] Ibid. , p. 577.

[17] Powell, *My American Journey*, p. 333.

[18] Destler, "National Security Management", p. 577.

[19] Michael Deaver, *Behind the Scenes* (New york: William Morrow, 1987), p. 131.

[20] Alexander Haig, *Caveat: Realism and Foreign Policy* (New York: Macmillan, 1984), p. 83.

[21] Brzezinski, *Power and Principle*, p. 35.

[22] Dan Quayle, *Standing Firm: A Vice Presidential Memoir* (New York: Harper Collins, 1994), p. 102.

[23] See Brian Ripley, "Cognition in Context: Revitalizing Bureaucratic Politics in Foreign Policy Analysis", paper presented at the Annual Meeting of the American Political Science Association, Washington DC, September 1993. A shortened version of this paper appears as "Culture, Cognition and Bureaucratic Politics" in Neack et al. , Foreign Policy Analysis: Continuity and Change in its Second Generation. This aspect of my argument builds upon, and owes a great deal to, Ripley's piece, but it differs in the sense that the general conception of bureaucratic position offered here explicitly differentiates between roles according to role specificity.

[24] James Rosenau, "Private Preferences and Political Responsibilities: The Relative Potency of Individual and Role Variables in the Behavior of US Senators", in Rosenau, *The Scientific Study of Foreign Policy*, p. 184.

[25] Daniel Levinson, "Role, Personality and Social Structure in the Organization Setting", Journal of Abnormal and Social Psychology, 58: 170 – 180, 1959, p. 179.

[26] Ibid. , p. 178.

[27] Robert McFarlane, *Special Trust* (New York: Cadell and Davies, 1994), p. 174.

[28] Turner, *Terrorism and Democracy*, p. 35.

[29] Ibid. , pp. 50 – 51.

[30] Powell, *The Other Side of the Story*, p. 303.

[31] As Powell notes in *The Other Side of the Story*, there are also practical reasons why a press secretary would want to "duck" an overt policy role, p. 301.

[32] David Halberstam, *The Best and the Brightest* (Now York: Random House, 1969), p. 497.

[33] Clark Clifford, *Counsel to the President* (New York: Random House, 1991), p. 416; also quoted in Ripley, "Cognition in Context".

[34] Christopher, *American Hostages in Iran*, p. 31.

[35] Turner, *Terrorism and Democracy*, p. 32.

[36] Ibid. , p. 35.

[37] Gary Williams, "Analogical Reasoning and Foreign Policy Decision-making", p. 363.

[38] Ibid. , p. 364.

[39] George Shultz, *Turmoil and Triumph: My Years as Secretary of State* (New York: Scribner's, 1993), p. 328.

[40] See Ibid. , p. 331, and Caspar Weinberger, *Fighting for Peace: Seven Critical Years in the Pentagon* (New York: Warner Books, 1990), p. 111.

[41] Warner Christopher, *In Stream Of History: Shaping Foreign Policy For*

A New Era (Stanford, California: Stanford University Press, 1998), p. 349.

[42] Paul Sabatier, "Knowledge, Policy-oriented Learning, and Policy Change: An Advocacy Coalition Framework", *Knowledge*, 8: 649 – 692, 1987, p. 675.

[43] B. Guy Peters, *American Public Policy: Promise and Performance* (Chatham, New Jersey: Chatham House, 1993), pp. 150 – 151.

[44] Elaine B. Sharp, *The Dilemma of Drug Policy in the United States* (New York: Harper-Collins, 1994), p. 66.

[45] See for instance David Patrick Houghton, "The Role of Analogical Reasoning in Foreign and Domestic Policy Contexts", unpublished Ph. D. Dissertation, Department of Political Science, University of Pittsburgh and Houghton, "Analogical Reasoning and Policy-making".

附录一 主要人物

（以字母为序）

戴维·亚伦：美国国家安全事务副助理（1977～1981年）

阿巴斯·阿布迪：伊朗学生领袖和人质劫持者

易卜拉欣·阿什加尔赞德：伊朗学生领袖及发言人，人质劫持者

阿布·哈桑·巴尼萨德尔：伊朗外交部部长（1979年11月），伊朗总统（1980～1981年）

麦赫迪·巴扎尔甘：伊朗总理（1979年2月至11月）

查理·贝克威斯：美国三角洲特种部队指挥官

克里斯蒂安·布尔盖：法国律师，曾提供与伊朗的谈判渠道

哈罗德·布朗：美国国防部部长（1977～1981年）

兹比格涅夫·布热津斯基：国家安全事务助理（1977～1981年）

弗兰克·卡卢奇：美国中情局副局长（1978～1981年）

吉米·卡特：美国总统（1977～1981年）

沃伦·克里斯托夫：美国副国务卿（1977～1981年）

拉姆齐·克拉克：美国司法部部长，1979年美国总统特使

格雷厄姆·克莱特：美国国防部副部长（1979～1981年）

理查德·科塔姆：美国中情局前成员，匹茨堡大学政治学教授，曾为伊朗人质危机提供非正式谈判渠道。

劳埃德·卡特勒：美国总统特别顾问（1979～1981年）

玛苏梅·埃布特卡尔：伊朗学生和人质劫持者

萨迪格·格特卜赞德：伊朗外交部部长（1979～1981 年）

乔·霍尔：美国大使馆的见习军官，人质

查尔斯·琼斯：美国大使馆的联络官，人质

戴维·琼斯将军：美国参谋长联席会议主席（1978～1982年）

汉密尔顿·乔丹：美国总统助理（1977～1979 年），白宫办公厅主任

马尔科姆·卡普：美国大使馆经济专员，人质

阿亚图拉穆萨维·霍伊尼哈：阿亚图拉霍梅尼的助手和人质劫持策划者的密友

阿亚图拉霍梅尼：伊朗精神领袖（1979～1989 年）

布鲁斯·兰根：美国大使馆代办（1979～1981 年）

迈克·梅特林科：美国大使馆政治专员，人质

威廉·米勒：参议院情报委员会主任，1979 年 11 月任美国总统特使。

穆赫森·米尔达马迪：伊朗学生和人质劫持者

沃尔特·蒙代尔：美国副总统（1977～1981 年）

穆罕默德·摩萨台：伊朗总理（1951～1953 年）

埃德蒙·马斯基：美国国务卿（1980～1981 年）

穆罕默德·礼萨·巴列维：伊朗国王（1941～1979 年）

礼萨汗·巴列维：伊朗国王（1925～1941 年）

乔迪·鲍威尔：卡特总统的新闻秘书（1977～1981 年）

巴里·罗森：美国大使馆新闻官，人质

哈罗德·桑德斯：美国负责近东事务的助理国务卿（1978～1981 年）

李沙兹：美国大使馆农业专员，人质

查尔斯·斯科特上校：美国大使馆武官，人质

加里·希克：美国国家安全事务助理布热津斯基的首席助理，伊朗事务顾问，1977～1981 年为国家安全委员会会议记录员

威廉·沙利文：美国驻伊朗大使（1977～1979 年）

萨迪格·塔巴塔巴伊：阿亚图拉霍梅尼的亲戚，伊朗革命政府前成员，在人质危机最后阶段代表霍梅尼参加谈判。

维克多·汤姆塞思：美国大使馆首席政治官，人质

斯坦菲尔德·特纳：美国中情局局长（1977～1981 年）

塞勒斯·万斯：美国国务卿（1977～1980 年）

赫克托耳·维拉龙：阿根廷商人，曾在伊朗危机时提供谈判渠道

易卜拉欣·亚兹迪：伊朗外交部部长（1979 年 2 月～11月）

附录二　书中使用的主要历史类比事件

安格斯·沃德事件

这是一件小而麻烦的人质危机，美国领事安格斯·沃德和他的员工被扣押在中国沈阳。沃德和他的家人从 1948 年 11 月到 1949 年 11 月一直被扣押。由于一些战略和政治因素，营救行动被否决，杜鲁门政府最后通过谈判使沃德获释。在伊朗人质危机时，这个类比事件被赛勒斯·万斯和吉米·卡特使用过。

德黑兰政变

1953 年 8 月，美国中情局和英国情报机构领导了一场政变，伊朗总理穆罕默德·摩萨台被赶下台，亲美国的候选人扎赫迪将军取而代之。一开始这场政变看上去不会成功，伊朗国王逃到巴格达，然后到了罗马，最后国王在扎赫迪稳定政局后返回伊朗。中情局曾劝说伊朗国王和他们一起策划政变。这个类比事件在整个 1979 年人质危机期间被伊朗人广泛使用，尤其是 1979 年 11 月占领美国大使馆的学生们。

猪湾入侵事件

1961 年 4 月，古巴流亡者被美国中情局进行秘密培训，并试图从猪湾登陆，推翻菲德尔·卡斯特罗政府，但最终失败。

美国对这场灾难性事件的干预很快被暴露，新总统肯尼迪被迫承认这一点。美国空军曾计划对流亡者登陆提供空中掩护，但肯尼迪最终下令取消行动以掩饰美国卷入其中的事实。这个事件在1980年被吉米·卡特和兹比格涅夫·布热津斯基用来类比伊朗人质危机。

"普韦布洛号"事件

1968年1月，一艘名为"普韦布洛号"的美国海军间谍船被朝鲜捕获，它的船员被扣为人质。这场危机持续了11个月，经过多方面的谈判，船员最后被释放。由于当时美国专注于越南战事，约翰逊政府没有使用军事营救行动。在伊朗人质危机期间，赛勒斯·万斯多次强调这个类比事件。

越南山西营救行动

这是一场精心策划并被完美执行的军事营救行动，但最终却以失败告终。当营救团队到达目的地时，发现人质已经被转移到其他地方。这次突袭行动是由理查德·尼克松下令，在越南北部深入敌后的行动。

德黑兰大使馆模拟突袭

对美国驻外大使馆的安全进行不定期的测试是一种惯例。1974年，一群美国陆军特种部队成员对美驻伊朗大使馆进行了四次突袭，结果四次突袭都很成功。这个类比事件在1980年被军事营救策划小组使用。

"马亚圭斯号"事件

1975年5月，一艘名为"马亚圭斯号"的美国商船被柬埔寨截获，引起人们对"普韦布洛号"事件的回忆。船员被扣为人质，但当美国海军陆战队的营救团队到达时人质被释放。突袭行动策划非常仓促，导致突袭队员的伤亡比人质伤亡严重。1979 年 11 月伊朗人质危机初期，这个类比事件被戴维·琼斯使用过，1980 年被吉米·卡特使用过。

恩德培营救行动

这次行动可能是最有名、最成功的一次营救行动。1976 年 7 月，以色列总理伊扎克·拉宾下令以色列军队在乌干达恩德培机场发起一次营救行动。这次行动花了约一周时间策划，最终人质安全返回，从而为以色列在国内外赢得声誉。布热津斯基在整个伊朗人质危机期间经常提起这个类比事件。

摩加迪沙营救行动

1977 年 10 月，巴勒斯坦恐怖分子劫持了一架德国汉莎航空公司飞往法兰克福的飞机，最终使飞机飞往索马里的摩加迪沙。在人质危机的第四天，德国反恐特种部队突袭了机场，这场突袭比一年前的恩德培行动更成功，因为没有一个人质被杀。这一行动的成功推动了美国组建三角洲特种部队，以应对类似摩加迪沙事件。

"中途岛号"航母事件

1978 年，吉米·卡特下令将一艘航母调配到印度洋，靠近伊朗海域，以备伊朗国内变局所需，因为当时伊朗国王正处于最后几个月的统治。这一行动却适得其反，因为它同时也告知伊朗人和世界其他国家，国王统治确实已经处于强弩之末。1979 年美国总统卡特曾使用这一事件做类比。

佩罗营救

这次营救发生在 1979 年 2 月的伊朗，尽管行动疑点很多，但确实是一次值得庆贺的小规模营救行动。百万富翁罗斯·佩罗下令从伊朗的监狱营救他的员工。营救团队收买了伊朗本地人，突袭了监狱，救出了他的雇员。这个类比事件被斯坦菲尔德·特纳和其他人使用过。

情人节事件

1979 年 2 月，美国驻伊朗大使馆第一次被一群激进的游击队员占领。这次突发事件没有像 11 月那样发展成大规模的危机，因为在这次事件中伊朗温和政府足够强大，驱逐了占领者，伊朗外交部前部长易卜拉欣·亚兹迪将学生们赶了出去。这次事件虽然成功平息了，但第二次（11 月的占领）事件却没那么简单。这次事件几乎被卡特政府所有的外交顾问拿来做类比。

参考文献

Abelson, Robert, "Script Processing in Attitude Formation and Decision-Making", in John Carroll and John Payne (eds.), *Cognition and Social Behavior* (Hillsdale, New Jersey: Lawrence Erlbaum, 1976).

Allison, Graham and Morton Halperin, "Bureaucratic Politics: A Paradigm and Some Policy Implications", *World Politics*, 24: 40 – 79, 1972.

Allison, Graham and Philip Zelikow, *Essence of Decision: Explaining the Cuban Missile Crisis*, 2nd edn (New York: Longman, 1999).

Abernathy, Glen (ed.), The Carter Years: The President and Policy Making, London: Pinter, 1994.

Anderson, Paul, "Justifications and Precedents as Constraints in Foreign Policy Decision-Making", *American Journal of Political Science*, 25: 738 – 761, 1981.

Armstrong, Scott, George Wilson and Bob Woodward, "Debate Rekindles on Failed Iran Raid", *Washington Post*, 25 April 1982.

Art, Robert, "Bureaucratic Politics and American Foreign Policy: A Critique", *Policy Sciences*, 4: 467 – 490, 1972.

Axelrod, Robert, "Argumentation in Foreign Policy Settings: Britain in 1918, Munich in 1938 and Japan in 1970", *Journal of*

Conflict Resolution, 21: 727 –756, 1977.

Baars, Bernard, *The Cognitive Revolution in Psychology*, New York: Guilford Press, 1986.

Baker, James, The Politics of Diplomacy: Revolution, War and Peace, *1989 – 1992* (New York: G. P. Putnam's, 1995).

Baldwin, David, "Power Analysis and World Politics: New Trends Versus Old Tendencies", *World Politics*, 31: 161 – 194, 1979.

Ball, Desmond, "The Blind Men and the Elephant: A Critique of Bureaucratic Politics", *Australian Outlook*, 28: 71 –92, 1974.

Barber, James David, *The Presidential Character: Predicting Performance in the White House*, 3rd edn (Englewood Cliffs, New Jersey: Prentice Hall, 1985).

Barnet, Richard, "The Failure of a Raid-and of a Policy", *Los Angeles Times*, 29 April 1980.

Beckwith, Charlie, and Donald Knox, *Delta Force* (London: Harcourt Brace Jovanovich, 1983).

Bendor, Jonathan and Thomas Hammond, "Rethinking Allison's Models", *American Political Science Review*, 86: 301 – 322, 1992.

Beschloss, Michael (ed.), *Taking Charge: The Johnson White House Tapes*, *1963 – 1964* (New York: Simon and Schuster, 1997).

Biddle, Bruce, *Role Theory: Expectations, Identities and Behaviors* (New York: Academic Press, 1979).

Bill, James, *The Eagle and the Lion: The Tragedy of American-*

Iranian Relations (London: Yale University Press, 1988).

Bourne, Peter, *Jimmy Carter: A Comprehensive Biography from Plains to Post-Presidency* (New York: Scribner, 1997).

Brinkley, Douglas, *The Unfinished Presidency: Jimmy Carter's Journey Beyond the White House* (New York: Viking, 1998).

Brooks, Lloyd, "Non-Analytic Concept Formation and Memory for Instances", In E. Rosch and B. Lloyd (eds.), *Cognition and Categorization* (Hillsdale, New Jersey: Lawrence Erlbaum, 1978).

"Decentralized Control of Categorization: The Role of Prior Processing Episodes", in U. Neisser (ed.), *Concepts and Conceptual Development* (New York: Cambridge University Press, 1987).

Brzezinski, Zbigniew, "The Failed Mission: The Inside Account of the Attempt to Free the Hostages in Iran", *New York Times Magazine*, 18 April 1982.

Power and Principle: Memoirs of the National Security Adviser, 1977 - 1981 (New York: Farrar, Strauss and Giroux, 1983).

Buhite, Russell, *Lives at Risk: Hostages and Victims in American Foreign Policy* (Wilmington, Delaware: Scholarly Resources, 1995).

Caldwell, Dan, "Bureaucratic Foreign Policy-Making", *American Behavioral Scientist*, 21: 87 - 110, 1977.

Carter, Jimmy, *Keeping Faith: Memoirs of a President* (Fayetteville, Arkansas: University of Arkansas Press, 1995).

Christopher, Warren, *In the Stream of History: Shaping Foreign Policy for a New Era* (Stanford, California: Stanford University

Press, 1998).

Christopher, Warren et al. , *American Hostages in Iran: The Conduct of a Crisis* (New Haven, Connecticut: Yale University Press, 1985).

Clement, Catherine and Dedre Gentner, " Systematicityasa Selection Constraint in Analogical Mapping", *Cognitive Science*, 15: 89 – 132, 1991.

Clifford, Clark, *Counsel to the President* (New York: Random House, 1991).

Cogan, Charles, " Not to Offend: Observations on Iran, the Hostages and the Hostage Rescue Mission-Ten Years Later ", *Comparative Strategy*, 9: 415 – 432, 1990.

Combs, Barbara and Paul Slovic, " Causes of Death: Biased Newspaper Coverage and Biased Judgments", *Journalism Quarterly*, 56: 837 – 843, 1979.

Cottam, Richard, *Iran and the United States: A Cold War Case Study* (Pittsburgh, Pennsylvania: University of Pittsburgh Press, 1988).

D'Andrade, Roy, " Cultural Cognition ", in Michael Posner (ed.), *Foundations of Cognitive Science* (Cambridge, Massachusetts: MIT Press, 1989).

Daniszewski, John, "Twenty Years After Hostages, Iran Reflects on Costs", *Los Angeles Times*, 4 November 1979.

"Twenty Years After Revolution, Iran Has Hope", *Los Angeles Times*, 11 February 1999.

Daugherty, William, " A First Tour Like No Other", *Studies In*

Intelligence, 41: 1 – 45, 1998.

Dawisha, Adeed, "The Middle East", in Christopher Clapham (ed.), *Foreign Policy Making in Developing States: A Comparative Approach* (Farnborough: Saxon House, 1977).

Deaver, Michael, *Behind the Scenes* (New York: William Morrow, 1987).

Destler, I. M. , "National Security Management: What Presidents Have Wrought", *Political Science Quarterly*, 95: 573 – 588, 1980 – 1981.

Destler, I. M. , Leslie Gelb and Anthony Lake, *Our Own Worst Enemy: the Unmaking of American Foreign Policy* (New York: Simon & Schuster, 1984).

Dreistadt, Roy, "The Use of Analogies and Incubation in Obtaining Insights in Creative Problem Solving", *Journal of Psychology*, 71: 159 – 175, 1969.

Dumbrell, John, *The Carter Presidency* (Manchester: Manchester University Press, 1995).

The Economist, "Shrunken America", 3 May 1980.

The Economist, "A Rescue That Worked", 19 May 1980.

Eisenhower, Dwight D. , *The White House Years: Mandate for Change, 1953 – 1956* (London: Heinemann, 1963).

Elman, Colin, "Horses for Courses: Why Not Neorealist Theories of Foreign Policy?", *Security Studies*, 6: 7 – 53, 1996.

Emerson, Steven, *Secret Warriors: Inside the Covert Military Operations of the Reagan Era* (New York: Putnam, 1988).

Eysenck, Michael and Mark Keane, *Cognitive Psychology: A*

Student's Handbook (Hove: Lawrence Erlbaum, 1990).

Fallows, James, "The Passionless Presidency", *The Atlantic Monthly*, 243: 33 – 48, May 1979.

Fiske, Susan and Shelley Taylor, *Social Cognition*, *Reading* (Massachusetts: Addison-Wesley, 1984).

Freedman, Lawrence, "Logic, Politics and Foreign Policy Processes: A Critique of the Bureaucratic Politics Model", *International Affairs*, 52: 434 – 449, 1976.

Gabriel, Richard, *Military Incompetence: Why the American Military Doesn't Win* (New York: Hill and Wang, 1985).

Gartner, Scott, "Predicting the Timing of Carter's Decision to Initiate a Hostage Rescue Attempt: Modellinga Dynamic Information Environment", *International Interactions*, 18: 365 – 86, 1993.

Gasiorowki, Mark, "The 1953 Coup D'Etat in Iran", *International Journal of Middle East Studies*, 19: 261 – 286, 1987.

Gazit, Shlomo, "Risk, Glory and the Rescue Operation", *International Security*, 6: 111 – 135, 1981.

Gentner, Dedre, "Structure Mapping: A Theoretical Framework for Analogy", *Cognitive Science*, 7: 155 – 170, 1983.

"The Mechanism of Analogical Learning", in Stella Vosniadou and Andrew Ortony (eds.), *Similarity and Analogical Reasoning* (Cambridge: Cambridge University Press, 1989).

Gentner, Dedre and Cecile Toupin, "Systematicity and Surface Similarity in the Development of Analogy", *Cognitive Science*, 10: 277 – 300, 1986.

George, Alexander, "The 'Operational Code': A Neglected

Approach to the Study of Political Leaders and Decision-Making", *International Studies Quarterly*, 23: 190 – 222, 1969.

"The Causal Nexus between Cognitive Beliefs and Decision-Making Behavior: The ' Operational Code' Belief System ", in Lawrence Falkowski (ed.), *Psychological Models and International Politics* (Epping: Bowker, 1979).

George, Alexander and Juliette George, *Woodrow Wilson and Colonel House: A Personality Study* (New York: Dover, 1964).

Gick, Mary and Keith Holyoak, "Analogical Problem Solving", *Cognitive Psychology*, 12: 306 – 355, 1980.

" Schema Induction and Analogical Transfer ", *Cognitive Psychology*, 115: 1 – 38, 1983.

Gilovich, Thomas, "Seeing the Past in the Present: The Effect of Associations to Familiar Events on Judgements and Decisions", *Journal of Personality and Social Psychology*, 40: 797 – 808, 1981.

Gilpin, Robert, *War and Change in World Politics* (New York: Cambridge University Press, 1981).

Glad, Betty, *Jimmy Carter: In Search of the Great White House* (New York: W. W. Norton, 1980).

"Personality, Political and Group Process Variables in Foreign Policy Decision-Making: Jimmy Carter's Handling of the Iranian Hostage Crisis", *International Political Science Review*, 10: 35 – 61, 1989.

Gleitman, Henry, *Psychology*, 4th edn (London: W. W. Norton, 1995).

Greenberg, Daniel, " Mission Improbable ", *Washington Post*,

29 April 1980.

Greenstein, Fred, "The Impact of Personality on Politics: An Attempt to Clear Away the Underbrush", *American Political Science Review*, 61: 629 – 641, 1967.

Guthman, Edwin O. and Jeffrey Shulman (eds.), *Robert Kennedy: In His Own Words* (New York: Bantam Books, 1988).

Haas, Garland, *Jimmy Carter and the Politics of Frustration* (Jefferson, North Carolina: McFarland, 1992).

Hagan, Joe, "Domestic Political Explanations in the Analysis of Foreign Policy", in Laura Neack, Jeanne Hey and Patrick Haney (eds.), *Foreign Policy Analysis: Continuity and Change in its Second Generation* (Englewood Cliffs, New Jersey: Prentice Hall, 1995).

Haig, Alexander, *Caveat: Realism, Reagan and Foreign Policy* (New York: Macmillan, 1984).

Halberstam, David, *The Best and the Brightest* (New York: Random House, 1969).

Halpern, Diane, Carol Hansen and David Riefer, "Analogies as an Aid to Understanding and Memory", *Journal of Educational Psychology*, 82: 298 – 305, 1990.

Hargrove, Erwin, *Jimmy Carter As President: Leadership and the Politics of the Public Good*, Baton Rouge (Louisiana: Louisiana State University Press, 1988).

Haskell, Robert, *Cognitive and Symbolic Structures: The Psychology of Metaphoric Transformation* (Norwood, New Jersey: Ablex, 1987).

Head, Richard, Frisco Short and Robert McFarlane, *Crisis Resolution: Presidential Decision Making in the Mayaguez and Korean Confrontations* (Boulder, Colorado: Westview Press, 1978).

Helman, David, *Analogical Reasoning: Perspectives on Artificial Intelligence, Cognitive Science and Philosophy* (Boston, Massachusetts: Kluwer Books, 1988).

Hemmer, Christopher, "Historical Analogies and the Definition of Interests: The Iran Hostage Crisis and Ronald Reagan's Policy Toward the Hostagesin Lebanon", *Political Psychology*, 20: 267 – 289, 1999.

Henderson, John, "Leadership Personality and War: The Case of Richard Nixon and Anthony Eden", *Political Science*, 28: 141 – 164, 1976.

Hersh, Seymour, *The Price of Power: Kissinger in the Nixon White House* (New York: Summit Books, 1983).

Hitchens, Christopher, *No One Left To Lie To: The Triangulation of William Jefferson Clinton* (London: Verso, 1999).

Hollis, Martin and Steve Smith, "Roles and Reasons in Foreign Policy Decision Making", *British Journal of Political Science*, 16: 269 – 286, 1986.

Holsti, Ole, "The Belief System and National Images: A Case Study", *Journal of Conflict Resolution*, 6: 244 – 252, 1962.

Holyoak, Keith, "The Pragmatics of Analogical Transfer", in Gordon Bower (ed.), *The Psychology of Learning and Motivation*, Vol. I (New York: Academic Press, 1985).

Holyoak, Keith and Paul Thagard, "Rule-Based Spreading

Activation and Analogical Transfer ", in Stella Vosniadou and Andrew Ortony (eds.), *Similarity and Analogical Reasoning* (Cambridge: Cambridge University Press, 1989).

Houghton, David Patrick, "The Role of Analogical Reasoning in Foreign and Domestic Policy Contexts ", unpublished Ph. D. dissertation, University of Pittsburgh, USA, 1996.

"The Role of Analogical Reasoning in Novel Foreign Policy Situations", *British Journal of Political Science*, 26: 523 – 552, 1996.

"Analogical Reasoning and Policymaking: Where and When Is It Used?", *Policy Sciences*, 31: 151 – 1 76, 1998.

"Historical Analogies and the Cognitive Dimension of Domestic Policy making", *Political Psychology*, 19: 279 – 303, 1998.

Hoveyda, Fereydoun, *The Fall of the Shah* (London: Weidenfeld and Nicolson, 1980).

Hybel, Alex, *How Leaders Reason: US Intervention in the Caribbean Basin and Latin America* (Cambridge, Massachusetts: Basil Blackwell, 1990).

"Learning and Reasoning by Analogy", in Michael Fry (ed.), *History, the White House and the Kremlin: Statesmen as Historians* (New York: Pinter, 1991).

Indurkhya, Bipin, *Metaphor and Cognition* (Boston, Massachusetts: Kluwer Books, 1992).

Ioannides, Christos, "The Hostages of Iran: A Discussion with the Militants", *Washington Quarterly*, 3: 12 – 35, 1980.

America's Iran: Injury and Catharsis (Lanham, Maryland:

University Press of America, 1984).

Isaacson, Walter, *Kissinger: A Biography* (New York: Simon and Schuster, 1992).

Jane's Defence Weekly, "The Impossible Mission of Credible Sport", 5 March 1997.

Janis, Irving, "In Rescue Planning, How Did Carter Handle Stress?", *New York Times*, 18 May 1980.

Groupthink: Psychological Studies of Policy Decisions and Fiascos (London: Houghton Mifflin, 1982).

Crucial Decisions (New York: Free Press, 1989).

Jervis, Robert, *Perception and Misperception in International Politics* (Princeton, New Jersey: Princeton University Press, 1976).

"Political Implications of Loss Aversion", *Political Psychology*, 13: 187 - 204, 1992.

System Effects: Complexity in Social and Political Life (Princeton, New Jersey: Princeton University Press, 1997).

Johnson-Laird, P. N., "Mental Models", in Michael Posner (ed.), *Foundations of Cognitive Science* (Cambridge, Massachusetts: MIT Press, 1989).

Jones, Charles, *The Trusteeship Presidency: Jimmy Carter and the United States Congress* (Baton Rouge, Louisiana: Louisiana State University Press, 1988).

Jordan, Hamilton, *Crisis: The Last Year of the Carter Presidency*, New York: Berkley, 1983.

Kahneman, Daniel and Amos Tversky, "Prospect Theory: An

Analysis of Decision Under Risk, *Econometrica*, 47: 263 – 291, 1979.

Kahneman, Daniel, Paul Slovic and Amos Tversky (eds.), *Judgment Under Uncertainty: Heuristics and Biases* (London: Cambridge University Press, 1982).

Keane, Mark, *Analogical Problem-Solving* (New York: Wiley, 1988).

Kegley, Charles, " Is Access Influence? Measuring Adviser-Presidential Interactions in the Light of the Iranian Hostage Crisis", *International Interactions*, 18: 343 – 364, 1993.

Kegley, Charles and Eugene Wittkopf, *American Foreign Policy: Pattern and Process* (New York: St. Martin's Press, 1996).

Keisling, Philip, "The Wrong Man and the Wrong Plan", *The Washington Monthly*, December 1983.

Kennedy, Paul, *The Rise and Fall of the Great Powers* (New York: Random House, 1987).

Khong, Yuen Foong, "The Lessons of Korea and the Vietnam Decisions of 1965 ", in George Breslauer and Philip Tetlock (eds.), *Learning in US and Soviet Foreign Policy* (Boulder, Colorado: Westview Press, 1991).

Analogies at War: Korea, Munich, Dien Bien Phu and the Vietnam Decisions of 1965 (Princeton, New Jersey: Princeton University Press, 1992).

" Vietnam, the Gulf, and US Choices: A Comparison ", *Security Studies*, 2: 74 – 95, 1992.

Kifner, John, "Bitter Hatred-of the Shah and the US -Reunites

Iran", *New York Times*, 18 November 1979.

Klunk, Brian, *Consensus and the American Mission* (Lanham, Massachusetts: University Press of America, 1986).

Korany, Bahgat, "The Take-Off of Third World Studies? The Case of Foreign Policy", *World Politics*, 35: 464 – 487, 1983.

Krasner, Stephen, "Are Bureaucracies Important? (Or Allison Wonderland)", *Foreign Policy*, 7: 159 – 179, 1972.

Kucharsky, David, *The Man From Plains* (London: Collins, 1977).

Laingen, Bruce, *Yellow Ribbon: The Secret Journal of Bruce Laingen* (Washington, DC: Brassey's, 1992).

Larson, David, "The American Response to the Iranian Hostage Crisis 444 Days of Decision", *International Social Science Review*, 57: 195 – 209, 1982.

Larson, Deborah Welch, *Origins of Containment: A Psychological Explanation* (Princeton, New Jersey: Princeton University Press, 1985).

Leary, David, "William James and the Art of Human Understanding", *American Psychologist*, 47: 152 – 60, 1992.

Lebow, Richard Ned, "Miscalculation in the South Atlantic: The Origins of the Falk lands War", in Robert Jervis et al., *Psychology and Deterrence* (London: Johns Hopkins University Press, 1985).

Ledeen, Michael and William Lewis, *Debacle: The American Failure in Iran* (New York: Alfred Knopf, 1981).

Levinson, Daniel, "Role, Personality and Social Structure in the Organizational Setting", *Journal of Abnormal and Social Psychology*, 58: 170 – 180, 1959.

Levy, Jack, "Prospect Theory and International Relations: Theoretical Applications and Analytical Problems", *Political Psychology*, 13: 283 – 310, 1992.

Los Angeles Times, "US Patience Not Endless, Kissinger Says of Effort", 16 April1980.

"Israel Blames Poor Planning for Iran Raid Failure", 27 April 1980.

"Bucher Compares Pueblo, Iran Plights", 8 May 1980.

Love, Kenneth, "Shah Flees Iran After Move to Dismiss Mossadegh Fails", *New York Times*, 17 August 1953.

Luttwak, Edward, *The Pentagon and the Art of War: The Question of Military Reform*, New York: Simon and Schuster, 1984.

Macleod, Scott, "Can Iran Be Forgiven?", *Time*, 3 August 1998.

"Radicals Reborn", *Time*, 15 November 1999.

McDermott, Rose, "Prospect Theory in International Relations: The Iranian Hostage Rescue Mission", *Political Psychology*, 13: 23 7 – 263, 1992.

McFarlane, Robert, *Special Trust*, New York: Cadell and Davies, 1994.

McNamara, Robert, *In Retrospect: The Tragedy and Lessons of Vietnam* (New York: Times Books, 1995).

Maoz, Zeev, "The Decision To Raid Entebbe: Decision Analysis Applied to Crisis Behavior", *Journal of Conflict Resolution*,

25: 677 – 707, 1981.

March, James G. and Z. Shapiro, "Variable Risk Preferences and the Focus of Attention", *Psychological Review*, 99: 172 – 183, 1992.

Martin, David and John Walcott, *Best Laid Plans: The Inside Story of America's War Against Terrorism* (New York: Harper & Row, 1988).

May, Ernest, *Lessons of the Past* (New York: Oxford University Press, 1973).

May, Ernest and Philip Zelikow (eds.), *The Kennedy Tapes: Inside the White House During the Cuban Missile Crisis* (London: The Belknap Press, 1997).

Mefford, Dwain, "Analogical Reasoning and the Definition of the Situation: Back to Snyder for Concepts and Forward to Artificial Intelligence for Method", in Charles Hermann, Charles Kegley and James Rosenau, *New Directions in the Study of Foreign Policy* (Boston, Massachusetts: Allen and Unwin, 1987).

"The Power of Historical Analogies: Soviet Interventions in Eastern Europe and US Interventionsin Central America", in Michael Fry (ed.), *History, the White House and the Kremlin: Statesmen as Historians* (New York: Pinter, 1991).

Migdal, J. S., "External Structure and Internal Behavior: Explaining Foreign Policies of Third World States", *International Relations*, 4: 510 – 526, 1974.

Moin, Baqer, *Khomeini: Life of the Ayatollah* (London: I. B. Tauris, 1999).

Morris, Dick, *Behind the Oval Office: Winning the Presidency in the Nineties* (New York: Random House, 1997).

Morris, Kenneth, *Jimmy Carter: American Moralist* (Athens, Georgia: University of Georgia Press, 1996).

Moses, Russell, *Freeing the Hostages: Re-Examining the US-Iranian Negotiations and Soviet Policy, 1979 – 1981* (Pittsburgh, Pennsylvania: University of Pittsburgh Press, 1985).

Nathan, James and James Oliver, "Bureaucratic Politics: Academic Windfalls and Intellectual Pitfalls", *Journal of Political and Military Sociology*, 6: 81 – 91, 1978.

Naylor, James, Robert Pritchard and Daniel Ilgen, *A Theory of Behavior in Organizations* (New York: Academic Press, 1980).

Neustadt, Richard and Ernest May, *Thinking in Time: The Uses of History for Decision-Makers* (New York: Free Press, 1986).

Nisbett, Richard and Lee Ross, *Human Inference: Strategies and Shortcomings of Social Judgment* (Englewood Cliffs, New Jersey: Prentice Hall, 1980).

Nye, Joseph, "The Analogy of National Decline: A Misleading Metaphor", *Current*, June 1990.

Ortony, Andrew, *Metaphor and Thought* (New York: Cambridge University Press, 1979).

Perlmutter, Amos, "The Presidential Center and Foreign Policy: A Critique of the Revisionist and Bureaucratic Political Orientations", *World Politics*, 27: 87 – 106, 1974.

Peters, B. Guy, *American Public Policy: Promise and Performance* (Chatham, New Jersey: Chatham House, 1993).

Peterson, M. J. , "The Use of Analogies in Outer Space Law", *International Organization*, 51: 245 – 274, 1997.

Phillips, Kevin, *The Emerging Republican Majority* (New Rochelle, New York: Arlington House, 1969).

Powell, Colin and Joseph Persico, *My American Journey* (New York: Random House, 1995).

Powell, Jody, *The Other Side of The Story* (New York: William Morrow, 1984).

Quayle, Dan, *Standing Firm: A Vice Presidential Memoir*, New York: Harper Collins, 1994.

Reber, Arthur, "Transfer of Syntactic Structure in Synthetic Languages", *Journal of Experimental Psychology*, 81: 115 – 119, 1969.

"Implicit Learning and Tacit Knowledge", *Journal of Experimental Psychology*, 118: 219 – 235, 1989.

Reyes, R. M. , W. C. Thompson and G. H. Bower, "Judgmental Biases Resulting from Differing Availabilities of Arguments", *Journal of Personality and Social Psychology*, 39: 2 – 12, 1980.

Rhodes, Edward, "Do Bureaucratic Politics Matter? Some Disconfirming Findings from the Case of the US Navy", *World Politics*, 47: 1 – 41, 1994.

Ribicoff, Abraham, "Lessons and Conclusions", in Warren Christopher (ed.), *American Hostages in Iran* (New Haven, Connecticut: Yale University Press, 1985).

Ripley, Brian, "Cognition in Context: Revitalizing Bureaucratic

Politics in Foreign Policy Analysis", paper presented at the Annual Meeting of the American Political Science Association, Washington DC, September 1993.

"Culture, Cognition and Bureaucratic Politics", in Laura Neack, Jeanne Heyand Paul Kreisberg, *Foreign Policy Analysis: Continuity and Change in its Second Generation* (Englewood Cliffs, New Jersey: Prentice Hall, 1995).

Risen, James, "Secrets of History: The CIA in Iran", *New York Times*, 16 April 2000.

Roosevelt, Kermit, *Countercoup: The Struggle for the Control of Iran* (New York: McGraw-Hill, 1979).

Rosati, Jerel, "Developing a Systematic Decision-Making Framework", *World Politics*, 33: 234 –251, 1981.

The Carter Administration's Quest for Global Community: Beliefs and their Impacton Behavior (Columbia, South Carolina: University of South Carolina Press, 1987).

Rosenau, James, "Pre-Theories and Theories of Foreign Policy", in Rosenau, *The Scientific Study of Foreign Policy* (New York: Nichols, 1980).

"Private Preferences and Political Responsibilities: The Relative Potency of Individual and Role Variables in the Behavior of US Senators", in Rosenau, *The Scientific Study of Foreign Policy* (New York: Nichols, 1980).

Rosenbaum, Herbert and Alexej Ugrinsky (eds.), *Jimmy Carter: Foreign Policy and the Post-Presidential Years* (Westport, Connecticut: Greenwood Press, 1994).

The Presidency and Domestic Policies of Jimmy Carter (Westport, Connecticut: Greenwood Press, 1994).

Rubin, Barry, *Paved with Good Intentions: The American Experience and Iran* (New York: Penguin, 1981).

Rumelhart, Davidand A. A. Abrahamson, "A Model for Analogical Reasoning", *Cognitive Psychology*, 5: 1 – 28, 1973.

Ryan, Paul, *The Iran Hostage Rescue Mission: Why It Failed* (Annapolis, Maryland: Naval Institute Press, 1985).

Sabatier, Paul, "Knowledge, Policy-Oriented Learning, and Policy Change: An Advocacy Coalition Framework", *Knowledge*, 8: 649 – 692, 1987.

Salinger, Pierre, *America Held Hostage: The Secret Negotiations* (Garden City, New York: Doubleday, 1981).

Saunders, Harold, "The Crisis Begins", in Warren Christopher (ed.), *American Hostages in Iran* (New Haven, Connecticut: Yale University Press, 1985).

Schelling, Thomas, *Arms and Influence* (New Haven, Connecticut: Yale University Press, 1966).

Schemmer, Benjamin, "Presidential Courage-And the April 1980 Iranian Rescue Mission", *Armed Forces Journal International*, May 1981.

Schlesinger, Arthur, *Robert Kennedy and His Times* (Boston, Massachusetts: Houghton Mifflin, 1978).

Schlesinger, James, "Some Lessons of Iran", *New York Times*, 6 May 1980.

Schneider, S. L., "Framing and Conflict: Aspiration Level

Contingency, the Status Quo and Current Theories of Risky Choice", *Journal of Experimental Psychology: Learning, Memory and Cognition*, 18: 1040 – 1057, 1992.

Scott, Alexander, "The Lessons of the Iranian Raid for American Military Policy", *Armed Forces Journal International*, June 1980.

Shafir, Eldar, "Prospect Theory and Political Analysis: A Psychological Perspective", *Political Psychology*, 13: 311 – 322, 1992.

Sharp, Elaine B. , *The Dilemma of Drug Policy in the United States* (New York: Harper Collins, 1994).

Shawcross, William, *The Shah's Last Ride* (London: Chatto and Windus, 1989).

Shultz, George, *Turmoil and Triumph: My Years as Secretary of State* (New York: Scribner's, 1993).

Sick, Gary, "Military Options and Constraints", in Warren Christopher and Paul Kreisberg, *American Hostages in Iran: The Conduct of a Crisis* (New Haven, Connecticut: Yale University Press, 1985).

All Fall Down: America's Tragic Encounter With Iran (New York: Random House, 1985).

October Surprise: America's Hostages in Iran and the Election of Ronald Reagan (New York: Times Books/Random House 1991).

Simon, Herbert, "The Information-Processing Theory of Human Problem Solving", in William Estes (ed.), *Handbook of Learning and Cognitive Processes*, Vol. V (Hillsdale, New Jersey: Lawrence

Erlbaum, 1978).

Skowronek, Stephen, *The Politics Presidents Make: Leadership from John Adams to Bill Clinton* (Cambridge, Massachusetts: Belknap Press, 1997).

Smelser, Neil, *Comparative Methods in the Social Sciences* (Englewood Cliffs, New Jersey: Prentice Hall, 1976).

Smith, Reginald Ross, " A Comparative Case Analysis of Presidential Decision Making: The Pueblo, the Mayaguez and the Iranian Hostage Crisis ", unpublished MA dissertation, Emory University, Atlanta, 1984.

Smith, Steve, "Allison and the Cuban Missile Crisis: A Review of the Bureaucratic Politics Model of Foreign Policy Decision-Making", *Millenium*, 9: 21 – 40, 1980.

"Policy Preferences and Bureaucratic Position: The Case of the American Hostage Rescue Mission", *International Affairs*, 61: 9 – 25, 1984/85.

"Groupthink and the Hostage Rescue Mission", *British Journal of Political Science*, 15: 117 – 123, 1985.

Smith, Terence, "Putting the Hostages' Lives First", *New York Times Magazine*, 17 May 1981.

Smyth, Mary et al. , *Cognition in Action* (Hillsdale, New Jersey: Lawrence Erlbaum, 1994).

Snyder, Glenn and Paul Diesing, *Conflict Among Nations: Bargaining, Decision Making and System Structure in International Crises* (Princeton, New Jersey: Princeton University Press, 1977).

Sorensen, Theodore, *Kennedy* (New York: Harper and Row,

1965) .

Spellman, Barbara and Keith Holyoak, "If Saddam is Hitler then Who is George Bush? Analogical Mapping between Systems of Social Roles", *Journal of Personality and Social Psychology*, 62: 913 – 933, 1992.

Spencer, Donald, *The Carter Implosion: Jimmy Carter and the Amateur Style of Diplomacy* (New York: Praeger, 1988).

Stein, Janice Gross and Raymond Tanter, *Rational Decision-Making: Israel's Security Choices, 1967* (Columbus, Ohio: Ohio University Press, 1980).

Stempel, John, *Insidethe Iranian Revolution* (Bloomington, Indiana: University of Indiana Press, 1981).

Stevenson, William, 90 *Minutes at Entebbe* (New York: Bantam, 1976).

Sullivan, William, *Mission to Iran* (New York: Morton, 1981).

Taheri, Amir, *Nest of Spies: America's Journey to Disaster in Iran* (London: Hutchison, 1988).

The Unknown Life of the Shah (London: Hutchison, 1991).

Taylor, Andrew and John Rourke, "Historical Analogies in the Congressional Foreign Policy Process, *Journal of Politics*, 57: 460 – 468, 1995.

Taylor, Maxwell D. , " Analogies (II): Was Desert One Another Bay of Pigs?", *Washington Post*, 12 May 1980.

Tetlock, Philip, "Psychological Research on Foreign Policy: A Methodological Overview", in Ladd Wheeler (ed.), *Review of*

Personality and Social Psychology, Vol. IV (Beverly Hills, California: Sage, 1983).

Tetlock, Philip, Randall Peterson, Charles McGuire, Shi-jie Chang and Peter Feld, "Assessing Political Group Dynamics: A Test of the Group-think Model", *Journal of Personality and Social Psychology*, 63: 403 – 425, 1992.

Thomas, Clarke, "Pitt Professor Tells of Role in Hostage Talks", *Pittsburgh Post-Gazette*, 25 July 1984.

Torgerson, Dial, "US Blundered in Iran Mission, Israeli Military Experts Claim", *Los Angeles Times*, 2 May 1980.

Turner, Stansfield, *Terrorism and Democracy* (Boston, Massachusetts: Hough to Mifflin, 1991).

Tversky, Amos and Daniel Kahneman, "Judgment under Uncertainty: Heuristics and Biases", *Science*, 185: 1124 – 1131, 1974.

Valliere, John, "Disaster at Desert One: Catalyst for Change", *Parameters*, 22: 69 – 95, 1992.

Vance, Cyrus, *Hard Choices: Four Critical Years in Managing America's Foreign Policy* (New York: Simon and Schuster, 1983).

Vanden broucke, Lucien, *Perilous Options: Special Operations as an Instrument of US Foreign Policy* (Oxford: Oxford University Press, 1993).

VanLehn, Kurt, "Problem Solving and Cognitive Skill Acquisition", in Michael Posner (ed.), *Foundations of Cognitive Science* (Cambridge, Massachusetts: MIT Press, 1989) .

Van Lehn, Kurt and J. S. Brown, "Planning Nets: A

Representation for Formalizing Analogies and Semantic Models of Procedural Skills", in R. E. Snow et al. (eds.), *Aptitude, Learning and Instruction* (Hillsdale, New Jersey: Lawrence Erlbaum, 1980).

Vertzberger, Yaacov, "Bureaucratic-Organizational Politics and Information Processing in a Developing State", *International Studies Quarterly*, 28: 69 – 95, 1984.

The World in their Minds: Information Processing, Cognition and Perception in Foreign Policy Decisionmaking (Stanford, California: Stanford University Press, 1990).

Vosniadou, Stella and Andrew Ortony, *Similarity and Analogical Reasoning* (Cambridge: Cambridge University Press, 1989).

Voss, James and Ellen Dorsey, "Perception and International Relations: An Overview", in Eric Singer and Valerie Hudson (eds.), *Political Psychology and Foreign Policy* (Boulder, Colorado: Westview Press, 1990).

Walker, Stephen, "The Interface between Beliefs and Behaviour: Henry Kissinger's Operational Code and the Vietnam War", *Journal of Conflict Resolution*, 21: 129 – 168, 1977.

Waltz, Kenneth, *Theory of International Politics* (Reading, Massachusetts: Addison-Wesley, 1979).

Weinberger, Caspar, *Fighting for Peace: Seven Critical Years in the Pentagon* (New York: Warner Books, 1990).

Weinstein, Franklin, "The Uses of Foreign Policy in Indonesia: An Approach to the Analysis of Foreign Policy in the Less Developed Countries", *World Politics*, 24: 356 – 381, 1972.

Welch, David, "The Organizational Process and Bureaucratic Politics Paradigms", *International Security*, 17: 112 – 146, 1992.

Wells, Tim, 444 *Days*: *The Hostages Remember* (San Diego, California: Harcourt Brace, 1985).

Williams, Gary, "Analogical Reasoning and Foreign Policy Decision making: US Intervention in the Caribbean Basin with Particular Reference to Grenada 1983", unpublished dissertation, University of Hull, England, 1996.

Wilson, James Q. , *American Government*: *Institutions and Policies*, 5th edn (Lexing-ton, Massachusetts: DC Heath, 1992).

Woodhouse, Christopher, *Something Ventured* (London: Granada, 1982).

Woodward, Bob, *Veil*: *The Secret Wars of the CIA 1981 – 1987* (New York: Simon and Schuster, 1987).

Woolsey, R. James, "Sometimes the Long Shots Pay Off", *Washington Post*, 28 April 1980.

Zonis, Marvin, *Majestic Failure*: *The Fall of the Shah* (Chicago, Illinois: Chicago University Press, 1991).

译后记

　　1979 年初，伊朗国内爆发了伊斯兰革命，推翻了亲西方、世俗化的巴列维王朝，建立了政治宗教高度统一的伊斯兰政权。1979 年底，伊朗大学生占领了美国大使馆，将美外交人员扣为人质，时间长达一年多。伊朗人质危机是美国和伊朗关系的分水岭，美伊关系从 1979 年以前的亲密盟国迅速变成敌对国家，随后两国宣布断交，美国对伊朗进行了近四十年的政治封锁和经济制裁。戴维·P.霍顿的著作《败退德黑兰：吉米·卡特的悲剧外交》再现了 1979 年伊朗人质危机的各种场景，其中包括美国和苏联在伊朗问题上的政治博弈，美伊高层围绕人质解救行动的斗智斗勇，对历史上出现的各种人质危机和营救行动的解读及其与伊朗人质危机的类比等。本书为了解当前美国和伊朗之间剪不断理还乱的国家间关系提供了历史线索，为国际政治中的外交决策研究提供了案例分析。

　　该译本是本人主持的国家社科基金重点项目"美国制裁伊朗问题研究"的阶段性成果，并受到西北大学"双一流"建设项目的资助。本人对提供帮助的同事和朋友表示感谢，尤其感谢责任编辑郭白歌老师。郭老师一丝不苟的工作作风和认真严谨的学术态度让我受益良多，正是她的帮助和辛勤工作，使得本书可以顺利呈现在读者面前。由于译者能力有限，译文中仍有许多纰漏，恳请广大读者批评指正。

蒋　真

2018 年 7 月 20 日于西安

图书在版编目（CIP）数据

败退德黑兰：吉米·卡特的悲剧外交／（英）戴维·P.霍顿著；蒋真译. -- 北京：社会科学文献出版社，2018.9

书名原文：US Foreign Policy and the Iran Hostage Crisis

ISBN 978 - 7 - 5201 - 2879 - 7

Ⅰ.①败⋯ Ⅱ.①戴⋯ ②蒋⋯ Ⅲ.①美国对外政策 - 研究 - 伊朗 Ⅳ.①D871.20

中国版本图书馆 CIP 数据核字（2018）第 120906 号

败退德黑兰：吉米·卡特的悲剧外交

著　者／［英］戴维·P.霍顿（David Patrick Houghton）
译　者／蒋　真

出 版 人／谢寿光
项目统筹／郭白歌
责任编辑／郭白歌

出　　版／社会科学文献出版社·人文分社（010）59367215
　　　　　　地址：北京市北三环中路甲 29 号院华龙大厦　邮编：100029
　　　　　　网址：www.ssap.com.cn
发　　行／市场营销中心（010）59367081　59367018
印　　装／北京盛通印刷股份有限公司

规　　格／开　本：889mm × 1194mm　1/32
　　　　　　印　张：9.5　字　数：221 千字
版　　次／2018 年 9 月第 1 版　2018 年 9 月第 1 次印刷
书　　号／ISBN 978 - 7 - 5201 - 2879 - 7
著作权合同
登 记 号／图字 01 - 2018 - 6016 号
定　　价／59.00 元

本书如有印装质量问题，请与读者服务中心（010 - 59367028）联系